本书的研究工作得到了国家自然科学基金青年科学基金项目（71904067）、国家社会科学基金重大项目（19ZDA107）、国家社会科学基金重点项目（18AZD014）和江苏高校优势学科建设工程三期项目资助，特此向支持和关心本书研究工作的所有单位和个人表示衷心的感谢。

电动汽车消费行为研究

影响因素与政策响应

STUDY ON CONSUMPTION BEHAVIOR OF
ELECTRIC VEHICLES

INFLUENCING FACTORS AND POLICY RESPONSE

李文博　龙如银　著

社会科学文献出版社
SOCIAL SCIENCES ACADEMIC PRESS (CHINA)

前　言

交通部门作为国民经济的基础产业和服务行业，是社会经济活动中物流和客流的载体，在社会经济发展过程中发挥着重要作用。同时，交通部门是石油消费的重点行业，是温室气体和大气污染排放的重要来源之一。随着经济的发展和人们生活水平的提升，交通部门的能源消费和废气排放将会进一步加剧。为了缓解上述问题，世界各国普遍将清洁节能汽车，特别是电动汽车作为汽车产业未来的发展方向。目前，我国政府已经出台了诸多政策来推广电动汽车，但电动汽车的市场占有率仍然较低，消费者购买电动汽车的积极性也有待提高，因而这些政策的有效性及针对性值得考察。此外，一个产业的发展与成熟，政府或企业在其中只能起到辅助或引导的作用，产业发展的最终推动力应当是消费者，因此正确把握消费者购买电动汽车的影响因素及其对电动汽车激励政策的心理和行为响应，既有利于我国电动汽车制造企业在产品开发设计、产品定位及定价等方面制定有针对性的市场营销策略，又有利于政府未来激励政策的调整。

本书以电动汽车消费行为为研究对象，综合运用经济学、管理学、心理学和行为学等多学科理论和方法，构建并验证了电动汽车消费行为影响因素理论模型，通过问卷调查获得的数据，对各影响因素及其影响机理进行深入分析。测度了消费者对各类激励政策的了解程度，基于消费者对不同政策组合的打分情况，利用联合分析法分析了消费者对不同政策激励环节和各具体政策的偏好情况。利用宏观统计数据，建立面板数据模型分别刻画了电动汽车不限购政策、不限行政策和其他激励政策对消费者实际购买行为的影响。提出了一个全新的政策优化框架，旨在从经济激励、环境意识和心理账户三个方面调动消费者的积极性，并借助选择实验法，通过设计相应的实验情境和实验任务，模拟了各政策对消费者的影响。最后，基于上述研究结果，设计了我国电动汽车消费行为激励政策体系。主要研究内容包括如下四个方面。

第一，电动汽车消费行为影响因素的模型构建及作用机理分析。结合政府干预电动汽车市场的理论机制、消费者电动汽车购买行为的理论机制，以及政府干预消费者电动汽车购买行为的理论机制，提出了电动汽车消费行为影响因素理论模型。基于理论模型设计问卷，以问卷调研获得的量化数据为基础，运用探索性因子分析、验证性因子分析相结合的方法考察数据的信度和效度。根据所得数据，采用单因素方差分析、多元统计分析方法验证模型中各因素与消费行为以及各因素间的相互关系。利用结构方程模型、多群组分析以及分层回归验证相结合的方式，探讨电动汽车消费行为影响因素的作用机理。

第二，我国电动汽车激励政策文本量化和发展沿革。基于政府网站、回溯（关联）分析和公开出版物等渠道和方法收集了自2009年以来我国政府在私人需求侧颁布的相关电动汽车激励政策文本，通过对政策颁布年度、发布主体、政策形式、政策激励环节等方面进行定量统计，展示了其近10年的发展过程。此外，在通过频数统计对我国电动汽车激励政策进行整体了解的基础上，结合量化统计结果对各类激励政策展开具体分析，从而把握不同政策在不同时期的特点及其变化情况。本部分主要围绕"电动汽车激励政策沿革"，重点探析了电动汽车激励政策总体上的发展历程和各类具体政策在不同时期的特点。

第三，消费者对电动汽车激励政策的心理和行为响应分析。首先，基于问卷调查得到的数据，展示了电动汽车试点城市消费者对电动汽车激励政策的认知情况，比较分析了不同群体消费者在政策认知上的差异。然后，基于消费者对不同电动汽车激励政策组合的打分情况，借助联合分析方法分析了消费者对不同政策的偏好程度，并同样分析了不同群体消费者的差异性。这两部分主要围绕消费者对电动汽车激励政策的"心理响应"

展开，重点关注其对不同激励政策的认知和偏好程度。此外，还利用2010~2016年43个电动汽车试点城市的数据，通过建立面板数据模型分别探析了电动汽车不限购政策、不限行政策和其他激励政策对消费者实际购买行为的影响，并基于所得结果比较分析了不同政策的效果。此部分主要围绕消费者对电动汽车激励政策的"行为响应"展开，重点探析各类电动汽车激励政策会对消费者的实际使用行为产生何种影响。

第四，电动汽车激励政策体系优化设计和实验研究。在对我国现有电动汽车激励政策的特点进行总结的基础上，提出了一个包括现有激励政策、环境税和排放权交易的综合政策体系。然后，以碳税和个人碳交易这两项政策为环境税和排放权交易的代表，通过构建选择实验，模拟在这两种政策情境下消费者的购车行为，基于所得数据对所提出的政策体系进行了验证。本部分主要围绕"政策体系优化设计"展开，重点探析了所提出的环境税和排放权交易是否会促进消费者选择电动汽车。

本书由李文博博士和龙如银教授共同完成，第一、二、五、六、七、八章由李文博博士完成，第三、四、九章由龙如银教授完成，书中部分内容参考了有关单位或个人的研究成果，均已在参考文献中列出，在此一并致谢。由于时间仓促，作者水平有限，书中不妥之处在所难免，恳请各位读者批评指正。

目 录

第一章 绪论 ·· 001
 第一节 研究背景 ·· 001
 第二节 研究目的与意义 ·································· 009
 第三节 研究内容、对象和方法 ···························· 011
 第四节 主要创新点 ······································ 014

第二章 文献回顾 ·· 016
 第一节 电动汽车及其激励政策概念界定 ···················· 016
 第二节 电动汽车消费行为及其影响因素相关研究 ············ 025
 第三节 电动汽车激励政策相关研究 ························ 046
 第四节 消费者对电动汽车激励政策的认知和偏好相关研究 ···· 047
 第五节 电动汽车激励政策对消费者影响相关研究 ············ 048
 第六节 文献述评 ·· 050

第三章 电动汽车消费行为影响因素理论模型构建、量表开发及数据收集 ······································ 052
 第一节 相关理论模型 ···································· 052
 第二节 电动汽车消费行为的理论机制分析 ·················· 061
 第三节 电动汽车消费行为影响因素理论模型构建 ············ 066
 第四节 量表构成与问卷设计 ······························ 069

第五节　问卷调研与样本特征分析 …………………………… 077
第六节　问卷信度、效度及正态性检验 ……………………… 078

第四章　电动汽车消费行为影响因素的模型检验及作用机理 …… 088

第一节　电动汽车消费行为影响因素的基本统计量描述 …… 088
第二节　电动汽车购买意愿在家庭人口特征上的差异性分析 …… 096
第三节　各影响因素的相关分析与回归分析 ………………… 108
第四节　前因变量作用于电动汽车购买意愿的路径 ………… 115
第五节　家庭人口特征变量作用于各影响路径的差异性 …… 121
第六节　情境变量作用于购买意愿的调节回归 ……………… 127
第七节　电动汽车消费行为影响因素的作用机理 …………… 133

第五章　电动汽车激励政策文本量化和发展沿革 …………… 137

第一节　电动汽车激励政策文本选取 ………………………… 137
第二节　电动汽车激励政策文本分析维度确定 ……………… 139
第三节　电动汽车激励政策文本量化统计结果 ……………… 141
第四节　我国电动汽车激励政策回顾 ………………………… 147

第六章　电动汽车激励政策的消费者心理响应 ……………… 159

第一节　问卷设计 ……………………………………………… 159
第二节　数据来源和样本特征 ………………………………… 162
第三节　消费者对电动汽车激励政策的认知 ………………… 164
第四节　消费者对电动汽车激励政策的偏好 ………………… 182

第七章　电动汽车激励政策的消费者行为响应 ……………… 207

第一节　变量选取和数据来源 ………………………………… 207
第二节　面板数据模型及其一般性检验介绍 ………………… 211
第三节　不限购政策对消费者电动汽车购买行为的影响 …… 214
第四节　不限行政策对消费者电动汽车购买行为的影响 …… 218

第五节　其他激励政策对消费者电动汽车购买行为的影响 ………… 222

第八章　电动汽车激励政策体系优化设计和实验模拟 ……………… 226
　　第一节　电动汽车激励政策体系优化设计 ……………………… 226
　　第二节　选择实验法和离散选择模型 …………………………… 231
　　第三节　实验情境设置 …………………………………………… 234
　　第四节　实验属性和属性水平设置 ……………………………… 238
　　第五节　实验方案设计 …………………………………………… 242
　　第六节　数据来源和样本特征 …………………………………… 245
　　第七节　实验结果 ………………………………………………… 247

第九章　研究结论、政策建议与研究展望 …………………………… 253
　　第一节　主要研究结论 …………………………………………… 253
　　第二节　政策建议 ………………………………………………… 260
　　第三节　研究不足与展望 ………………………………………… 266

参考文献 ………………………………………………………………… 270

Contents

1 **Introduction** / 001
  1.1 Research Background / 001
  1.2 Research Purpose and Significance / 009
  1.3 Research Contents, Object and Methods / 011
  1.4 Major Innovative Points / 014

2 **Literature Review** / 016
  2.1 Definition of Electric Vehicles and Incentive Policies / 016
  2.2 Studies on Factors Influencing Electric Vehicle Consumption Behavior / 025
  2.3 Studies on Classification of Electric Vehicle Incentive Policies / 046
  2.4 Studies on Consumer Cognition and Preference of Electric Vehicle Incentive Policies / 047
  2.5 Studies on the Impact of Incentive Policies on Electric Vehicle Consumption Behavior / 048
  2.6 Study Review / 050

3 **Theoretical Model Specification, Questionnaire Design, and Data Collection of Factors Influencing Electric Vehicle Consumption Behavior** / 052
  3.1 Related Theoretical Models / 052

3.2 Theoretical Mechanism Analysis of Electric Vehicle Consumption Behavior / 061

3.3 Theoretical Model Specification of Factors Influencing Electric Vehicle Consumption Behavior / 066

3.4 Scale Composition and Questionnaire Design / 069

3.5 Questionnaire Survey and Sample Feature / 077

3.6 Questionnaire Reliability, Validity and Normality Test / 078

4 Model Verification and Function Mechanism of Factors Influencing Electric Vehicle Consumption Behavior / 088

4.1 Statistical Description of Factors Influencing Electric Vehicle Consumption Behavior / 088

4.2 Difference Analysis of Electric Vehicle Purchasing Intention in Household Demographic Characteristics / 096

4.3 Correlation and Regression Analysis of Factors Influencing Electric Vehicle Consumption Behavior / 108

4.4 Effect Pathways of Antecedent Variables on Electric Vehicle Purchasing Intention / 115

4.5 Effect of Household Demographic Characteristics on Different Pathways / 121

4.6 Moderated Regression of Situational Variables on Electric Vehicles Purchasing Intention / 127

4.7 Function Mechanism Summary of Factors Influencing Electric Vehicle Consumption Behavior / 133

5 Quantitative Analysis and Developing History of Electric Vehicle Incentive Policies / 137

5.1 Text Selection of Electric Vehicle Incentive Policies / 137

5.2 Confirmation of Analysis Dimensions for Electric Vehicle Incentive Policy Texts / 139

5.3 Quantifiable Statistic of Electric Vehicle Incentive Policy Texts / 141

5.4　Review and Analysis of Electric Vehicle Incentive Policies　／ 147

6　Consumers' Psychological Response of Electric Vehicle Incentive Policies　／ 159

6.1　Questionnaire Design　／ 159

6.2　Data Source and Sample Characteristics　／ 162

6.3　Consumer Cognition of Electric Vehicle Incentive Policies　／ 164

6.4　Consumer Preference of Electric Vehicle Incentive Policies　／ 182

7　Consumers' Behavior Response of Electric Vehicle Incentive Policies　／ 207

7.1　Variable Selection and Data Source　／ 207

7.2　Introduction of Panel Data Models and General Tests　／ 211

7.3　The Impact of No Purchasing Restriction Policy on Consumer Purchasing Behavior　／ 214

7.4　The Impact of No Driving Restriction Policy on Consumer Purchasing Behavior　／ 218

7.5　The Impact of Other Incentive Policies on Consumer Purchasing Behavior　／ 222

8　Optimal Designs and Experiment Simulation of Electric Vehicle Incentive Policies　／ 226

8.1　Optimal Design of Electric Vehicle Incentive Policies　／ 226

8.2　Introduction of Choice Experiment and Discrete Choice Model　／ 231

8.3　Setup of Experimental Situation　／ 234

8.4　Setup of Experimental Attributes and Attribute Levels　／ 238

8.5　Design of Experimental Scheme　／ 242

8.6　Data Source and Sample Characteristics　／ 245

8.7　Analysis of Experiment Results　／ 247

9 Conclusions, Policy Implications and Future Works / 253
   8.1 Conclusions / 253
   8.2 Policy Implications / 260
   8.3 Limitations and Future Works / 266

References / 270

第一章

绪论

第一节　研究背景

一　汽车保有量增加带来的能源消耗和环境问题日益严峻

自中华人民共和国成立以来，汽车保有量迅速增加。根据国家统计局的数据，1949 年底，全国民用汽车仅有 5 万余辆。1978 年底，全国民用汽车达到 135.84 万辆，是 1949 年的 26 倍，其中，载客汽车 25.9 万辆，载货汽车 100.17 万辆，分别为 1949 年的 15 倍和 30 倍。2008 年底，全国民用汽车达到 5099.61 万辆，是 1978 年的 38 倍，其中载客汽车 3838.92 万辆，载货汽车 1126.07 万辆，分别是 1978 年的 148 倍和 11 倍。自 2007 年以来，我国汽车保有量平均增速在 10% 以上（见图 1-1），处于高速增长阶段，至 2017 年我国汽车保有量已经突破 2 亿辆，目前更是成为仅次于美国的世界第二汽车大国。这其中，私家车保有量增速更高，2012~2017 年我国私人汽车保有量一直保持 12% 以上的增速，这表明人民生活水平的提高促使了私家车购买量快速增加。尽管我国千人汽车保有量在 2014 年就已破百，但是与发达国家相比仍然有明显差距，即使是和世界平均水平相比也有一定差距。随着居民生活水平的不断提高和城镇化进程的稳步推进，汽车保有量将持续增加，根据国务院发展研究中心的预测，预计到 2030 年我国汽车保有量将超过 4.1 亿辆。

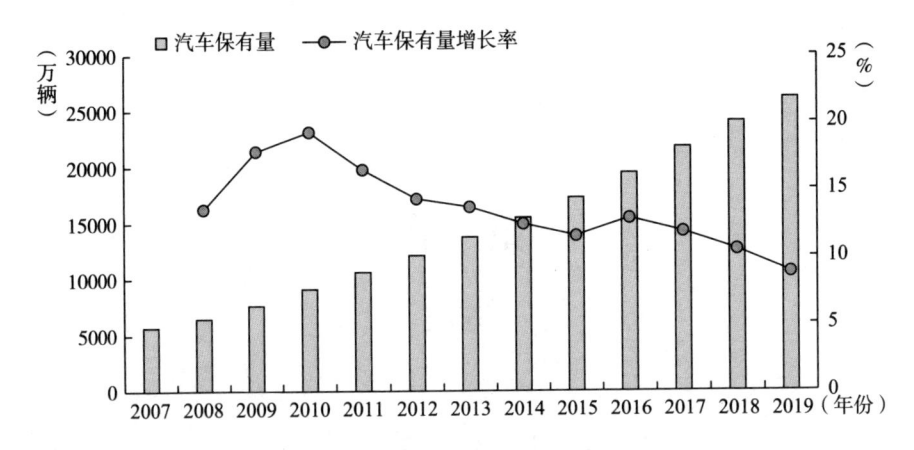

图 1–1　2007～2019 年我国汽车保有量及增长率

资料来源：中华人民共和国国家统计局：《中国统计年鉴》（2008～2019），中国统计出版社；2019 年数据从国家统计局官网获得。

相关研究表明，汽车尾气排放所产生的一氧化碳、碳氢化合物和氮氧化合物等已占大城市空气污染物的 70%～80%，成为城市空气污染的主要来源[1]。汽车内燃机每消耗 1 升汽油，会排放 150～200 克的一氧化碳、4～8 克的碳氢化合物和 4～20 克的氧化氮。随着机动车保有量的快速增加，我国城市空气开始呈现煤烟和机动车尾气复合污染的特点，直接影响群众健康。根据生态环境部发布的统计数据，2018 年全国机动车污染物排放总量为 4065.3 万吨，其中，氮氧化合物 562.9 万吨，颗粒物 44.2 万吨，碳氢化合物 368.8 万吨，一氧化碳 3089.4 万吨。其中，汽车是污染物总量的主要"贡献者"，其排放的氮氧化合物和颗粒物超过 90%，碳氢化合物和一氧化碳超过 80%。按车型分类，货车排放的氮氧化合物和颗粒物明显高于客车，重型货车是主要"贡献者"，而客车的一氧化碳和碳氢化合物排放量则明显高于货车。按燃料分类，全国柴油车排放的氮氧化合物接近汽车排放总量的 70%，颗粒物超过 90%；而汽油车一氧化碳和碳氢化合物的排放量则较高，超过排放总量的 70%。按现有排放标准分类，占汽车保有量 3.8% 的国Ⅰ及未达到此标准的汽车，其排放的 4 种主要污染物占排放总量的 30.0% 以上；而占保有量 75.2% 的国Ⅲ及以上标准汽车，其排放量还不到排放总量的 40.0%。按环保标志分类，仅占汽车保有量 6.8% 的

"黄标车"却排放了45.4%的氮氧化合物、74.6%的颗粒物、47.4%的一氧化碳和49.1%的碳氢化合物。近年来雾霾天气越发严重也是汽车尾气污染加剧的一个直接体现。2012年冬季，中国1/4国土面积、约6亿人受雾霾影响；2013年，中国平均雾霾天数为29.9天，创52年之最；2014年至今雾霾情况有所好转，但形势依然严峻。雾霾的主要成分二氧化硫、氮氧化合物和可吸入颗粒物等对人体健康均有负面影响，其中PM2.5的危害最大[2]。在已公布的各城市污染来源解析报告中，汽车尾气排放是PM2.5的主要排放来源，如北京机动车的贡献率甚至超过了30%。汽车尾气还是温室效应的元凶，会导致全球气候变暖，出现极地冰层融化，海平面上升，土地盐碱化、沙漠化等严重后果。

我国是世界上第二大原油消费国，基本国情是"富煤、缺油、少气"，因而经济的快速发展使得石油供需矛盾日益尖锐[3]。为了满足不断增长的石油需求，我国石油进口量不断增加，对外依存度早已突破50%。2019年我国原油净进口量约为5.06亿吨，较2018年高9.5%，对外依存度达到72%，且在2018年我国原油进口量就已经超过美国，成为世界上最大的原油进口国。汽车保有量的快速增加是造成我国石油对外依存度逐年升高的重要原因之一。根据工信部的统计数据，当前中国汽车耗油占总石油消耗量的1/3~1/2。考虑到未来我国汽车市场仍将快速发展，车用能源需求必将随之攀升，工信部预测到2020年，我国汽车将消耗成品油约4亿吨，这会进一步加剧我国的石油供需矛盾。若按照目前我国乘用车的油耗标准计算，届时中国的石油对外依存度将突破80%。如果要把2025年的石油对外依存度控制在67%的安全线之内，则乘用车需要节油1.3亿吨。根据相关研究结果，按最大可能情景预测，汽车节油技术、智能交通、电动汽车和替代燃料将分别需要贡献节油量的35%、44%、12%和9%。从这个角度看，推广电动汽车能在很大程度上减缓中国石油对外依存度的上升。

二 推广电动汽车是实现节能减排目标和汽车产业发展的必由之路

为限制能源消费和碳排放，世界各国大力发展低碳交通，其中推广清洁节能汽车特别是电动汽车就是一个重要方面，这也是近年世界各国交通领域改革的突破口[4]。2019年上半年全球累计销售电动汽车超过100万辆，同比增长47.4%。销量排名前八的国家分别是中国、美国、挪威、英国、法国、德国、荷兰和韩国，合计销量达到696634万辆，占全球销量的一半以上。与世界其他国家相比，我国电动汽车销量占绝对优势（见图1-2）。

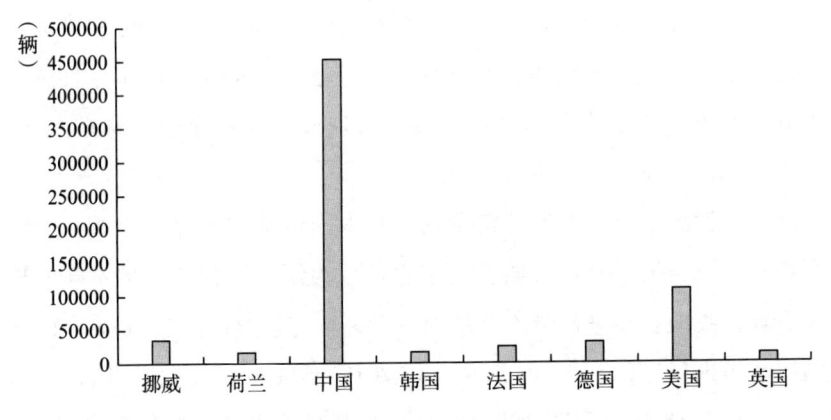

图1-2 2019年上半年世界主要国家电动汽车销量

资料来源：MarkLines全球汽车产业平台。

电动汽车没有内燃机，所以不产生尾气污染，对环境保护和空气的洁净十分有益，几乎是"零污染"。而且电动汽车所需电力可以由水能、太阳能、风能等清洁能源转化，因而电动汽车的推广应用还可以减少对化石能源的依赖[5]。即便是以化石燃料为主的电源结构，电动汽车的环境效益也要优于燃油车，这是因为发电厂的能量转换效率更高，其大多远离人群密集区向高空排放，且集中排放可以更方便地加装减排治污设备。由于近年来我国经济发展放缓，电力消耗减少，因此电力过剩，但发电能力还在增加。这其中，风能和太阳能等绿色能源发电量在快速增长，电力过剩的电网很难吸纳，只得大量废弃。电动汽车大规模应用以后，可以消耗大量的电力，大量被废弃的绿色能源就能得到应用。因此，电动汽车的大量推广可以促进绿色能源的发展。再者，电网低谷期电力大量过剩一直是国家面临的难题，电动汽车普及后，就可以很好地利用低谷时期的过剩电力，且在电网高峰期电动汽车可以把所储存的电力转给家用电器使用，减轻电网的压力。由于我国煤炭储量比较大，煤炭产出的电力完全可以自给，未来通过核能、太阳能、风能等方式还可以增加新的电力来源渠道。如果从燃油汽车过渡到电动汽车，中国就可以在很大程度上减轻石油的对外依赖。从长远来看，实现能源安全，需要电动汽车快速发展[6]。

汽车产业是衡量一个国家经济实力和综合国力的重要标志。近年来，由于我国内需比较旺盛及中央政府的大力支持，汽车销售量一直保持稳定增长态势。目前，我国是世界第一大汽车生产国和最大消费市场。根据中国汽车工业协会的统计数据，2009年底我国汽车产销量均超过1300万辆，到2019年我国汽车产销量更是分别达到2572.1万辆和2576.9万辆。虽然我国已经是一个名副其实的汽车消费大国，但并不是汽车强国。相对发达国家，一方面我国的汽车产业起步较晚，在燃油汽车的核心技术方面差距较大，特别是在发动机技术方面；另一方面燃油汽车的很多技术依赖长期的经验积累，而欧美等发达国家在汽车工艺和技术上比较成熟，我国的比较优势短板明显。因此，我国汽车业在短期内难以超越欧美等先进国家，在国际汽车产业格局中处于相对弱势地位。作为经济刺激计划的一部分，中央政府已经将汽车业列为"十大振兴产业"之一。由于汽车业是国民经济的重要支柱产业，其涉及面广、关联度高、消费拉动力大，已经成为这十大产业中最先推出振兴规划的产业。在这一规划中，发展电动汽车就是一个重要方面。电动汽车与传统燃油车在核心技术方面有质的区别，而且全球的电动汽车产业基本处于发展初期[7]。我国电动汽车的技术水平与国外接近，特别是在整车动力系统匹配与集成设计、整车控制方面已掌握核心技术[8]。因而培育和发展电动汽车不仅是实现我汽车产业可持续发展的必然趋势，也是缩短与发达国家的技术差距，实现我国汽车产业跨越式发展的重要机遇。

三 政府激励政策是电动汽车推广应用的催化剂

为了有效控制日益严重的环境污染和应对能源需求，中国政府在2006年和2007年颁布的《国务院关于加强节能工作的决定》和《国务院关于印发节能减排综合性工作方案的通知》中，明确把交通部门作为解决上述两个问题的重要突破点[9,10]。电动汽车作为我国交通部门实现节能减排目标的有效途径之一，国家发改委早在 2004 年颁布的《汽车产业发展政策》中就将其作为汽车产业发展的方向[11]。政府后续出台的《国务院关于加快培育和发展战略性新兴产业的决定》更是将电动汽车确定为我国七大战略性新兴产业之一[12]。根据 2012 年国务院印发的《节能与新能源汽车产业发展规划（2012—2020 年）》和 2015 年国家发改委等部门印发的《电动汽车充电基础设施发展指南（2015—2020 年）》，2020 年中国电动汽车年产量要达到 200 万辆，累计保有量要达到 500 万辆。2009 年以来，为加快促进电动汽车产业化，以实现上述目标，国家逐步加大了市场导入期的政策支持力度，制定出台了一系列政策措施，营造了良好的政策环境。

在上述政策的扶持下，近年来我国纯电动乘用车产销量不断增加（见图 1-3）。根据中国汽车工业协会公布的统计数据，从 2011~2012 年，随着电动汽车推广工作的逐步深入，纯电动乘用车年产销量逐渐超过 1 万辆；2013 年和 2014 年，纯电动乘用车年产销量进一步增长；在 2015 年更是实现了"井喷"式发展，产销量双双突破了 10 万辆，分别达到 152172 辆和 146719 辆；此后的 2016~2018 年电动汽车快速发展，2018 年纯电动乘用车产销量已经达到 792000 辆和 788000 辆。总体上看，我国的电动汽车保有量已经超过 300 万辆，占全球电动汽车保有量的 60% 以上。预计在未来短期内，我国电动汽车仍将保持 35%~40% 的年增长率，2020 年产销量有望达到 100 万辆。可以看出激励政策对电动汽车市场具有明显的带动效应，在电动汽车产业发展的孕育期，激励政策是第一推动力。从本质上来说，电动汽车市场还是一个高度依赖政策的市场，目前电动汽车蓬勃发展主要靠各类支持政策提供持续动力[13]。尽管提高技术水平、降低生产成本仍然是电动汽车发展的主题，但是激励政策的持续支持依旧是电动汽车发展的关键。

四 推广电动汽车的关键在于深入认识和管理私人消费者需求

虽然我国电动汽车的发展已经取得了长足进步，但目前电动汽车市场占有率还很低。根据中国汽车工业协会的数据，2015 年电动汽车的市场份

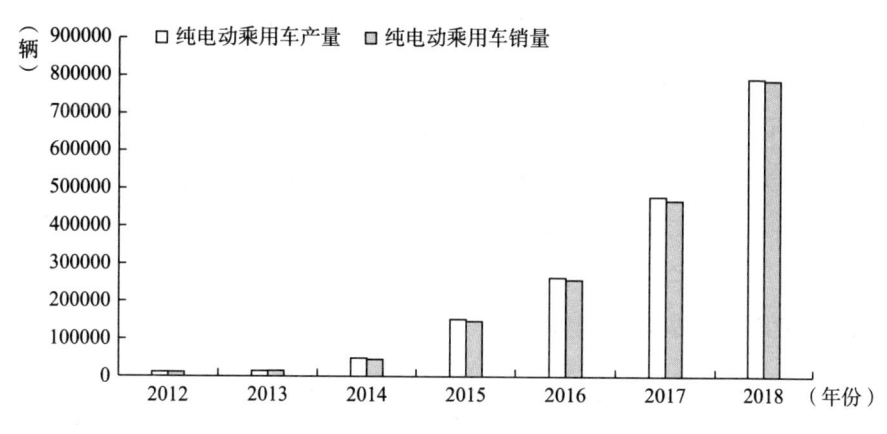

图 1-3 2012~2018 年我国纯电动乘用车的年产销量

资料来源：中国汽车工业协会。

额不足 1%，伴随着近年来电动汽车产销量的快速增加，其市场份额于 2019 年底达到 1.46%。根据目前电动汽车的市场容量和发展速度预测，经过 2015~2019 年这 5 年的快速增长，2020 年仍很难实现保有量达到 500 万辆的目标。此外，现阶段电动汽车产销量不断攀升的动力是政府部门和公共领域的大量采购。2015 年国务院机关事务管理局、财政部、科技部、工信部、国家发改委联合发布的《政府机关及公共机构购买新能源汽车实施方案》提出，政府机关及公共机构购买机动车辆应当优先选用电动汽车，同时明确指出 2014~2016 年，中央国家机关以及纳入电动汽车推广应用城市的政府机关和公共机构，购买的新能源汽车占当年配备更新总量的比例不低于 30%，以后将逐年提高。2015 年在国务院常务会议上，国务院总理李克强进一步指出中央国家机关、电动汽车推广应用城市的政府部门及公共机构购买电动汽车占当年配备更新车辆总量的比例要提高到 50% 以上。尽管如此，只依靠政府力量难以实现电动汽车的大规模推广应用[14]。

由于私人汽车在各国汽车保有量中占有很大比例且增速较快，可以预见电动汽车的大规模采用也将依赖于私人消费者市场[15]。电动汽车作为新兴的汽车产品，其经济性、稳定性和便利性备受消费者质疑，目前真正来自消费者的采购数量较少。据不完全统计，2019 年以个人名义购买的电动汽车在市场上的占比不到 50%。考虑到这些电动汽车当中有相当一部分虽然所有权归个人，但用户购车主要是用于运营，真正作为私家车的比例更低。虽然政府针对私人消费者推出了一系列利好政策，如购车补贴、免购置税、免车船税等，但是电动汽车的私人消费仍面临"政策热、市场冷"的尴尬局面[15]。考虑到电动汽车的性能和技术水平难以在短期内有较大改善，政府支持政策比其他因素更能够决定消费者对电动汽车的接受度，因而亟须完善现有政策以增加电动汽车对个体消费者的吸引力。这就需要深入认识和了解个体消费者的需求，有针对性地出台相关政策，减少消费者顾虑，使其更容易接受电动汽车。

五 电动汽车激励政策亟待进行顶层设计

虽然我国自"八五"时期就开始出台相关政策支持电动汽车的发展，但后续很长一段时间内都主要聚焦于相关基础研究工作。从 2009 年开始，相关政策开始转向电动汽车的推广应用，目前我国电动汽车已经累计推广超过 300 万辆，占全球市场保有量的 50% 以上，处于全球绝对领先地位，且连续 5 年占据世界最大电动汽车生产和销售国的地位。此外，在国家重点推广区域，如京津冀、长三角、珠三角等地，电动汽车推广量已占全国的近 80%[16]。在此过程中，国家实施的激励政策发挥着积极作用。可以说，电动汽车市场取得的成绩离不开这些政策的全方位支持，特别是近 10 年的连续补贴政策，促进电动汽车保有量实现从无到有、从少到多的转变。虽然现有政策已经相对完善，涵盖面较广，较适用于现阶段，但是电动汽车市场的发展速度惊人，如果不提前进行政策研判，实施中将会出现问题。因此，有必要开展对未来政策的研究工作。一方面，了解已落地政策的效果，考察是否有必要改进或者保留，以适应电动汽车市场；另一方面，随着政府补贴的退出，需要重新设计政策体系，以保证电动汽车市场稳定、健康、可持续发展。

总之，为了实现电动汽车的大规模推广，国家出台了从生产到销售的全产业链政策，国务院、财政部、科技部、工信部等多个部门联合，采取各种政策手段对电动汽车发展给予优惠和支持。消费者对这些政策的了解程度如何，他们更偏好何种类型的政策，以及这些政策实施效果如何？这些问题有待进行全面深入的分析，从而提出效果显著的政策，并充分认识现有政策中存在的问题。此外，电动汽车目前仍处于发展初期，在国家和地方政府补贴不断退出的情况下，其推广应用将会面临很大困境。在政府补贴完全退出后，为了维持电动汽车的市场竞争力，仍需要政策继续支持。因此，后补贴时代还需要对电动汽车的激励政策进行顶层设计，在深入研究的基础上，构建更为健全的综合政策体系。

第二节 研究目的与意义

一 研究目的

通过本书的研究，拟达到以下目标：①构建电动汽车消费行为影响因素理论模型，利用调研数据对其进行实证检验，厘清电动汽车消费行为的影响因素体系、各因素与消费行为的关系以及各因素间的相互作用机制；②对我国的电动汽车激励政策进行系统回顾，从政策颁布年度、发布主体、政策形式、政策激励环节等方面展示电动汽车激励政策的演变过程和发展趋势，掌握目前我国在私人需求侧出台政策的现状和特点；③通过大量调查数据来了解消费者对电动汽车激励政策的认知，并利用联合分析法剖析其对不同类型政策的偏好程度，从消费者微观视角探讨电动汽车激励政策的相关特征和改进策略；④基于宏观统计数据，利用面板数据模型分析不同类型政策对消费者实际购买行为的影响，探究电动汽车激励政策的有效性；⑤从消费者视角出发，在现有激励政策的基础上提出一个旨在从多个角度促进消费者购买电动汽车的综合政策框架体系，并利用选择实验模型进行验证；⑥根据上述研究所得到的结论，提出符合消费者需求的政策改进建议。

二 研究意义

节约资源和保护环境是我国的基本国策，已取得了全社会的共识。《中共中央关于制定国民经济和社会发展第十三个五年规划的建议》将发展电动汽车作为规划中的重要一项，并明确指出国家和政府机构应强化其推广工作。随着我国城市化进程的加快和消费需求的持续增长，城市居民私家车出行所引发的尾气污染和能源消耗问题已成为我国城市生态环境问题的重要致因。由此可见，鼓励和引导我国居民积极应用电动汽车，是解决城市生态环境问题、改善城市环境质量和实现可持续发展的重要途径之一。

（一）理论意义

目前，大多数学者认为节能减排、降低碳排放量应该从生产领域（上游）着手，调控对象应该是高耗能、高污染的电力、石油、水泥等企业，而忽视了消费领域（下游），即居民消费对降低碳排放的影响。从本质上来说，碳排放都是由人类活动所引起的，特别是人类消费行为。电动汽车是一种全新的交通出行工具，必然要求消费者改变出行方式和使用习惯。要想推广电动汽车，政府需要出台一系列政策措施对消费者进行引导。本书的理论意义在于：第一，丰富了电动汽车消费行为影响因素的理论模型，对各影响因素进行路径分析，完善了电动汽车消费行为影响因素的作用机制研究；第二，基于消费者视角，对现有的电动汽车激励政策进行探讨，可以进一步充实和完善电动汽车推广的策略和理论，并可促进制度经济学、行为经济学、实验经济学、行为心理学等多学科交叉应用；第三，电动汽车采用行为是微观主体消费行为的一种，也是一种环保行为，而引导促进消费者采用电动汽车的政策是一项具体的公共政策，因此本书的研究有助于丰富公众消费、环保行为和公共政策的研究领域和内容；第四，将能源消费和碳排放问题的研究从生产领域延伸至居民消费领域，有利于拓展节能减排政策研究的领域和丰富其研究内容。

（二）实践意义

随着经济的发展和社会的进步，人民的生活水平不断提高，居民交通出行特别是私家车出行所产生的碳排放量与日俱增。由于反弹效应和杰文斯悖论的存在，只有通过调整居民消费需求，建立低碳消费模式和生活方式，才有可能从根本上降低碳排放、实现可持续发展。本书从微观消费者层面着手，分析电动汽车激励政策对消费者采用意愿的影响，探讨何种政策措施会促进消费者更倾向于采用电动汽车，这对于实现低碳经济发展、缓解全球气候变暖以及实施能源价格改革等都具有重要的实践意义。

第三节　研究内容、对象和方法

一　研究内容

根据研究目的，本书将遵循"电动汽车消费行为影响因素—电动汽车激励政策变革—消费者心理和行为响应—政策体系优化设计及验证"的逻辑思路。第一，系统回顾和总结影响电动汽车消费行为的各类因素，构建电动汽车消费行为影响因素理论模型，基于调查数据，对理论模型进行验证，并分析各影响因素的作用路径及差异；第二，多角度回顾2009年以来我国政府在私人需求侧出台的电动汽车激励政策；第三，在利用描述性统计方法呈现消费者政策认知情况的基础上，借助联合分析法探讨消费者对不同类型政策的偏好程度；第四，利用面板数据模型，定量分析电动汽车激励政策变化对消费者购买行为的影响；第五，从消费者视角出发，提出一个全新的电动汽车激励政策体系框架，并利用选择实验方法进行验证；第六，在此基础之上，提出相关政策建议。具体包括以下内容。

第一章为绪论。本章主要介绍本书的研究背景、目的、理论意义和实践意义，界定本书的研究范围和对象，介绍本书的研究内容和主要创新点，明确本书的研究方法。

第二章为文献回顾。首先回顾影响消费者电动汽车采用行为的各类因素，重点回顾了与电动汽车激励政策相关的研究，最后对这些研究进行简要评述，为本书奠定文献基础。

第三章为电动汽车消费行为影响因素理论模型构建、量表开发及数据收集。本章首先介绍市场失灵、政府干预、理性行为、计划行为和消费者购买决策等政府行为和消费者行为相关理论。结合这些理论探讨政府干预电动汽车市场的理论机制、消费者电动汽车购买行为的理论机制，以及政府干预消费者电动汽车购买行为的理论机制，在此基础上提出电动汽车消费行为影响因素理论模型，以从理论上为开展后续实证研究奠定基础。基于理论模型设计问卷，对问卷的信度和效度进行检验，阐述了问卷和调研设计的内容；以问卷调研获得的量化数据为基础，运用探索性因子分析、验证性因子分析相结合的方法考察数据的信度和效度。

第四章为电动汽车消费行为影响因素的模型检验及作用机理。根据所得数据采用单因素方差分析、多元统计分析方法验证模型中各因素与行为以及各因素间的相互关系，进而利用结构方程模型、多群组分析以及分层回归验证相结合的方式，探讨电动汽车消费行为影响因素的作用机制。

第五章为电动汽车激励政策文本量化和发展沿革。本章基于政府网站、回溯（关联）分析和公开出版物等渠道和方法收集了自 2009 年以来我国政府在私人需求侧颁布的相关电动汽车激励政策文本，通过对政策颁布年度、发布主体、政策形式、政策激励环节等方面进行定量统计，展示了其近 10 年的发展过程。此外，在通过频数统计对我国电动汽车激励政策进行整体了解的基础上，结合量化统计结果对各类激励政策展开具体分析，从而把握不同政策在不同时期的特点及其变化情况。

第六章为电动汽车激励政策的消费者心理响应。首先，基于问卷调查所得到的数据，可视化地展示了部分电动汽车试点城市消费者对电动汽车激励政策的认知情况，比较分析了不同群体消费者在政策认知上的差异。然后，基于消费者对不同电动汽车激励政策组合的打分情况，借助联合分析方法分析了消费者对不同政策的偏好程度，同时分析了不同群体消费者的差异性。

第七章为电动汽车激励政策的消费者行为响应。本章利用 2010～2016 年 43 个电动汽车试点城市的数据，通过建立面板数据模型分别探析了电动汽车不限购政策、不限行政策和其他激励政策对消费者实际购买行为的影响，并基于所得结果比较分析了不同政策的效果。

第八章为电动汽车激励政策体系优化设计和实验模拟。本章首先对我国现有电动汽车激励政策的特点进行总结，在此基础上提出了一个包括现有激励政策、环境税和排放权交易的综合政策体系。然后，以碳税和个人碳交易这两项政策为环境税和排放权交易的代表，通过构建选择实验，模拟在这两种政策情境下消费者的购车行为，基于所得数据对所提出的政策体系进行了验证。

第九章为研究结论、政策建议与研究展望。

二 研究对象

本书主要涉及4个联系紧密的主题：一是电动汽车消费行为的影响因素，二是电动汽车激励政策的历史沿革，三是电动汽车激励政策的消费者心理和行为响应，四是电动汽车激励政策体系的优化。其中，第一个主题的研究对象是电动汽车的购买者或潜在购买者，主要利用通过问卷调查获取的数据来验证影响消费者购买电动汽车的因素。第二个主题的研究对象主要是政府在私人需求侧所颁布的电动汽车激励政策，涉及2009年以来中央政府和各试点城市地方政府所颁布的各类政策，这些政策文本主要是从政府的门户网站获取。第三个主题的研究对象为我国各电动汽车示范城市的消费者。此部分的数据来源主要包括两个方面：一是通过大样本数据调研，从微观层面了解消费者对电动汽车激励政策的认知和偏好；二是利用相关统计年鉴，基于所得到的面板数据从宏观层面探讨这些政策对消费者购买行为的影响。最后一个主题是利用选择实验法来验证所构建的政策体系，研究对象为接受实验的消费者。相关调研数据和统计数据获取的详细情况，将在后续每一章中专门介绍，这里不再赘述。

三 研究方法

本书以认知心理学、社会心理学、社会学、行为经济学、信息经济学等多学科知识为指导，综合运用文献研究、问卷调查、联合分析、数理统计、计量模型、选择实验、案例研究等方法，以SPSS、EViews、Stata等软件为支持。

（1）文献研究法。通过搜集、查找和阅读相关文献资料，研究我国电动汽车激励政策的内涵、特征、结构、发展现状和演进历程，对上述问题进行深入分析、归纳和总结，在此基础上把握政策的最新发展动态，研究我国电动汽车激励政策改进的方向。

（2）问卷调查法。对消费者进行社会调查，采用问卷调查方法获取影响消费者购买电动汽车的各类因素，他们对各类电动汽车激励政策的认知情况，对由不同政策所构成的政策组合的偏好情况，以及消费者人口统计特征等基本信息。

（3）联合分析法。联合分析法是一种根据受访者对多决策属性组合的反应来定量研究其偏好的方法。消费者在决定是否要购买电动汽车时会受个人特征的影响，他们往往会在详细比较能够得到的政策优惠后才做出自己的选择，使用联合分析法可以通过设置不同的政策组合来判断个体对不同电动汽车激励政策的偏好程度。

（4）数理统计和计量模型。本书所运用的多元统计分析方法主要包括抽样分布、独立样本T检验、单因素方差分析、线性回归、面板数据模型等。利用上述方法主要是为了呈现不同变量对电动汽车消费行为的影响效应、路径及差异性，消费者对电动汽车激励政策的认知情况，以及分析不同政策的有效性。

（5）选择实验法。根据已有文献，结合电动汽车的主要特征设置相关属性，确定实验任务。让受访者在所设置的情境下，在一系列由不同属性组成的电动汽车产品组合中，结合自身需求进行权衡，在仔细比较后选出效用最大者，进而估算不同属性的效用大小并比较其差异性。

（6）案例研究法。案例研究是结合文献资料对单一对象进行分析，得出事物一般性、普遍性规律的方法。为分析本书所提出的政策体系是否有效，需要选取若干典型政策进行案例剖析，最终得出对改进我国电动汽车激励政策有关键借鉴作用的经验启示。

第四节 主要创新点

本书的创新点主要体现在如下5个方面。第一，多维度构建了电动汽车消费行为影响因素模型，基于问卷调查数据，讨论了各因素对购买意愿的影响效应，系统探讨了各因素的作用路径及各因素间相互作用的机制，对已有电动汽车消费行为影响因素相关模型进行了修正和补充。第二，基于政策文本量化统计方法准确识别了私人需求侧电动汽车激励政策的政策存量和政策结构，发现了现行政策的变化规律和演变趋势，明晰了不同类别政策的具体内容及其特点，为电动汽车激励政策相关研究提供了新的视角。第三，围绕消费者对电动汽车激励政策的心理和行为响应，引入联合分析法，依据消费者对不同政策组合的评价，分析了消费者的政策偏好情况；将各类激励政策纳入面板数据模型，识别了它们对消费者购买行为的影响效应。这为相关政策实施序列和政策组合策略的完善提供了借鉴，丰富了个体消费领域和公共政策领域的研究内容。第四，提出了一个包含现有激励政策、环境税和排放权交易的全新政策优化体系，构建并界定了以经济激励为基础，以环境意识和心理账户为补充的三维政策作用机制，拓展了现有电动汽车激励政策的框架体系，为各类能源环境政策研究提供了新的理论体系参考。第五，构建选择实验，将现有激励政策、环境税和碳排放权交易内化为实验中电动汽车的属性，对所提出的政策优化体系进行了实验研究和计量分析，科学模拟和预测了各类政策的效果，丰富了电动汽车激励政策乃至其他公共政策研究的分析范式。

第二章

文献回顾

第一节 电动汽车及其激励政策概念界定

一 电动汽车概念界定

目前，世界各国普遍大力发展节能环保汽车，不同国家对这种汽车有不同的称谓，如中国普遍称之为新能源汽车，日本称之为新一代汽车，还有国家将其称为绿色汽车、节能汽车、可替代能源汽车等[17]。这些汽车通常是指以非常规车用燃料（如电力、天然气等）作为主要或次要动力来源，或使用常规的车用燃料，但采用新型车载动力装置（如电动机）的汽车，本书主要探讨新能源汽车的一个重要分类——电动汽车。电动汽车的出现可以追溯到20世纪初。1916年8月，世界上第一辆油电混合动力汽车问世，其燃料使用的高效率成为当时乃至后来汽车营销的一大亮点。然而，受到售价、行驶里程、电池充电和电池寿命等因素的制约，电动汽车大规模使用的情形并没有随之而来。直到21世纪，随着以丰田普锐斯为代表的电动汽车进入全球市场，电动汽车才逐渐进入公众视野。电动汽车主要可以分为如下几类：油电混合动力汽车（Hybrid Electric Vehicle）、纯电动汽车（Battery Electric Vehicle）、插电式混合动力汽车（Plug-in Hybrid Electric Vehicle）、增程式电动汽车（Extended Range Electric Vehicle）和燃料电池汽车（Fuel Cell Electric Vehicle）[18]。各类电动汽车动力来源和能量来源的比较可见表2-1，下文将简单介绍各种电动汽车的概念以便区分。

表 2-1　不同类别电动汽车动力来源和能量来源的比较

类型	代表车型	动力来源		能量来源		
		内燃机	电动机	汽油	充电	燃料电池
油电混合动力汽车	丰田普锐斯	√	√	√		
纯电动汽车	特斯拉·Model S		√		√	
插电式混合动力汽车	比亚迪·秦	√	√	√	√	
增程式电动汽车	宝马 i3		√		√	
燃料电池汽车	暂无		√		√	√

油电混合动力汽车是指同时拥有燃油发动机和电池两种动力的汽车，普通混合动力汽车的电池容量很小，仅在起/停、加/减速的时候供应/回收能量，不能外部充电[19]。此类电动汽车的优点是不用担心车辆的续航里程，因为即使电池储存的电量耗尽也可以用内燃机继续驱动车辆，另外这类车型在起步和加速等场景中，电池和电动机能够辅助内燃机提供动力，充分发挥电动机的大扭矩优势，在起步和加速过程中的整体效率得到提升，并使车辆整体油耗显著下降。缺点是纯电状态下行驶的里程较短，并且技术门槛相当高，世界上只有丰田汽车公司的技术比较成熟，近两年本田也成功量产了自行开发的若干油电混合动力车型。目前，油电混合动力汽车的代表车型有丰田普锐斯、雷克萨斯混合动力车型、凯美瑞双擎、卡罗拉双擎、雷凌双擎、本田雅阁锐混动等。

插电式混合动力汽车是一种新型的油电混合动力汽车，其技术门槛相对于油电混合动力汽车来说较低，区别主要在于插电式混合动力汽车的电池相对比较大，可以外部充电，可以用纯电模式行驶，待电池电量耗尽后再以混合动力模式（以内燃机为主）行驶，并适时向电池充电[20]。目前，不同的汽车厂商所生产的插电式混合动力汽车的电池容量、电机数量、电机功率配置有较大差异，形成了不同的整车风格和特点。插电式混合动力汽车的优点在于既可以通过充电作为纯电车行驶，也可以在没有电的情况下加油当作一般燃油车使用。缺点在于两套动力系统导致重量上升，成本也较高，而且在纯油行驶工况下油耗非常高。插电式混合动力汽车的代表车型有比亚迪·秦、比亚迪·唐、上汽荣威 eRX5、凯迪拉克 CT6 Plug-in 等。

增程式电动汽车与插电式混合动力汽车类似,其也有电池和燃油两种能量来源,可以外部充电,所不同的是增程式电动汽车仅以电动机作为动力来源,发动机不作为动力输出,仅在电池电量消耗到一定程度时为电池进行充电[21]。增程式电动汽车与纯电动汽车都是用电机驱动车轮进行行驶,但不同之处在于增程式电动汽车多了一个发动机,利用这个发动机带动电机发电来驱动车辆以及给动力电池充电。此类车型的优点在于发动机参与充电,所以没有里程焦虑;缺点在于成本过高。目前,市场上的量产车型相对比较少,代表车型仅有宝马 i3 增程版和广汽传祺 GA5 增程版。

纯电动汽车则是完全由可充电电池提供动力源,用电机驱动行驶的汽车。相对于前 3 种电动汽车,纯电动汽车的电池容量最大,纯电行驶里程最长,且主要依靠外部电源来补充能量[22]。一般来说,纯电动汽车一般配置 30~60 千瓦时的大容量电池,并提供交流慢充和直流快充两种充电接口。纯电动汽车的优点是技术相对简单成熟,只要有电力供应的地方都能够充电,而且能量转换效率高,行驶中车辆噪声极低,后期的保养维护也更加方便;缺点是电池充放电过程中会发生容量衰减,以及部分地区进入冬季气温下降后会导致续航里程下降。纯电动汽车的代表车型有特斯拉、日产聆风、宝马 i3、比亚迪 e6、比亚迪 e5、北汽 EV 系列、江淮 iEV 系列、上汽 E50 等。

燃料电池汽车与上述几类电动汽车存在一定差异,其主要是指以燃料电池作为动力电源,通过化学反应产生电能驱动电动机工作的汽车。燃料电池汽车的电池是氢氧混合燃料电池。和普通化学电池相比,燃料电池可以在几分钟内就补充完燃料,通常是补充氢气。燃料电池汽车相比上述几类电动汽车的主要优势是燃料补充速度快、续航里程长、无污染物排出并且能量转换效率高,但目前存在燃料成本过高,燃料获取、存储和运输技术条件不成熟等问题。燃料电池汽车的代表车型有丰田 Mirai 和本田 Clarity 等。

通过前面的介绍可以看出,油电混合动力汽车虽然也属于电动汽车的范畴，但其主要能量来源仍然是汽油，电池动力只是起到辅助作用，由于其不需要通过外部电源进行充电，在日常使用过程中与普通燃油汽车相比并没有太大差异。而插电式混合动力汽车和增程式电动汽车尽管需要通过外部电源补充电能，但电池续航里程有限，且两者配备的内燃机无论是用于直接动力输出还是补充电能，都可以缓解电池续航里程不足的问题。燃料电池汽车从日常使用、能源利用和环境保护角度来看虽然是一种理想的车型，但目前仍处于研发阶段，并没有真正在市场上推行。纯电动汽车与上述几类汽车相比则存在较大差别：首先，由于电池容量的限制，其续航里程远远低于前几类汽车，导致消费者存在里程焦虑；其次，纯电动汽车的动力来源完全依靠电能，这决定了其充电时间也远远高于插电式混合动力汽车、增程式电动汽车和燃料电池汽车，消费者在使用过程中需要根据剩余电量及时充电，以便下次使用。可以看到，纯电动汽车不管与传统汽车相比，还是与其他类型的电动汽车相比，都需要消费者在使用过程中做出较大调整。此外，上述各类混合动力汽车均为汽车"电气化"过程中的过渡产品，发展电动汽车的终极目标是纯电动汽车。因此，本书后续内容中若无特别说明，所提到的电动汽车均指纯电动汽车。

二 电动汽车激励政策概念界定

在界定电动汽车激励政策的概念之前，有必要先了解产业支持政策。产业支持政策是指国家或者地方政府在制定区域发展计划或规划纲要时，针对地区经济发展实际情况采取的重点倾斜、优先扶持某些产业或部门的措施，目的在于促使这些产业优先发展、快速发展，以期带动其他产业和整个地区的共同发展[23]。因而，电动汽车支持政策就是指国家和地方政府为扶持和推动电动汽车产业发展而出台的一系列政策措施[24]。目前，国家已在综合宏观、推广示范、财政补贴、税收优惠、技术支持、行业管理和基础设施等方面初步建立了电动汽车政策支持体系，涵盖从研发、产业化到推广应用等各个环节（见图2-1）[25]。

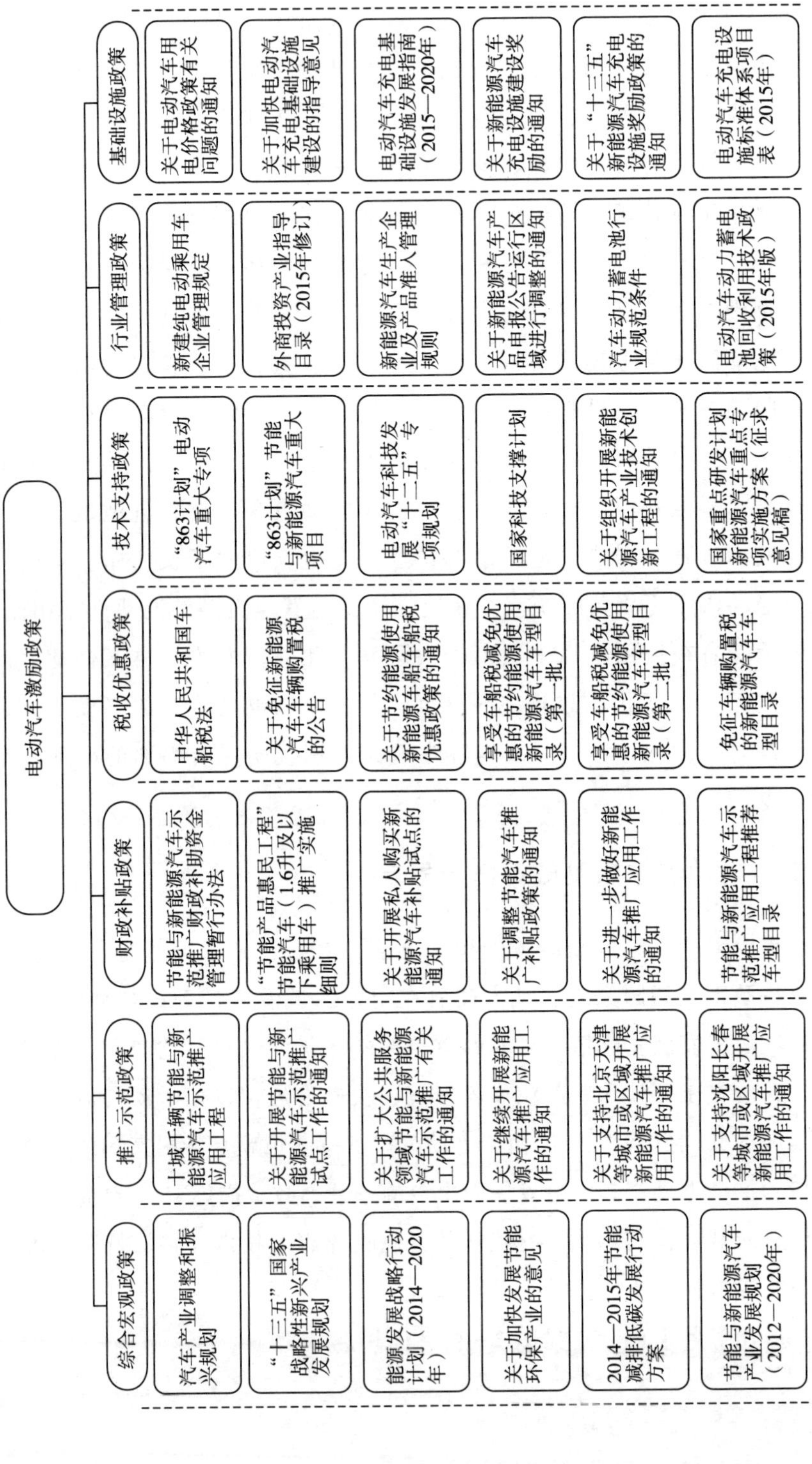

电动汽车激励政策

综合宏观政策
- 汽车产业调整和振兴规划
- "十三五"国家战略性新兴产业发展规划
- 能源发展战略行动计划（2014—2020年）
- 关于加快发展节能环保产业的意见
- 2014—2015年节能减排低碳发展行动方案
- 节能与新能源汽车产业发展规划（2012—2020年）

推广示范政策
- 十城千辆节能与新能源汽车示范推广应用工程
- 关于开展节能与新能源汽车示范推广试点工作的通知
- 关于扩大公共服务领域节能与新能源汽车推广有关工作的通知
- 关于继续开展节能与新能源汽车推广应用工作的通知
- 关于支持北京天津等城市或区域开展新能源汽车推广应用工作的通知
- 关于支持沈阳长春等城市或区域开展新能源汽车推广应用工作的通知

财政补贴政策
- 节能与新能源汽车示范推广财政补助资金管理暂行办法
- "节能产品惠民工程"节能汽车（1.6升及以下乘用车）推广实施细则
- 关于开展私人购买新能源汽车补贴试点的通知
- 关于调整节能与新能源汽车补贴政策的通知
- 关于进一步做好新能源汽车推广应用工作的通知
- 节能与新能源汽车推广应用工程推荐车型目录

税收优惠政策
- 中华人民共和国车船税法
- 关于免征新能源汽车车辆购置税的公告
- 关于节约能源使用新能源汽车车船税优惠政策的通知
- 享受车船税减免优惠的节约能源使用新能源汽车车型目录（第一批）
- 享受车船税减免优惠的节约能源使用新能源汽车车型目录（第二批）
- 免征车辆购置税的新能源汽车车型目录

技术支持政策
- "863计划"电动汽车重大专项
- "863计划"节能与新能源汽车重大项目
- 电动汽车科技发展"十二五"专项规划
- 国家科技支撑计划
- 关于组织开展新能源汽车技术创新工程的通知
- 国家重点研发计划新能源汽车重点专项实施方案（征求意见稿）

行业管理政策
- 新建纯电动乘用车企业管理规定
- 外商投资产业指导目录（2015年修订）
- 新能源汽车生产企业及产品准入管理规则
- 关于新能源汽车公告管理及产品申报有关领域进行调整的通知
- 汽车动力蓄电池行业规范条件
- 电动汽车动力蓄电池回收利用技术政策（2015年版）

基础设施政策
- 关于电动汽车用电价格有关问题的通知
- 关于加快电动汽车充电基础设施建设的指导意见
- 电动汽车充电基础设施发展指南（2015—2020年）
- 关于"十三五"新能源汽车充电设施奖励政策的通知
- 电动汽车充电设施标准体系项目表（2015年）

图 2 - 1 我国电动汽车激励政策汇总

在宏观方面，国家已将发展电动汽车作为应对环境和能源问题的重要举措之一，在已出台的能源、节能和环保等相关政策中，均将发展电动汽车列为重点措施。早在2007年电动汽车研究项目就被列入国家"十五"期间的"863"重大科技课题，并规划了以汽油车为起点，向氢动力车目标挺进的战略。2009年1月14日，国务院常务会议通过的《汽车产业调整和振兴规划》指出，我国汽车产业应以新能源汽车为突破口，加快汽车产品升级换代和结构调整，积极发展节能环保的新能源汽车。到了2014年全国"两会"首次将"推广新能源汽车"写进《政府工作报告》。2014年5月和6月，国务院办公厅相继印发了《2014—2015年节能减排低碳发展行动方案》和《能源发展战略行动计划（2014—2020年）》，将发展新能源汽车作为缓解环保和能源问题的重要措施，提出加快发展新能源汽车，加大推广应用力度和推进新能源汽车产业化。

在推广示范方面，为了加快培育电动汽车市场和促进电动汽车产业化发展，2009年我国启动了世界规模最大的电动汽车示范运行项目，即"十城千辆节能与新能源汽车示范推广应用工程"（简称"十城千辆"工程）。"十城千辆"工程由科技部、财政部、国家发改委、工信部共同启动。主要内容是：计划用3年左右的时间，每年发展10个城市，每个城市推出1000辆新能源汽车开展示范运行，涉及这些大中城市的公交、出租、公务、市政、邮政等领域，力争使全国新能源汽车的运营规模到2012年占到汽车市场份额的10%。《关于开展节能与新能源汽车示范推广试点工作的通知》确定的首批试点城市有13个，分别是北京、上海、重庆、长春、大连、杭州、济南、武汉、深圳、合肥、长沙、昆明、南昌；《关于扩大公共服务领域节能与新能源汽车示范推广有关工作的通知》在原有13个试点城市的基础上，增加天津、海口、郑州、厦门、苏州、唐山、广州7个试点城市。第3批又增加沈阳、呼和浩特、成都、南通和襄樊5个试点城市，电动汽车示范推广范围进一步扩大到25个城市。在这一项目结束后，为继续培育和发展电动汽车市场，2013年发布的《关于继续开展新能源汽车推广应用工作的通知》继续依托城市尤其是特大城市推广应用电动汽车，重点在京津冀、长三角、珠三角等细颗粒物治理任务较重的区域进行推广,并提高了推广总目标[26]。2013年11月四部委发布的《关于支持北京天津等城市或区域开展新能源汽车推广应用工作的通知》明确北京、天津等28个城市或区域为第一批电动汽车示范城市或区域。2014年1月,财政部等四部委发布的《关于支持沈阳长春等城市或区域开展新能源汽车推广应用工作的通知》明确内蒙古城市群、沈阳市、长春市、哈尔滨市、江苏省城市群等12个城市和区域共计26个城市为第二批电动汽车示范城市。

在财政补贴方面,政府对购买电动汽车的消费者给予财政补贴,在购车时消费者可按销售价格扣减补贴后的价格进行支付。目前,电动汽车的购车补贴由国家和地方政府共同承担。根据财政部发布的《关于调整完善新能源汽车推广应用财政补贴政策的通知》,2018年消费者购买纯电动汽车可最高享受5万元/辆的国家补贴(行驶里程大于等于400公里),购买插电式混合动力汽车(含增程式)最高可享受2.2万元/辆的国家补贴(行驶里程大于等于50公里),购买燃料电池汽车最高可享受20万元/辆的国家补贴。此外,并非消费者购买的所有电动汽车都可以享受补贴,仅有被列入国家《节能与新能源汽车示范推广应用工程推荐车型目录》的纯电动汽车、插电式混合动力汽车和燃料电池汽车才可以享受这一补贴。

在税收优惠方面,由于电动汽车价格普遍高于传统汽车,消费者税负较高,为此国家相继出台了电动汽车免征车辆购置税、继续免征车船税等优惠政策。2011年中华人民共和国第十一届全国人民代表大会颁布的《中华人民共和国车船税法》以立法的形式确定对节约能源、使用新能源的车船可以减征或者免征车船税。2015年5月,财政部等三部门联合发布了《关于节约能源使用新能源车船车船税优惠政策的通知》,对新能源汽车免征或不征车船税,并提出将不定期发布新的车船税减免目录。在车辆购置税方面,2014年8月,财政部等部门发布《关于免征新能源汽车车辆购置税的公告》,对新能源汽车自2014年9月1日至2017年12月31日免征车辆购置税。工信部和国家税务总局发布多批《免征车辆购置税的新能源汽车车型目录》,其中销量较大的电动汽车车型基本纳入目录。

在技术支持方面，我国政府十分重视汽车工业的可持续发展，长期以来对电动汽车技术研发给予了高度重视和大力支持，从"十五"期间开始对电动汽车技术进行大规模、有组织的研究开发。"十五"期间，确立了电动汽车"三纵三横"研发布局（"三纵"指混合动力汽车、纯电动汽车和燃料电池汽车，"三横"指多能源动力总成控制系统、电机及其控制系统和电池及其管理系统），全面组织启动大规模电动汽车技术研发，为我国电动汽车发展奠定了技术基础。"十一五"期间，组织实施了"节能与新能源汽车"重大项目，继续坚持"三纵三横"的总体布局，全面展开电动汽车关键技术研究和大规模产业化技术攻关。"十二五"期间，更加突出"三横"共性关键技术，着力推进关键零部件技术、整车集成技术和公共平台技术的攻关与完善、深化与升级，形成"三横三纵三大平台"战略重点与任务布局。为进一步推动电动汽车持续创新，推进我国汽车产业转型升级，2015年2月，科技部印发了《国家重点研发计划新能源汽车重点专项实施方案（征求意见稿）》，指出继续实施"纯电驱动"技术转型战略，完善"三纵三横"技术体系和研发体系，升级电动汽车动力系统技术平台。

在行业管理方面，为加强对电动汽车的行业管理，推动电动汽车产业发展，国家从投资管理、公告申报、动力电池管理等方面出台了一系列政策文件，为电动汽车产业的发展带来了新的活力，同时动力电池行业发展也日益规范。在投资管理方面，为吸引社会资本投资新能源汽车产业，国家发改委正式发布《新建纯电动乘用车企业管理规定》，提出了申请企业的基本条件、投资项目相关要求和具体核准程序，以促进具有较强技术实力的行业外企业进入新能源汽车研发生产领域。在公告申报方面，中机中心发布《关于新能源汽车产品申报公告运行区域进行调整的通知》，调整了锂离子电池乘用车发展期和成熟期产品公告申报的示范运行区域要求，其目的在于进一步破除地方保护主义。在动力电池管理方面，工信部正式发布《汽车动力蓄电池行业规范条件》，明确了汽车动力电池的定义及范围，就产能和技术要求进行了明确规定，并提出以动态公告的方式实施对企业的监督管理。规范条件的出台将有利于解决目前动力电池企业规模偏小、低水平重复建设等问题，进一步引导和规范行业发展。

在基础设施方面，由于基础设施是电动汽车正常使用和运行的重要保障，为加快基础设施建设，国家从用电价格、建设奖励等方面出台了相关支持政策，在一定程度上提高了各城市基础设施建设的积极性。为加快充电设施建设，政府从出台充电设施发展规划及技术标准、完善城市规划及相应标准、健全充电设施用地政策、完善充电价格政策、推进充电设施和技术攻关、鼓励公共单位内部停车场建设充电设施、明确充电设施建设责任7个方面进行了部署。在电价优惠方面，国家发改委发布《关于电动汽车用电价格政策有关问题的通知》，提出对电动汽车充换电设施用电实行扶持性电价政策，对充换电服务费实行政府指导价管理，将充换电基础设施配套电网改造成本纳入电网企业输配电价，以进一步减少使用环节的费用，充分利用价格杠杆促进新能源汽车的推广应用。在建设奖励方面，四部委发布《关于新能源汽车充电设施建设奖励的通知》，提出由中央财政安排资金对推广成效突出且不存在地方保护的推广应用城市（群）给予充电设施建设奖励，这将在一定程度上推动基础设施的发展。

在目前电动汽车发展不尽如人意的情况下，社会各界普遍呼吁出台更多的需求侧激励政策，以推动电动汽车的市场化进程。所谓需求侧激励政策，主要是指通过刺激市场以增加社会需求的一系列政策措施[27]。其目的在于创造有益于某种产品发展的市场环境，为该产品的推广创造机会，加快推进该产品的大规模应用。目前，需求侧激励政策主要包括3个方面：第一，推动公共需求，包括以政府为主导的公共部门采购、以技术研发支持为主的商业化前采购等，旨在为目标产品建立初始化市场；第二，激发私人需求，包括直接对消费者进行价格补贴和税收减免、通过各种信息渠道对消费者进行宣传、为消费者提供各种便利的购买和使用机会等，以提高消费者对目标产品的认可；第三，规范市场秩序，包括制定有益于该产品发展的市场准则和法律法规等，以营造有利的市场环境[28]。根据研究背景部分所阐述的内容，可以看出需求侧激励政策改进的重点在于上述第二类推动私人需求的政策。此类政策的本质在于降低消费者购买和使用某种产品的成本，提高其所得到的效用，进而影响消费者的购买和使用决策，以引导其尝试使用该产品。本书后续内容中若无特别说明，所提到的电动汽车激励政策均指推动私人需求的政策。

第二节　电动汽车消费行为及其影响因素相关研究

随着全球能源危机的不断加剧，以及环境污染的日益严重，世界各国学者对电动汽车这一研究主题的关注度持续提升。现有研究涉及电动汽车的方方面面，包括电动汽车相关技术问题（如电池、驾驶系统和能量储存系统等[29~31]）、电动汽车的经济和环境效益问题（如电动汽车和燃油汽车的对比、不同电源结构下的差异以及全生命周期成本和排放量核算等[6,32,33]）、电动汽车及其关联产业的发展问题（如产业发展模式、产业关联效应和产业价值链等[8,16,34,35]）和电动汽车市场渗透问题（如消费者接受度以及市场占有率等[36~38]）等。考虑到本书的研究主题，将首先回顾影响消费者电动汽车使用行为的各种因素，在此基础上进一步回顾专门针对电动汽车激励政策这一重要因素的相关研究，最后进行简要分析和评述，以把握这一主题的研究脉络。

目前，电动汽车对于大多数国家和地区的消费者来说还是一种新兴产品，已经拥有并使用电动汽车的消费者数量还比较少，通过调查分析消费者实际采用行为的研究较难开展[39]，故目前针对实际采用行为的研究还比较少，更多的是关于消费者消费意愿方面的研究。由于学者们主要关注使用（Use）和购买（Purchase）电动汽车这两个方面的意愿，通常的做法是将这两个方面归纳为采用（Adopt）[18]，进而将采用意愿界定为消费者购买和使用电动汽车的计划与意向。下面将分别介绍影响消费者电动汽车采用意愿的影响因素。

为了保证搜索到的文献质量，我们采用如下两个步骤检索和收集文献（见图2-2）。第一步，在如下数据库和网络搜索引擎中查找经过同行评审后所发表的研究论文，这些数据库包括：ScienceDirect、Springer、Wiley、

Emerald、Web of Science、Google Scholar 和 ResearchGate。搜索的范围为 2007~2017 年含有如下这些关键词的文章。搜索的关键词主要为：电动汽车（Electric Vehicle、Pure Electric Vehicle、Battery Electric Vehicle）、新能源汽车（New Energy Vehicle）、绿色汽车（Green Vehicle）、节能汽车（Energy Saving Vehicle）、可替代能源汽车（Alternative Fuel Vehicle）、清洁汽车（Cleaner Vehicle）、生态汽车（Eco-car）、采用（Adoption、Use、Usage）、购买（Purchase、Buy、Pay）、偏好（Preference）、接受（Accept、Acceptance）、意愿（Willingness、Intention）和行为（Behavior）。选择 2007~2017 年这个搜索时间段的原因主要在于电动汽车作为一项创新技术产品，近年来其各项属性不断完善（如充电时间、续航里程、安全性都有了较大提升），同时消费者对电动汽车的认识也有了很大提高，因而早期的研究结果可能与目前的实际情况并不相符，难以准确反映消费者电动汽车采用意愿的影响因素。通过上述步骤，得到 1846 篇文献，通过阅读标题我们剔除了与主题明显不符的文献 1561 篇。对于剩下的 285 篇文章，通过浏览关键词和摘要进一步剔除了 197 篇文献，得到 88 篇文献。

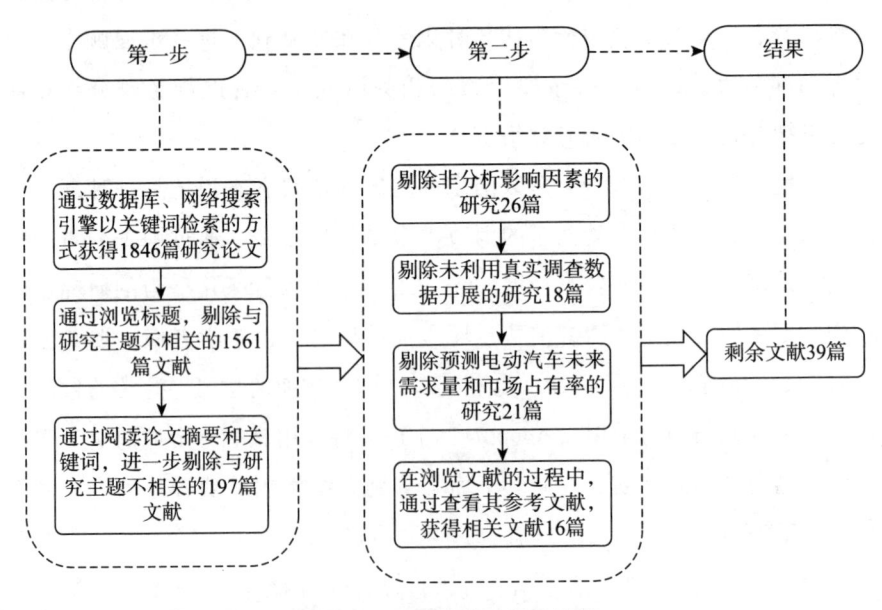

图 2-2 文献检索过程和结果

第二步，为了保证与本书的主题高度相关，在阅读这 88 篇文献后采取如下标准进行筛选。第一，文章的主题应为分析消费者电动汽车采用意愿的原因或影响因素，包括驱动因素和阻碍因素，因而剔除诸如分析消费者购买意愿现状的研究；第二，文章的结果应建立在对消费者的真实调研数据进行分析的基础上，故运用纯数理模型和计算机仿真技术的研究将被剔除；第三，目前有很多研究运用多主体模型（Agent-based Models）、消费者选择模型（Consumer Choice Models）及时间序列模型（Diffusion Rate and Time Series Models）来估计和预测在不同情境下电动汽车的未来需求量和市场占有率，以及影响两者的因素。尽管这类研究对未来电动汽车市场有重要影响，但并不能从微观个体角度揭示消费者采用电动汽车的意愿及行为，因而本书未将此类研究涵盖在内。同时，在阅读的过程中，通过浏览这些文献的参考文献，发现了16篇未检索到的相关文献，最终获得39篇相关文献。这39篇文献均发表于2011年及以后，且总体呈增长趋势。从国别来看（见图2-3），关于美国和德国的研究占到了一半以上，其余的研究主要涉及欧洲、澳大利亚、中国和韩国。表2-2汇总了这39篇文献中所涉及的影响因素，本节将主要以这些文献为基础进行文献回顾和述评。

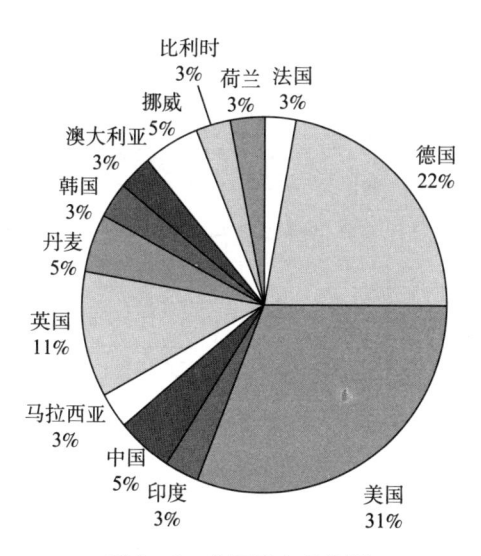

图2-3 分国别文献比例

表 2-2 文献所涉及的影响因素汇总

作者（年份）	得到验证的影响因素		
	人口因素	情境因素	心理因素
Pierre et al. (2011)		充电时间、家用充电桩、充电费用、续航里程	环保精神
Hackbarth and Madlener (2013)	年龄、受教育程度、家里可以充电	燃油经济性、尾气排放、行驶里程、充电基础设施、车船税减免、免费停车、公交车通道优先行使权	环保意识
Egbue and Long (2012)	性别、年龄、受教育程度	技术水平、续航里程、环境效益、安全性、充电基础设施、购置成本	态度、认知、感知、环保意识、技术意识、经历、兴趣
Carley et al. (2013)	受教育程度、曾经拥有过混合动力汽车	燃油经济性、充电时间、行驶里程、充电基础设施、购置成本	
Prakash et al. (2014)	性别、年龄	燃油经济性、环境效益、安全性、动力性能	
Plötz et al. (2014)	性别、年龄、受教育程度、家庭居住地、家庭人口	燃油经济性、续航里程	态度、经历、环保信念
Zhang et al. (2011)	家庭汽车数量、家庭成员驾照数量	政府政策	
Sierzchula et al. (2014)	收入水平、受教育程度	充电基础设施、经济刺激政策	环保意识
Sang and Bekhet (2015)	性别、年龄、受教育程度、婚姻状况、收入水平、居住地	性能属性、经济利益、充电基础设施	社会影响、环保意识、经历
Hidrue et al. (2011)	年龄、受教育程度	续航里程、购置成本、运行成本、充电时间	环保意识
Tamor et al. (2015)		续航里程、充电基础设施	
Schuitema et al. (2013)		性能、续航里程、购置成本	象征、感情、亲环境意识

续表

作者（年份）	得到验证的影响因素		
	人口因素	情境因素	心理因素
Hackbarth and Madlener (2016)	年龄、受教育程度	充电时间、续航里程、充电基础设施、环境效益、运行成本、购车补贴、税收减免、非货币型政府政策激励	环保意识
Jensen et al. (2013)		行驶里程、最高时速、运行成本、电池寿命、充电基础设施、碳排放	经历、环保意识、态度
Ko and Hahn (2013)		政府补贴、能否更换电池、充电基础设施、补贴政策	
Adepetu and Keshav (2015)		电池容量、购置成本、行驶里程	
Schneidereit et al. (2015)		行驶里程	
Franke and Krems (2013)		行驶里程、充电时间、充电基础设施、税收减免、财政刺激	
Hoen and Koetse (2014)		购置成本、行驶成本、总成本、经济利益	
Dumortier et al. (2015)		电池成本、行驶里程	
Barth et al. (2016)		购置成本、行驶里程、充电基础设施、充电时间、环境效益	社会规范、集体效能、经历
Bühler et al. (2014)		驾驶乐趣、行驶成本、低噪声、购置成本、行驶里程	经历
Jensen et al. (2014)	性别	充电基础设施、充电时间、车型（大型车、小型车）	态度、经历、偏好
Beck et al. (2016)		行驶里程、政府激励、尾气排放、能源危机、空气质量、气候变化	环保意识、驾驶习惯
Tamor et al. (2013)		电池成本、行驶里程	
Green et al. (2014)		政策激励	

续表

作者（年份）	得到验证的影响因素		
	人口因素	情境因素	心理因素
Helveston et al.（2015）		补贴政策、行驶里程	
Bjerkan et al.（2016）	年龄、性别、受教育程度	购置成本、激励政策（购置税豁免、增值税豁免、道路通行费豁免、公交通道行使权）	
Aasness and Odeck（2015）		经济激励政策（通行税豁免、购置税豁免、公交通道行使权）	
Peters and Dütschke（2014）	性别、年龄、家庭汽车拥有情况	减少购置成本的激励政策、环境效益、能源效率	感知可用性、价值观、经历、主观社会规范
Moons and De Pelsmacker（2012）	受教育程度、年龄	行驶里程、性能属性、购置成本	态度、感情、主观规范、感知行为控制
Skippon and Garwood（2011）		环境效益、行驶里程、购置成本、行驶成本、充电基础设施、充电时间、加速性能、响应能力、平稳性、静音性	开放性、宜人性、责任心、象征、环保意识
Noppers et al.（2014）		性能属性、环保效益	象征意义、社会地位
Graham-Rowe et al.（2012）		购置成本、行驶成本、维护成本、补贴政策、环境效益、行驶里程、电池材料、电力来源、安全性、充电基础设施	象征意义、环保意识
Axsen et al.（2012）			亲环境生活方式、技术导向型生活方式和开放意识
Burgess et al.（2013）		性能、速度、噪声、外观风格、环保性、未来前景、购买成本、行驶成本	象征意义、抵制心理、亲身经历
Lieven et al.（2011）		价格、行驶里程、车型	社会影响

续表

作者（年份）	得到验证的影响因素		
	人口因素	情境因素	心理因素
Axsen and Kurani (2013)		绿电、经济节省	环保意识、对新技术的兴趣
Axsen et al. (2013)		环境效益	态度、社会规范、感知行为控制、个体偏好

一 人口因素

人口因素的影响在节能环保行为和绿色低碳消费行为方面都得到了广泛关注。电动汽车作为一种节能环保产品，也有大量学者在讨论人口因素对采用意愿的影响[40,41]。目前，关于人口因素对电动汽车采用意愿的研究主要包括个人因素和家庭因素两个方面。

在个人因素方面，现有研究主要聚焦于性别、年龄、受教育程度、收入和职业对消费者采用意愿的影响。据现有研究结果，学者们在消费者性别、年龄和受教育程度方面得到的结论基本一致：男性特别是中青年男性、受过良好教育的消费者（拥有大学本科及以上学历）具有更高的采用意愿[42~46]。就性别而言，女性通常被认为更愿意实施亲环境行为和绿色购买行为，这是性别角色差异导致的，女性会认真考虑她们的行为对环境和他人的影响，因而比男性的环境意识更强。但在电动汽车的采用意愿上，学者们的结论与之相反，有学者认为电动汽车不同于一般的绿色产品，其作为一种高科技集成品，受到众多技术爱好者的追捧[47,48]，而男性往往对新兴技术更感兴趣。在消费者收入方面，尽管很多研究表明这是预测油电混合动力汽车购买意愿的一个重要因素[49,50]，但对于电动汽车的采用意愿来说，这一因素的重要性并没有得到验证。Zhang等通过面对面发放问卷的方式，对江苏省南京市若干家驾校共299名教员和学员进行了调查，结果发现收入水平对这些人的电动汽车采用意愿没有显著影响，仅会影响其未来选择电动汽车的时间[51]；Hidrue等通过发放网络问卷的方式在美国进行了更大规模的调查，但是3029名受访者的结果同样表明收入不是影响采用意愿的重要因素[42]。可以看到这些研究结果与我们预期的结果截然不同。一般来说，由于电动汽车车载动力电池的成本较高，电动汽车整体成本和销售价格都要高于同级别同平台的燃油汽车，这就势必造成能够使用电动汽车的消费者必须要有一定的经济实力，这在其他油电混合动力汽车的研究中已经得到证实[41]，但学者们对电动汽车的研究结论与之相悖。虽然也有学者对可能的原因进行了解释，如 Bjerkan 等研究表明与年龄、性别和受教育程度相比，收入对采用意愿的影响较低，这可能是因为挪威电动汽车市场的竞争较大，电动汽车的价格比较合理[52]，但是这些解释并没有数据支撑。

在家庭因素方面，学者们主要关注家庭汽车拥有情况、家庭成员所拥有的驾照数量和家庭是否可以充电等因素。在家庭汽车拥有情况方面，Zhang 等认为家庭汽车拥有数量是一个重要影响因素，且汽车数量越多的家庭越不倾向于购买电动汽车[51]。与之相反，Peters 和 Dütschke 认为家里有多辆汽车的消费者更倾向于购买电动汽车[53]。Hackbarth 和 Madlener 得出的结论介于这两者之间，其认为消费者购买电动汽车的意愿会受到家庭汽车拥有情况的影响，且只有曾经使用或拥有过油电混合动力汽车的家庭才会对其家庭成员购买电动汽车的意愿产生正向影响[43]。尽管这三者的结论存在一定差异，但是都验证了家庭汽车拥有情况对采用意愿是有影响的，而 Hidrue 等却认为家庭是否有汽车以及拥有数量并不会对采用意愿产生影响[42]。在家庭是否可以充电方面，Bühler 等研究表明对于有家用充电桩的消费者来说，目前的电动汽车已经能满足其日常出行需求[54]。Hidrue 等及 Hackbarth 和 Madlener 研究发现如果消费者家中或附近可以对电动汽车进行充电，会提高消费者购买电动汽车的意愿[42,43]。同时，Plötz 等的研究也在一定程度上印证了这一观点，因为其发现大部分倾向于购买电动汽车的消费者都希望家中有独立车库或停车位，这不仅是为了便于停车，也是为了方便对电动汽车进行充电[46]。在其他家庭因素方面，Zhang 等的研究结果表明家庭拥有的驾照越多，其成员购买电动汽车的意愿越强[51]。Plötz 等通过研究发现农村和郊区人口较多的家庭更倾向于购买电动汽车，因为这类家庭的日常出行距离较远，与传统燃油汽车相比，电动汽车长距离行驶的经济性表现得更为出色[46]。

二 情境因素

（一）技术因素

Hackbarth 和 Madlener 认为续航里程是阻碍消费者采用电动汽车的主要技术因素之一[47]。Egbue 和 Long 研究认为续航里程超过其他所有因素，是继成本之后消费者最关注的因素[48]。根据这些研究观点，可以看出除非续航里程有显著提高，否则电动汽车的推广应用将会非常困难。实际上目前市面上电动汽车的续航里程基本能够满足消费者的日常短途出行需求[55]，消费者之所以对续航里程如此敏感主要源于以下两个方面。第一，长途出行的需要。Schneidereit 等通过将增程式电动汽车和纯电动汽车进行对比，发现消费者之所以对增程式电动汽车的采用意愿更强，是因为它能满足消费者每月几次长途出行（超过了纯电动汽车 150 公里的续航里程）的需求，这在一定程度上说明消费者很在乎电动汽车的最高续航里程[56]；Graham-Rowe 等同样认为消费者之所以关注电动汽车的续航里程，主要源于其难以满足长途旅行的需要[57]。第二，较高的里程预期。目前多数消费者对电动汽车的里程要求远远大于其真实需求，这主要是因为消费者对传统燃油汽车更为了解，燃油汽车较高的续航里程使得消费者对电动汽车的里程产生了较高的预期[55]。Franket 和 Krems 通过实验的方法发现消费者在使用电动汽车 3 个月后，其里程偏好会下降，这意味着提升消费者体验可以有效降低其对电动汽车的里程预期，进而提高消费者意愿[55]。此外，如能引导消费者合理地规划自己的出行时间和出行距离[40]，也能有效缓解消费者的里程焦虑，提高消费者的采用意愿[58]。

除了续航里程，学术界普遍认为电动汽车的充电问题是阻碍消费者采用的另一大技术因素，其主要包括两个方面：一是充电时间，二是充电基础设施。Pierre 等认为除非电动汽车的充电时间进一步缩短且充电设备更容易获得，否则会对消费者的电动汽车采用意愿造成负向影响[40]。考虑到充电时间这一技术问题在短期内难以解决，可以考虑通过为电动汽车更换动力电池的方式来提高消费者的采用意愿[59]。就充电设备而言，Jensen 等认为在工作单位充电的可能性及公共场所充电站的数量和位置是影响消费者电动汽车采用意愿的重要因素[60]。与之相反，Plötz 等及 Skippon 和 Garwood 的研究均表明消费者对公共领域（如大型超市、饭店、公园）充电设施的需求较小，因为大多数消费者更倾向于在家里充电，家用充电桩数量不足才是阻碍消费者采用的主要因素，公共领域和工作领域的充电设施对消费者采用意愿的影响不明显[46,61]。通过这些学者的研究可以发现，无论是公共领域还是私人领域，充电设施都暴露出不足的特点，因而未来在继续完善公共领域充电设施的同时，也应该考虑发展私人领域的充电设施。Skippon 和 Garwood 研究表明消费者愿意付出适当的费用在家中安装和升级家用充电桩，但费用不宜过高[61]。

作为一种新兴的汽车产品，电动汽车与传统燃油汽车在技术上有诸多差异。由于消费者对电动汽车的了解有限，这些存在差异的技术可能成为影响消费者购买意愿的因素。虽然大部分学者认为电池续航里程、充电时间和充电设施是影响最大的三个方面[42,44,62]，但是其他技术因素，如最高时速、售后维修、空间、安全性、车型、加速性能、静音性等也被归结为影响消费者购买意愿的因素[60,61,63~66]。伴随着科技的进步，电动汽车的技术水平会不断提高，未来这些技术因素会对电动汽车的采用意愿产生何种影响，这对有关电动汽车的技术开发和政策制定十分重要[18]。

（二）成本因素

相对于同级别的燃油汽车来说，电动汽车的购置成本较高，这主要是因为动力电池的成本较高。很多研究表明这是除续航里程、充电时间和充电设施外影响消费者采用的一大因素[18,54,62,66,67]。但是，电动汽车有一大优势，就是其低廉的出行成本（运行成本），这是因为电动汽车的主要动力来源是电能，电力价格相对于汽油价格来说要低很多，多数学者认为这一特性有利于提升消费者的购买意愿，且汽油价格的上涨会进一步提高消费者购买电动汽车的意愿。此外，还有一些学者认为电动汽车较低的运行成本能够有效抵消电动汽车的初始购置成本，如 Dumortier 等研究认为消费者对电动汽车可以节省多少运行成本并不了解，从长期来说，消费者为电动汽车支付的购置溢价能够在很大程度上或者完全被电动汽车较低的运行成本所抵消[68]。因而，让消费者了解电动汽车的全生命周期成本，或者为电动汽车提供全生命周期成本标识可以有效提高消费者的购买意愿。

但也有学者提出了反对意见，如 Carley 等认为电动汽车属性上的缺点，使消费者难以被该特性所吸引[44]。除此之外，Plötz 等认为只有日常出行距离较远的消费者才能受益于电动汽车较低的运行成本，而出行距离较近的消费者则无法受益[46]。Hoen 和 Koetse 的研究表明消费者购买电动汽车所支付的溢价，相当于电动汽车 5 年的节能量[64]。Dumortier 等更是认为与未来相比，消费者更在乎当下电动汽车能节省的费用[68]。从这些研究来看，虽然较低的运行成本可以给消费者带来经济利益，但是难以在短时间内显现，这对部分消费者难以产生显著影响，而短期内能够降低成本的措施可能更有效，如力度更大的经济激励政策[68]。此外，未来的研究可以考虑引导消费者合理估算自己的出行里程，以提高部分出行距离较远消费者的采用意愿。

（三）环保因素

目前，各国大力推广电动汽车的一个重要原因便是其能够降低对石油的依赖，减少尾气排放，有利于保护环境。因而，大量学者关注电动汽车的这一优点，且多数学者认为电动汽车的这一特性对消费者的采用意愿有正向影响[45,69]。还有部分学者认为电动汽车的环境属性对消费者的影响已经超过了节能属性，成为吸引消费者采用的另一个重要因素[70]。同时，还有学者通过深入研究发现，电动汽车环保性能对消费者采用意愿的正向影响并不是消费者要为自己塑造良好的形象，而确实是出于环保的个人诉求[69]。通过这些研究，可以发现在电动汽车推广过程中，强调电动汽车的环保特性有助于提高大多数消费者的购买意愿，而不应一味强调电动汽车的节能特点[53]。

此外，也有学者提出反对意见，如 Graham-Rowe 认为环境效益并不是消费者看重的因素[57]。Axsen 等研究发现消费者对电动汽车的全生命周期环保能力表示怀疑，因为他们认为电动汽车的电池生产和发电过程会对环境产生不利影响，这会降低他们的采用意愿[71]。从这些研究可以看出：第一，对于部分消费者来说，电动汽车的环保性能可能不是影响他们采用的主要因素[72]；第二，需要加强对电动汽车环保属性的宣传，让消费者切实了解电动汽车的环保效果，打消他们的疑虑；第三，降低电池生产和发电过程中的环境影响也能有效提高部分消费者的采用意愿，如实现动力电池的循环利用和利用清洁能源发电[73]。

（四）政策因素

作为一种新兴汽车产品，电动汽车的推广使用在很大程度上依赖于政府政策的扶持，目前各国的扶持政策主要包括财政补贴、税收减免、免费停车和优先行驶等，这些政策措施在大量研究中被证实是促进消费者购买的驱动因素[39,43,51,74]。Ko 和 Hahn 研究表明这些政策的力度越大，消费者购买电动汽车的意愿越强[59]。Aasness 和 Odeck 更是认为从经济角度考虑，目前这些政策措施可以为电动汽车使用者节省大量的支出，因而消费者采用电动汽车主要是各种经济激励政策刺激的结果[75]。此外，还有学者发现不同类型的激励政策对消费者购买意愿的提升程度并不一致，如 Ko 和 Hahn 研究认为一次性补贴政策比分期补贴政策更有效[59]。Bjerkan 等研究表明能够减少消费者前期购买成本的政策是增强消费者采用意愿最强力的措施，而道路费用减免和允许在公交专用通道行驶等政策措施只对特定人群有较强影响[52]。也有部分研究认为现有激励政策的效果并没有预期的那么好，如 Hoen 和 Koetse 认为荷兰现有的激励政策（如路税减免和财政激励）虽然能在一定程度上提高消费者采用电动汽车的意愿，但是并不足以打消消费者对电动汽车的疑虑[64]。Green 等的研究更是认为现有激励政策旨在实现电动汽车的大规模推广，因而针对对象主要是主流市场的消费者，但这些政策的成本通常很高且实施效率低下，因而将政策所针对的对象聚焦于小众市场消费者的效果可能会更好[76]。

可以看到，现有研究普遍认可政府政策的推动效果，但在分析不同类型政策的作用力度，以及一些国家和地区的特有政策方面有待进一步完善。如 Whitehead 等通过对瑞典首都斯德哥尔摩节能汽车拥有者的调查分析发现，交通拥堵豁免政策可以有效提高节能汽车的保有量，而免费停车政策的影响却非常小[77]。目前，世界很多大城市实行了限行或者交通拥堵收费政策，以缓解交通压力，这些政策是不是推动大城市消费者采用电动汽车的一个重要因素值得探讨。又如，消费者购买私家车的目的在于方便出行，但中国很多特大型城市实行了摇号上牌和限行政策，这就使得这些城市的消费者"一牌难求"，即使抽中也会因为限行政策不能完全依据自己的需求出行，而电动汽车所受限制要少得多。因此，对于此类消费者来说，采用电动汽车到底是源于意愿的提高还是现行政策下的"无奈选择"有待进一步验证。还有，消费者是电动汽车相关政策的接受者，他们对现有政策的了解和看法将决定他们是否采用电动汽车[78]，因而未来研究不仅要关注电动汽车相关政策对消费者的影响，还应关注消费者对这些政策的看法和评价。

三　心理因素

相比于情境因素，一些研究发现消费者采用电动汽车并不完全取决于电动汽车的性能属性、成本和政策激励等客观因素，消费者是否采用电动汽车还会受到心理因素的影响，且心理因素的影响甚至会超过情境因素对消费者的影响[62,79]。本部分将回顾影响消费者采用意愿的主要心理因素。

（一）经验

经验是形成意愿的先决条件，根据 Schulte 等的研究，经验一般包括日常生活经历、相关知识、受到的教育和实际经历，这些会决定消费者是否能接受某一产品[80]。在电动汽车采用意愿的相关研究中，主要关注相关知识和实际经历。具体而言，前者是指有关电动汽车的知识，后者是指驾驶和乘坐电动汽车的相关经历。

有些学者直接对消费者进行了问卷调查，如 Burgess 等通过对美国 55 位电动汽车所有者进行调查发现，真实体验电动汽车可以提升消费者对电动汽车的了解程度，改变他们以往对电动汽车各项性能属性的看法，特别是在速度、加速性能和低噪声方面，进而改变消费者的消极态度[65]。Barth 等设置了两种不同的情境，分别是购买情境和汽车分享情境。前者是指受访者自己拥有和使用电动汽车；后者是指消费者并不拥有电动汽车，而是根据其需求适时租用电动汽车，同时和其他种类的交通工具搭配使用，以弥补电动汽车的不足。通过在不同情境下询问受访者的采用意愿，结果表明有实际经历和相关知识的受访者会有更高的采用意愿，且实际经历比知识的作用要大[62]。

还有学者通过实验的方法，给受访者免费提供短期的电动汽车使用权，在其使用前后分别进行数据采集并加以分析。Jensen 等的研究结果表明真实体验电动汽车的确可以提升消费者对电动汽车的了解程度，改变他们以往对电动汽车各项属性的看法，特别是在续航里程、最高时速、燃料成本、电池寿命以及在城市中心和火车站充电这些方面，但是并不会改变消费者对电动汽车的偏好，且他们发现更多人在体验后更倾向于不购买电动汽车[60]。在此基础上，Jensen 等的研究进一步发现更多相关经历会使受访者对电动汽车的驾驶性能有更为积极的态度，同时会减少对充电的顾虑，但是受访者在体验后会更关心电动汽车能否满足他们的出行需求[81]。此外，这两项研究均认为未来研究不能以没有真实体验经历的消费者为研究对象。Bühler 等也得出了类似的结论，其结果表明真实经历可以有效改变消费者对电动汽车的感知，在此过程中使电动汽车的优点如驾驶乐趣和低燃料成本凸显，同时使消费者忽略一些电动汽车的缺点，所有这些会对消费者的感知产生积极影响，并提升他们向别人推荐电动汽车的意愿，但是不会对采用意愿造成明显影响[54]。也有学者得出了不同的结论，如 Franke 和 Krems 认为消费者的距离偏好会随着体验的增加而降低，这是因为实际经历有助于消费者正确估计他们平时的出行距离，降低他们的里程焦虑，进而提高采用意愿[55]。

（二）态度

个人所拥有的经验并不会直接转化为行为意愿，当个体具备了某些经验后，需要进一步思考，形成积极或者消极的态度，才可能改变意愿和行为。例如，个体持有积极的态度（如"我认为使用燃油车出行不利于环境保护"）会限制他们采用燃油车的行为，而持有消极的态度（如"我认为使用燃油车和电动汽车出行对环境的影响没有差异"）就很难改变其使用燃油车的行为。因而，在人们具有某种经验后，最重要的就是态度的确立。态度是指个人对某种事物、行为和思想的认知评价，是个体对特定对象反映出来的持续的喜欢或不喜欢的心理体验，是个体对特定行为的正向或负向的评价。

Plötz 等将态度划分为 4 个维度：技术关联（Technology Affinity）、环境因素在购买汽车中的重要性（Importance of Environmental Aspects in Car Purchase）、舒适性在购买汽车中的重要性（Importance of Comfort in Car Purchase）和形象在购买汽车中的重要性（Importance of Image Aspects in Car Purchase）。结果表明态度是预测消费者购买意愿最有效的变量，而电动汽车的属性特点以及消费者人口统计变量的影响较小[46]。Beck 等利用"好—坏排列"（Best - Worst Scaling）方法测量消费者采用电动汽车的态度，这种方法不是将态度分为几个维度，而是让消费者在一系列态度陈述中进行选择，结果表明如果不考虑消费者的态度，任何估计和预测消费者电动汽车采用意愿的研究都有可能是不正确的，只有更好地剖析态度和行为之间的关系，才能为未来引导政策的制定和实施提供依据[70]。

此外，部分学者基于计划行为理论对态度这一因素进行了分析。计划行为理论认为，人的行为是深思熟虑的结果，行为的产生与改变有着复杂的心理过程。态度并不直接影响行为本身，而是通过行为意向施加影响，同时行为意向还受行为主观规范以及感知到的行为控制的影响。Moons 和 De Pelsmacker 让消费者在如下 6 组对立词语中逐一进行选择——好/坏、喜欢/不喜欢、聪明/愚蠢、漂亮/不漂亮、有用/没用、合适/不合适，通过统计每个消费者选择积极项的数量来反映其对电动汽车的态度。结果表明计划行为理论可以较好地预测消费者的电动汽车采用意愿，在所有的影响因素中，态度对采用意愿的影响最大[82]。Afroz 等的测量方法与 Moons 和 De Pelsmacker 不同，其通过 3 个题项测度了消费者的态度，分别是电动汽车可以减少的二氧化碳排放量、可以减少的汽油使用量和可以减少的温室气体排放量，得出的结论与前述结论基本一致[83]。

（三）情感

通过上面的研究可以看出现有关于态度的研究更多的是将其视为一种认知评价，即评估某种行为是否有利，如在考虑成本、利益之后衡量某种行为是否有价值，或是在考虑环保因素之后衡量其是否有意义。有学者认为态度不仅应包括认知成分，还应包括情感成分[84~86]。态度中的情感成分是关于执行行为的情绪，主要是指实施某种行为所带来的兴奋、快乐、厌烦等一系列感情。一些研究探索了态度的认知和情感成分在预测不同行为时的相对能力，结果发现情感成分对行为的影响要大于认知成分。因而，在目前关于电动汽车采用意愿的研究中，也有学者开始分析情感的作用。

情感，也称感情，是个体对客观事物是否满足自己需要而产生的态度体验，它可能是积极、肯定的态度反映（如热爱、赞许、自豪等），也可能是消极、否定的态度反映（如担忧、羞耻、厌恶等）。在 Moons 和 De Pelsmacker 的研究中，其除了分析计划行为理论所涉及的影响因素，还引入了情感这一因素。他们将情感分为 3 类：内在的（Visceral）、行为的（Behavioural）和反射的（Reflective）[82]。其中，内在情感是指消费者对电动汽车性能和外观的感受，如发动机颤动程度、加速性能、仪表盘信息、内饰、外观、高科技应用情况等；行为情感主要是指在驾驶过程中所感受到的愉悦和舒适；反射情感是指消费者对电动汽车低成本、环境友好和燃油经济性 3 个方面的感受。对这 3 类情感的测度主要是通过询问消费者电动汽车在这 3 个方面能否给其带来积极的情感体验。结果表明情感和态度一样，是对采用意愿影响很大的因素。对于潜在消费者来说，对电动汽车的积极情感可以提高其采用电动汽车的意愿，反之亦然。在 Schuitema 等的研究中，其分析了工具、享乐和象征这 3 个属性对采用意愿的影响，其中享乐属性被定义为使用新技术所产生的情感体验（例如快乐或愉悦），结果表明享乐属性不仅对购买意愿有正向影响，而且还会调节工具属性对采用意愿的正向影响[79]。

（四）感知行为控制

个体的行为不单单是基于认知和情感的期望和价值评价过程，还需要依赖控制信念的支撑作用。计划行为理论认为：这种控制信念既包含了类似于自我效能感的内部控制信念，又包含了个体对外在条件的控制力[87]。例如，当个体对某种行为形成特定态度后，还需要考虑自身是否有能力，以及是否可以克服外在不利条件去实施这一行为，这就是感知行为控制。总之，感知行为控制反映了个体预期在采取特定行为时自己所感受到可以控制（或掌握）的程度。由于感知行为控制是计划行为理论中影响意愿的重要因素，现有关于感知行为控制对消费者电动汽车采用意愿的影响都是基于该理论展开。

在 Moons 和 De Pelsmacker 的研究中，对感知行为控制的测量主要包括如下维度：消费者能否负担起电动汽车；消费者能否在日常生活中正常使用电动汽车（如电动汽车是否可以使用普通插座充电，是否可以满足长途行驶需求，是否能够在家里充电，使用成本是否可接受等）；燃油汽车未来是否很快被禁止在城市行驶。结果表明虽然感知行为控制会对消费者的采用意愿产生显著影响，但是要低于态度和情感的影响程度[82]。Afroz 等通过如下 4 个维度测量了感知行为控制：尊敬和礼貌是否对消费者很重要；自控（如被约束和自律）是否对消费者很重要；干净和整洁的环境是否对消费者很重要；为了实现一生的成就，勤奋和有抱负是否对消费者很重要[83]。结果同样表明虽然态度对提升消费者采用意愿有重要影响，但他们在做出采用决定时也会考虑自身是否有能力购买和使用电动汽车。感知行为控制不仅会直接影响个体的采用意愿，还会改变社会影响的影响程度，因为只有个体相信自身有能力采用电动汽车，并坚信这一行为可以带来环保的结果，社会影响才会发挥作用，个体才会更愿意采用电动汽车。

（五）社会影响

从 20 世纪 90 年代开始，社会学研究认为个体的行为选择是一种社会行为。个体是否采纳某种行为会受到其他人的影响，如果周围的人都执行某种特定行为，则该行为往往会被认为是合理的，因为绝大多数个体都会根据大众的观点来不断地修正自身的行为。例如，如果周围的人均选择使用燃油车，那么个体很难依靠自身的标准去指责周围人的行为都是不正确的；相反，个体自身采用电动汽车的行为可能会被指责成"假正经"或者"另类"。此时社会影响发挥着重要的作用。社会影响在相关研究中通常被认为是个人对身边重要的人或组织认为其应该采用某种行为或使用某种物品的感知程度。

在目前关于电动汽车采用意愿的研究中，有学者将社会影响作为一个整体进行研究，如 Axsen 等基于反射性影响框架（Reflexive Layers of Influence）将社会影响分为3个类别：传播（Diffusion）、转移（Translation）和反射（Reflexivity）。传播将社会影响描述为人际功能信息的流动；转移将社会影响表述为在特定社会环境下使用新产品所能感受到的利益和意义；反射将社会影响界定为个人将对特定产品的认知和评估与他们的生活方式和自我认同联系起来的过程[71]。作者进而分析了这3类社会影响对消费者电动汽车采用意愿的影响，研究结果表明大部分受访者的电动汽车采用意愿至少受到其中一类过程的影响。

社会影响是一个范畴较大的概念，包括主观规范、集体效能、同伴压力、邻居效应、社会文化、组织制度等多个方面[88]。目前学者更多关注主观规范的影响，主观规范与社会规范的概念类似，是指个体对身边重要的人或组织对其执行或不执行特定行为所产生压力的感知，主要是指影响个体行为意向的社会因素，如法律法规、市场制度、组织制度等。目前，学者基于多个理论对这一概念进行了分析。首先，基于计划行为理论，Moons和De Pelsmacker研究发现主观规范是继态度和情感这两个因素之外，对消费者采用意愿影响较大的因素（大于感知行为控制）[82]。他们将主观规范分为两个维度来测量：人际（Interpersonal）主观规范和外部（External）主观规范。前者主要是测量受访者周边的人（如家人和朋友）对其购买电动汽车的看法；后者主要是指媒体这一外部媒介对消费者购买电动汽车的影响。Afroz等对主观规范的测量方式是询问受访者对传统汽车加剧环境污染、造成雾霾、排放二氧化碳和二氧化硫的看法。其通过验证性因子分析和结构方程模型同样发现虽然主观规范对消费者采用意愿的影响显著，但低于态度的影响[83]。其次，也有学者基于创新扩散理论进行了分析。所谓创新扩散是指一项创新（新产品或新工艺等）随时间推移由其源头通过某种渠道被社会系统中成员（组织或个人）所接受或应用的过程[89]。Rogers认为扩散受到大众媒体和口头传播的影响，扩散起始于最初的技术创新供方，随着时间的推移，新技术逐渐被潜在采用者采用，新的采用者或变为潜在的新技术供给者或对潜在采用者产生口头交流的作用，潜在采用者中未采用者不断减少，直到为零，至此该新技术的扩散过程宣告结束[89]。基于此，学者在利用这一理论进行分析的过程中，常会考虑主观规范的作用。Barth 等基于创新扩散理论,除了分析主观规范的影响,还分析了其他 3 类社会规范:描述型(Descriptive)、命令型(Injunctive)和地方型(Provincial)。其中,描述型规范是指周围的人通常在做什么;命令型规范是指周围的人通常支持和不支持做的事;地方型规范是指当别人处在和我们相同的情境下这些人的行为选择对我们的影响[62]。同时,他们还考察了集体效能对消费者的影响。所谓集体效能,是指团体成员对团体能力的判断或对完成即将到来的工作的集体能力评价。结果表明,在控制成本、经济和人口因素的影响后,这 4 类规范和集体效能对电动汽车接受程度的影响等于甚至大于成本相关因素的影响[62]。最后,还有学者基于技术接受模型进行了分析。技术接受模型是旨在研究用户对信息技术的接纳而提出的理论模型,传统的技术接受模型主要应用于信息系统、信息管理和经济管理等领域,能对用户接受新技术的行为进行准确的预测。因为公众接受并使用纯电动汽车也是一个接受新技术的过程,故已有学者采用技术接受模型对电动汽车采用意愿进行分析。随着这一模型在技术接受领域的广泛应用,Venkatesh 和 Davis 提出了扩展的技术扩散模型,在这一模型中社会规范被作为意愿的影响因素[90]。Peters 和 Dütschke 便是利用该模型进行了分析,结果表明社会规范会对消费者的电动汽车采用意愿产生显著影响[53]。

(六)象征

当个体决定是否购买或使用某种汽车时,考虑的不仅仅是价格、性能表现、油耗水平、舒适性等客观因素,在很大程度上还会考虑其作为一种理念象征的影响,这些理念与消费者的自我认同有关。社会角色理论认为,自我认同表现为个体通过不断比较自身与他人、群体之间的相似性和差异性来增加对自身的认识和定位。在电动汽车采用意愿的相关研究中,这种相似性和差异性主要体现为电动汽车被赋予某种身份和社会地位的象征属性。自我形象一致(Self-image Congruency)理论认为如果消费者认为某一商品的象征与其自我认同相匹配,那么他们会对该产品产生积极的态度,进而更倾向于购买该商品。这是因为当产品与消费者的自我形象一致时,这些产品更有可能满足消费者的象征需求。例如,通过选择特定车辆，消费者可以明确并向外传递"我是谁"，传递其兴趣、信念、价值观和社会地位。对于电动汽车来说，其驾驶和使用者可以向周围人传递"节约能源资源、爱护环境、减少碳排放""对社会负责""关注他人"等信息。Skippon 和 Garwood 通过让 58 位受访者真实体验驾驶电动汽车，并在活动结束后对他们进行问卷调查，结果发现消费者在使用电动汽车这段时间内，有意或者无意地向别人传递了其开放、负责任和亲和的形象，这种象征价值可以提高消费者对电动汽车成本和属性方面的感知水平，进而改变消费者对电动汽车的态度，但这种正向影响只对部分消费者有效[61]。Schuitema 等将消费者分为两类，他们的研究结果表明亲环境的消费者对电动汽车的象征价值有更高的评价，当消费者的亲环境自我认同感很强时，他们会产生对电动汽车的积极认知[79]。Noppers 等分析了性能、环境和象征因素对消费者电动汽车采用意愿的影响。其中，他们选择了 8 个属性进行测量，这些属性主要反映了电动汽车在自我认同和社会地位方面的影响。他们利用直接和间接两种方法进行了分析，直接方法是询问受访者对这 8 个象征属性重要性的评估，而间接方法是分析受访者对象征属性的评价所能够预测采用意愿的程度。直接方法的结果表明消费者认为性能和环境因素对他们采用决定的影响最大，象征因素的影响次之；而间接方法的结果表明电动汽车的象征属性是影响消费者电动汽车采用意愿的重要因素，而且当消费者不看好电动汽车的性能属性时，这种积极影响尤为明显[69]。这一结果表明人们可能并不完全知道或承认他们购买和使用电动汽车是为了炫耀自己或者使自我感觉更好。

（七）其他心理因素

对于可能影响消费者电动汽车采用行为的其他心理因素，很多学者也进行了深入研究，其中环境关心、价值观、生活方式等被证实是影响消费者采用行为的因素[42,48,91~93]。

对于环境关心的定义，研究者们意见不一，Jones 和 Dunlap 对环境关心的定义得到了最广泛的认同，其认为所谓环境关心是指人们意识到环境问题并支持解决这些问题的程度，或者是指人们为解决这些问题而做出个人努力的意愿[94]。在大部分关于环境行为的研究中，具有环保意识、更加关心环境的人更容易也更愿意实施环保行为。消费者电动汽车采用意愿方面的研究结果与之类似，Sang 和 Bekhet 的研究结果表明环境关心对采用意愿有显著的正向影响[39]。与之类似，Pierre 等研究认为有生态奉献精神的人更倾向于使用电动汽车，因为他们对节约能源和保护环境的敏感度更高[40]。Schuitema 等研究发现如果消费者认为亲环境形象与自我认同相符合，他们对电动汽车象征属性的感知水平会提高，进而提高他们采用电动汽车的意愿[79]。

价值观通常被定义为个体选择、衡量某特定行为以及对自身、他人进行评估的标准[95]。价值-信念-规范理论认为，那些强烈以价值观为行为标准的个体更倾向于寻找与其价值观相符合的信息，该信息的搜集过程导致了凸显信念的形成。拥有利他价值观的居民会更倾向于将选择交通工具看成一种公众集体环境问题，而拥有利己价值观的居民会把它看成一种基于私人利益和兴趣的方式选择问题，因此拥有利他价值观的消费者更倾向于采用电动汽车，而拥有利己价值观的居民更倾向于采用燃油汽车[53]。

生活方式是个人或群体在消费、工作和娱乐上表现出的特定行为模式，其类似于习惯，但又包含了习惯之外的人口、地理及心理特性。生活方式概念的提出起源于市场营销学中的市场细分（Market Segmentation），其强调不同居民之间的生活水平存在不同程度的差异。居民总是倾向于选择与自身生活水平相匹配的出行行为，但在相同的地理条件和社会环境下，一些人会形成趋于相似的价值观或习惯，最终形成具有不同生活方式的群体。Axsen 等基于生活方式理论（Lifestyle Theory）提出，如果使用电动汽车不符合消费者的生活方式，可能会导致消费者拒绝采用电动汽车。通过对美国圣迭哥市 711 户家庭进行问卷调查，他们发现电动汽车对有亲环境生活方式和科技导向生活方式的消费者更有吸引力[93]。

除此之外，现有研究涉及的变量还有很多，包括个人阻力（Personal Resistance）、开放性（Openness）、创新精神（Innovative Spirit）、感知有用性（Perceived Usefulness）、感知易用性（Perceived Ease of Use）、感知风险（Perceived Risk）等，这里不再一一赘述[42,48,91~93]。总体来看，相对于人

口和情境因素，消费者的心理因素更为复杂，学者们还远远没有取得一致意见。

第三节 电动汽车激励政策相关研究

目前，世界各国都高度重视节能和环保问题，积极鼓励和支持电动汽车发展。为了推广电动汽车，世界各国都颁布了大量的激励政策。目前，已有部分研究对电动汽车激励政策的体系进行了划分，如 Zhang 等将其分为试点政策、基础设施政策、财政补贴政策、税收补贴政策、研究和发展投入政策[96]；Yuan 等从产业、发展规划、示范工程和财政补贴、税收优惠 4 个方面对现行新能源汽车政策进行了总结和分析[97]；《中国新能源汽车产业发展报告（2015）》将其分为综合宏观政策、推广示范政策、税收优惠政策、科技创新政策、行业管理政策和基础设施政策[98]。

部分研究专门针对某一国家或地区的电动汽车政策进行了总结和回顾，如中国[99]、日本[17]、美国[100]、德国[101]、立陶宛[102]、挪威[52]和奥地利[103]等。也有一些研究对不同国家的电动汽车政策进行了比较，Zhang 等从财政激励、技术支持、充电基础设施这 3 个方面对美国、欧洲、日本和中国电动汽车的相关政策进行了回顾，认为各国应相互学习，并结合各国不同的社会经济文化特点，制定相应的电动汽车政策[15]；Zhou 等回顾了美国、中国、日本和部分欧洲国家对消费者购买电动汽车和插电式混合动力汽车的财政激励措施，认为各国电动汽车市场占有量的提升均伴随着政府政策力度的加大[104]。

针对我国电动汽车市场，方海洲、胡研提出我国电动汽车产业仍处于初期发展阶段，相比于燃油汽车，电动汽车在价格及配套基础设施等方面仍处于劣势，需要政府出台相关激励政策来支持[105]。陈柳钦认为电动汽车是我国低碳经济的必然选择，是未来汽车行业的发展方向，电动汽车产业化的直接推动力量就是国家出台的相关激励政策[106]。顾瑞兰提出政府激励政策应该聚焦于 3 个方面：一是加大对关键技术和零部件研发的支持；二是加大对市场推广的扶持力度；三是根据国家能源发展和节能减排计划,进行制度设计和管理制度创新[107]。陈柳钦认为政府激励政策需要从中央和地方补贴、政府采购、税收减免3个方面为电动汽车的发展创造有利的外部环境,以促进汽车产业的结构调整,推动我国电动汽车产业的规模化发展[108]。阮娴静、杨青从技术和经济视角对电动汽车的市场竞争问题进行了分析,建议国家应为电动汽车产业发展制定宏观战略和目标,为电动汽车厂商提供财政优惠,加快出台相关政策完善基础设施,并以政府为主导鼓励企业积极开展电动汽车关键技术研发[109]。葛建平在分析北京市新能源汽车充电设施供给现状的基础上,发现现有政策促进了充电设施的建设与供给,但对于解决充电设施建设方约束、设施整合、通信接口标准统一等问题存在缺陷[110]。魏淑艳、郭随磊提出在现有电动汽车激励政策中,存在管制工具过多和内部政策工具不足的问题,完善现有政策应该引入"新治理"理念,选择市场化和社会化政策工具,围绕政策工具选择,优化政府自身组织形式[12]。具体而言,通过市场化政策工具增加企业发展电动汽车的内在动力,通过社会化政策工具提高社会与电动汽车发展的协同程度,通过内部政策工具增强政府对电动汽车产业发展的引导力。谢青、田志龙从政策工具和创新价值链这两大维度对与中国电动汽车产业相关的政策文本进行了内容分析,结果表明环境类政策工具的使用最为频繁,随着产业发展,政策工具的使用呈现从供给面到环境面再到需求面的不断完善,中央政策着重从研发和市场推广这两端刺激电动汽车产业发展,而对产业化的推动有限[24]。陈军、张韵君认为现有激励政策体系还存在一些问题,如法规管制和目标规划政策过多、需求型政策不足、政策结构不合理等,未来应根据电动汽车发展所面临的困境,在人才培养、科技信息支持、基础设施建设、金融支持、税收优惠等方面加大政策的制定与实施力度[27]。

第四节　消费者对电动汽车激励政策的认知和偏好相关研究

消费者不仅是电动汽车相关政策的接受者,他们对现有政策的了解和看法在一定程度上会决定他们是否采用电动汽车,因而也有研究聚焦于消费者对这些政策的认知和接受程度。陈清泰研究发现超过一半的受访者对电动汽车有一定了解,对电动汽车相关政策比较关注,且看好未来电动汽车的发展,但多数消费者目前仍对电动汽车存在疑虑[111]。程广宇、高志前通过比较美国和中国电动汽车激励政策的颁布、执行情况以及影响政策发挥作用的相关因素,认为中国政府未来应加大舆论引导,使消费者逐渐熟悉和认可电动汽车及相关激励政策[112]。Lane 和 Potter 认为政府应该采取措施让消费者充分了解节能汽车的相关政策,否则这些政策难以对消费者采用电动汽车造成影响[72]。Coad 等以 1500 个瑞士家庭为调查样本,探讨了居民对信息提供(Information Provision)和财政激励(Financial Incentive)这两类政策的支持度,结果表明不同个体对这两类政策的支持度不一致,某一政策措施的有效性主要取决于其支持者的支持程度[113]。与之类似,Sovacool 和 Hirsh 认为电动汽车相关政策的不断变化会使消费者产生疑虑,如对于部分消费者来说,其倾向于购买电动汽车主要源于相关税收的减免,当税收减免标准发生变化时,他们可能会抵制甚至拒绝采用电动汽车[114]。与之相反,Caulfield 等研究了 2008 年以来爱尔兰消费者对政府颁布的税收政策感知,发现目前消费者对这些政策的认知难以影响消费者的选择[115]。Rezvani 等认为未来可以尝试研究消费者对特定政策的看法和感知,以便于未来政策的制定[18]。李光认为财政补贴政策不是消费者关注的主要方面,其最关注技术方面的政策,因为这与电动汽车的安全性和可靠性有紧密的关系,同时他们也较为关注充电基础设施方面的政策[116]。

第五节　电动汽车激励政策对消费者影响相关研究

由于电动汽车的大规模推广在很大程度上依赖于私人消费者的购买和使用,因而更多的研究聚焦于分析现有激励政策会对消费者的购买行为产生何种影响。

目前，电动汽车激励政策在大量研究中被证实是促进消费者购买的直接驱动因素[43,74,117,118]，且 Ko 和 Hahn 的研究表明政策力度越大，消费者购买电动汽车的意愿越强[59]。此外，Zhang 等的研究结果表明，激励政策不仅会直接对消费者造成影响，还会通过经济节省、电动汽车相关性能属性、环境意识和心理需求这 4 个方面间接影响消费者[119]。唐葆君、吴晓凤选取政府激励政策、居民收入和石油价格作为自变量，将电动汽车销售量作为因变量，基于回归分析发现政府激励政策对电动汽车销售量的提升有显著正向影响[120]。Wang 等将所有激励政策分为 3 个类别，分别是财政激励政策、信息提供政策和便利使用政策，根据对合肥市 324 个消费者进行问卷调查所得到的结果，发现这 3 类政策均会对消费者采用意愿产生显著的正向影响[121]。

在所有政策中，学者们普遍认为经济刺激型政策对消费者的影响更为明显，如 Sierzchula 等通过分析 2012 年 30 个国家电动汽车的采用情况，认为财政补贴、税收减免、免过路费、免费上牌对消费者采用意愿的影响最大[122]。Aasness 和 Odeck 在分析为什么挪威会成为全球电动汽车第一大国的过程中发现，挪威的经济激励政策（如减免税收、减免道路通行费、免费停车、给予公交车道行使权）可以为电动汽车使用者节省大量开支，大部分消费者采用电动汽车主要是各种经济激励政策刺激下的结果[75]。Bjerkan 等通过调查挪威 3400 位电动汽车所有者，发现超过 80% 的受访者认为增值税和购置税减免是促使他们采用电动汽车的关键因素，这表明减少消费者的前期购买成本是较为有效的激励措施[52]。Ko 和 Hahn 基于问卷调查所获得的数据，利用混合 Logit 模型估计了主要影响因素的效用，结果表明补贴金额越高，消费者的效用越高，且一次性补贴政策比分期补贴政策更有效[59]。王夏芳研究表明购车补贴最有利于促进消费者购买电动汽车，减免税收和完善充电设施的政策虽然会对消费者的购买意愿造成显著的正向影响，但影响程度较低[123]。

对于其他政策而言，Whitehead 等通过对瑞典首都斯德哥尔摩市节能汽车拥有者的调查分析发现，交通拥堵豁免政策可以有效提高节能汽车的保有量，而免费停车政策的影响非常小[77]。与之类似，Bjerkan 等发现道路费用减免和允许在公交专用通道行驶等政策措施只对特定人群有较强的影响[52]。Wang等发现对于消费者来说,便利使用政策远比财政激励政策和信息提供政策重要[121]。杨婕从政府产业政策理论出发,选取了政府补贴力度、政府对基础设施的建设力度、政府税收优惠力度、政策宣传推广力度和电动汽车技术研究力度5个测量指标来探讨消费者电动汽车的采用意愿,结果表明除了政策宣传推广力度外,其他几个方面均会促进消费者购买电动汽车[124]。Wang等基于问卷调查所得到的数据,利用回归方法得出我国机动车限购和限行政策才是推动消费者采用电动汽车的主要政策,充电费用减免、公交车道行使权以及免购置税政策也会对消费者采用意愿产生正向影响,而免过路费和免停车费政策的效果较弱[125]。在另一项研究中,Wang等利用2013~2014年各城市的宏观数据再次验证了不限行政策的有效性,除此之外还发现免费上牌和充电基础设施建设政策也会促进消费者采用电动汽车[126]。与之类似,Ma等发现购车补贴、税费减免、机动车限购和限行均与电动汽车市场份额存在正相关关系[127]。

也有部分研究认为现有政策的效果并没有预期的那么好,如Hoen和Koetse通过对荷兰私家车主进行陈述性选择实验发现,荷兰现有激励政策虽然能在一定程度上提高消费者采用电动汽车的意愿,但是并不足以打消他们对电动汽车的疑虑[64]。同时,其发现不同政策措施对各类人群的影响有显著的差异,因而针对特定人群的政策措施可能更有效。李光发现政府补贴并不能促进消费者购买电动汽车,这主要是因为电动汽车的价格过高[116]。吴憩棠同样认为电动汽车的潜在消费者对价格敏感,电动汽车市场发展的关键在于降低价格和完善补贴政策[128]。

第六节　文献述评

通过前面的阐述,可以看到众多学者致力于探究电动汽车采用行为的影响因素,因为一旦准确识别了这些变量,就能为制定和实施相关引导政策提供有效的依据。具体来说,影响消费者电动汽车采用意愿的因素可以分为三大类,分别是人口因素、情境因素和心理因素。其中,人口因素主要包括性别、年龄、职业、收入等个人因素和家庭是否可以充电、家庭汽车数量、家庭成员驾照数量等家庭因素；情境因素主要包括技术因素、成本因素、环境因素和政策因素等客观因素；而心理因素主要包括态度、经历、社会影响、象征和情感等主观因素。可以看到，对于大部分影响因素，学者们并没有形成统一意见，所得出的结论也不尽相同，对于影响中国消费者购买电动汽车的因素更是缺乏系统总结和验证，一些可能的原因已经在文中提及，这里不再赘述。

此外，现有关于电动汽车激励政策的文献较为丰富，取得了一些有价值的成果。但是，可以看出现有研究还存在如下问题：①现有关于电动汽车激励政策的研究，更多的是从定性角度分析政策措施及其效果，缺乏利用定量方法对政策文本进行深入分析，探讨其内在规律和不同时期特点的研究成果；②目前的研究更多的是关注政策本身及其如何对消费者造成影响，但是政府所出台的政策是否有效，在很大程度上取决于消费者的主观感受，鲜有研究从消费者视角分析他们对我国各类电动汽车激励政策的认知和偏好情况；③虽然激励政策被认为是影响消费者电动汽车购买意愿的重要因素，但学者们通常是从单一因素角度来进行分析，即现有关于电动汽车激励政策对消费者采用意愿影响的研究较为零散，往往只考虑若干政策的效果，缺乏综合各类激励政策的系统性分析；④大多数研究聚焦于讨论现有激励政策的效果如何，在此基础上给出改进建议，未从顶层对现有政策体系进行系统设计，并利用定量方法进行验证。

第三章

电动汽车消费行为影响因素理论模型构建、量表开发及数据收集

第一节 相关理论模型

电动汽车消费行为是节能行为的一种，是负责任的环境行为的具体表现，因此关于其理论模型的构建应遵循其他环境行为、节能行为的理论模型以及相关的技术接受理论模型。多年来学者就环境行为进行了诸多理论探索，在研究中总结了消费者环境行为的一般过程以及影响消费者环境行为的因素，并提炼出一系列经典的理论模型以及研究成果。本章结合电动汽车消费行为的自身特性，选取若干具有代表性的理论模型进行回顾。此外，考虑到电动汽车是一种明显具有环境外部性的产品，本章还将介绍市场失灵和政府干预方面的相关理论。

一 市场失灵理论

市场失灵是指放弃国家的宏观调控，充分发挥市场的作用，利用价格的自动调节未能使社会资源配置达到最优状态。传统狭义的市场失灵理论认为：外部性、信息不完全或不对称、公共物品、垄断使得市场难以充分发挥资源配置效率，这种情况下市场就会失灵[129]。

从内部原因来看，市场失灵是市场机制的先天缺陷，仅仅靠市场本身的力量无法克服，具体体现在两个方面：第一，从客观上来说，市场自身

能力存在极限，它只能解决市场发展过程中的部分问题，而不能解决市场发展过程中的一切问题，更难以解决非市场运行问题，这便是市场不能在所有领域和情况下都能有效配置资源的主要原因；第二，市场机制在发挥调节作用的过程中，会产生一系列消极后果，如难以兼顾长期和短期、生产和生态、效率与道德等。从外部原因来看，所谓市场失灵是相对的。这种相对性主要是指除了市场机制以外，社会经济运行过程中的其他机制如果能够以较低的社会成本完成某项工作，或者以大致相同的成本更好地完成，那么这种情况下市场机制就是失灵的。这种相对性的市场失灵主要包括以下3个方面的内容：第一，市场机制相对于政府调节机制而产生的失灵；第二，市场机制相对于企业内部组织机制而产生的失灵；第三，市场机制相对于其他非市场机制而产生的失灵，如慈善组织、行业协会等。

市场失灵主要表现在3个方面：一是市场功能缺陷造成的市场失灵；二是市场不完善造成的市场失灵；三是制度原因导致市场扭曲所产生的市场失灵。当市场失灵时，为了实现资源配置效率的最大化，就必须借助政府的干预，发挥国家的宏观调控作用，这实际上已经明确了政府干预经济的调控边界，肯定了政府宏观调控的意义[130]。现代广义的市场失灵理论在狭义市场失灵理论的基础上进一步扩展，认为凡是市场不能解决的有关社会公平和经济稳定问题都需要政府出面化解，从而使得政府的调控边界突破了传统的边界而大大扩张。一方面，这说明政府在市场经济中的作用越来越重要；另一方面，这又要求必须规范政府行为，通过一些法律法规的界定来明确政府在经济领域的职权范围，以提高政府的管理效率[131,132]。

二 政府干预理论

美国著名经济学家约瑟夫·斯蒂格利茨提出了政府干预理论，该理论主要分为两个部分：政府的经济职能理论和市场失灵理论[133]。与西方其他经济学家一样，斯蒂格利茨认为政府干预的主要作用是弥补市场自发调节的弊端[133]。因此，政府干预理论的一部分必然包括对市场失灵的研究。传统的市场失灵理论认为市场的价值和作用是不能低估的，承认市场竞争可以在某些条件下达到帕累托最优，但同时认为市场机制不能解决公共品提供、垄断、外部性、收入分配等问题[134]。因此，政府干预便在这些范畴之内发挥作用。市场失灵的普遍性必然要求政府干预的普遍性。但西方经济学的流行观点是，政府本身也有失灵问题，政府的作用也不是全方位的，政府干预经常是无效的[135]。针对这一点，斯蒂格利茨提出了政府的经济职能理论。通常认为，政府失灵并不比市场失灵更糟，而且通过采取适当的政策，政府干预可带来帕累托改进，有效弥补市场调节的不足[136]。

三 理性行为理论

Fishbein 和 Ajzen 于 1975 年提出的理性行为理论，以及由理性行为理论改进而来的计划行为理论，是研究行为意愿的两个重要理论。这两个理论有效地解释了行为意愿受哪些因素影响，以及如何影响。这两个理论提出后，被学者们广泛应用于研究各种行为意愿的影响因素。理性行为理论提供了一个研究行为的理论框架，其有几个前提假定：①行为者是理性的；②行为者在做出行为决策时，能充分获得有关该行为的信息；③行为者在采取某种行为时会考虑该行为的价值和成本；④行为者采取某种行为完全是自主的[137]。

理性行为理论的核心理念是，人们的大多数行为都是在综合了自身的价值判断、估计了别人可能会产生的看法，以及综合考虑了社会规范后，在理性心理状态下做出的[138]。该理论认为行为意愿是影响个体采取某种行为最重要的因素。但是，有许多研究表明个体采取某种行动除了主要受到行动意愿的影响外，客观因素也十分重要[139]。一项行动最终能否成功地实施，要受到外在客观因素的制约，诸如资源、条件等。只有当外在客观条件达到某个特定程度，足以让行为意愿能够实现时，行为意愿才能充分发挥作用，最终的行为才能实施。根据理性行为理论（见图 3-1），行为意愿主要受到行为态度和主观规范的影响。其中，行为态度是指个体对某种行为喜欢或厌恶的感知。主观规范是指个体在采取某种行为时，主观感受到的由外在规范所形成的压力。这种压力可能来自与个体相关的亲戚朋友、组织团体，也可能来自他所敬重的某些人。这种压力是指正面的压力，即促进该行为发生的压力。也就是说，行为意愿是行为态度和主观规范两大因素共同作用的结果。

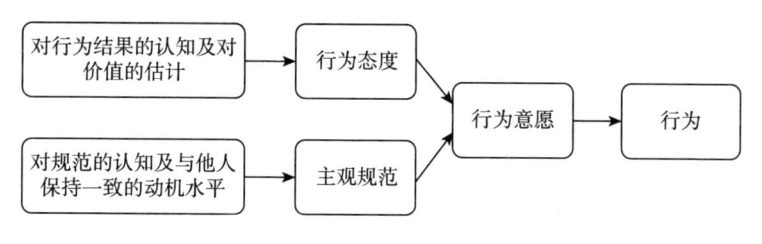

图 3-1 理性行为理论

理性行为理论是一个适用性比较广泛的模型，而不是为某一特定行为设定的专用模型。该理论的主要贡献是其认为任何因素对实际行为的影响均是间接的，所有行为都只受到态度和主观规范的影响，其他任何因素只能通过这两个因素来影响行为。因此，在理性行为理论中，外部环境、内部环境、个体特征、组织结构等因素都被作为外部变量来进行研究。该理论的核心是无法控制的外部变量通过可控的主观心理变量产生中介效应，来影响个体的实际行为。该理论帮助人们对各类行为有了更为清晰的认识，产生了较为广泛的影响。然而，理性行为理论存在一些缺陷，如有些学者认为行为态度应该进一步区分为认知和情感两个成分，但理性行为理论更多的是考虑行为态度中的认知成分，较少关注情感成分，或者即使关注，也未明确区分行为态度中认知和情感成分的差异。另外，理性行为理论的一个重要假设是，个人是完全理性的，即其有完全控制自己行为的能力。但在实际中，个体行为或者意向还会受到外部环境（如时间、地点等）的制约，而理性行为理论不能对此给出合理的解释。

四 技术接受模型

技术接受模型是在理性行为理论基础上完善而成的，主要用来预测信息技术的接受问题，是目前信息系统研究领域中应用最广泛的理论之一[140~142]。其也被广泛应用到其他各种信息技术和系统的采用行为，具体包括以下领域：①通信系统，如电子邮件、声音邮件、传真、拨号码系统等；②常规目标系统，如视窗、个人电脑、工作站、电脑信息中心；③办公系统，如文字处理和表格、资料库等；④专业商务系统，如案例工具系统、专家支持系统和网上购物系统等。近年来，随着新兴技术产品的不断出现，该模型也被逐渐应用于这些产品的采用行为上，如智能手机、共享单车（汽车）、电动汽车等。

在这一模型中（见图3-2），个体对某种技术的最终采用行为由个体的行为意愿所决定。如果个体的行为意愿很强，那么他就较容易采用该行为；如果其行为意愿较弱，则不易采用该行为[143]。行为意愿又由行为态度所决定。行为态度表明了用户对技术的好、恶观念。用户对该技术越喜爱，则他采用该技术的行为意愿就越强。而行为态度由两个因素决定：感知有用性和感知易用性[144]。其中，感知有用性是指个体对使用某种技术系统所能带来益处的综合感知，其中最明显的就是个体对该系统能在多大程度上提高他的工作效益和效率的评价。这个变量反映了用户认为这种技术能给他带来多大的好处[145]。而感知易用性则被定义为"用户认为一个信息系统能使用户减少所付出努力的程度"，这个变量反映了用户认为这种技术容易被掌握的程度。感知易用性同时也影响到感知有用性。最后，对于感知有用性和感知易用性的影响因素，通常用"外部变量"来笼统说明。

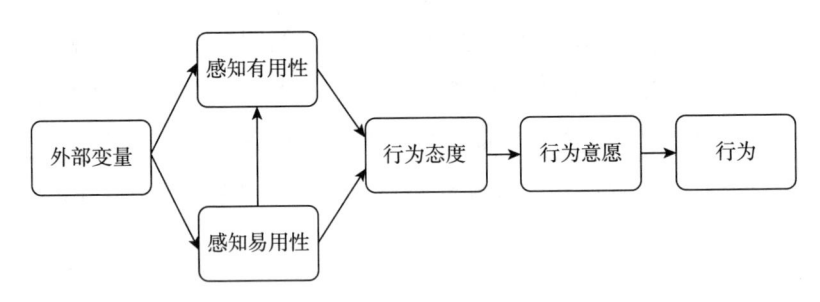

图3-2 技术接受模型

技术接受模型虽然得到了广泛的应用并表现出良好的解释效果，但仅限于分析自愿行为。当个体行为不受自身主观意志控制时，模型的解释效果会受到影响。为了将该模型运用到更多行为的解释中去，更多变量被加入该模型中以提高解释力，并形成了诸多技术接受模型的拓展模型。技术接受模型同样存在着一些缺陷。首先，利用该模型进行实证的大部分研究都采用受访者自我报告的方式来对各变量进行测量，而不是去实际测量用户使用情况,这种方式会导致模型中各变量之间的因果关系有一定偏差;其次,部分研究利用态度来衡量使用者对某产品的接受度,而其他一些研究则将行为意向和实际行为作为测量指标,这种变量选择的不一致使得该模型的解释力大打折扣。

五 计划行为理论

计划行为理论是对理性行为理论的继承与发展。传统的理性行为理论认为,行为意向受到个人行为态度和主观规范的影响。Ajzen 在其研究中对理性行为理论进行了批判和补充,他认为个体行为并非完全受理性控制,也不是个体可以完全决定的,其行为往往受到内外部资源、机会和技能等条件的控制[146]。因此,他在理性行为理论的框架上增加了"感知行为控制",其与主观规范和行为态度共同影响行为意向,同时直接作用于行为。

计划行为理论描述了影响行为者行动意愿的因果关系结构[87](见图3-3)。自变量是行为态度、主观规范和感知行为控制,因变量是行为意愿。该理论表明行为意愿受到行为态度、主观规范和感知行为控制的影响[147]。积极正面的行为态度正向影响行为意愿,即对该行为持有好感的个体倾向于采取该行为;主观规范正向影响行为意愿,即行为者感受到他的主要社会关系成员越是支持该行为,那么他就越倾向于实施该行为;感知行为控制正向影响行为意愿,即行为者越是感受到自己会很好地掌控他所拥有的资源,越能够对该行为的实施进行很好的控制,那么他就越倾向于实施该行为[148]。模型中的行为态度、主观规范和感知行为控制通常被划分为内部心理因素,因为它们直接对行为意愿产生影响;而外部心理因素(如对行为结果的认知、对规范的认知、对控制因素的认知等)只能通过内部心理因素间接影响个体的实际行为。

虽然计划行为理论在理性行为理论的基础上有了一定改进,但仍然存在一定局限性。首先,和理性行为理论相似,计划行为理论强调行为态度中的认知成分(有用、无用、有价值、无价值等),忽视了情感成分(兴奋、快乐、厌烦等)。其次,与行为态度和感知行为控制这两个因素相比,

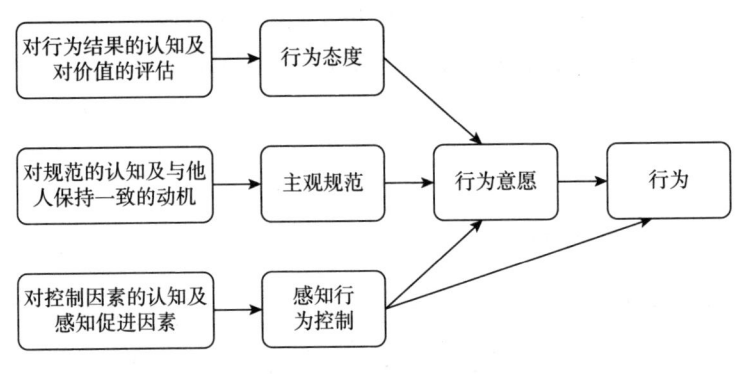

```
           ┌──────────────┐      ┌──────┐
           │对行为结果的认知及│─────▶│行为态度│
           │  对价值的评估  │      └──────┘
           └──────────────┘           │
                                      ▼
           ┌──────────────┐      ┌──────┐      ┌──────┐      ┌────┐
           │对规范的认知及与│─────▶│主观规范│─────▶│行为意愿│─────▶│行为│
           │ 他人保持一致的动机│   └──────┘      └──────┘      └────┘
           └──────────────┘                        ▲
                                                   │
           ┌──────────────┐      ┌──────┐           │
           │对控制因素的认知及│────▶│感知行 │───────────┘
           │  感知促进因素  │      │ 为控制│
           └──────────────┘      └──────┘
```

图 3-3　计划行为理论

主观规范的影响并未完全得到实证研究验证，也就是说主观规范和行为意愿之间的关系可能较弱，原因主要在于该变量反映的是个体自身感觉到的社会压力，而不是社会压力对消费者的直接影响。最后，该理论未考虑个体过去的习惯以及其他相关行为的影响，事实上很多研究都表明这些因素会影响个体行为意愿，且部分因素并不需要通过该理论中的行为态度、主观规范和感知行为控制来传递，而是对个体的行为意愿直接产生影响。

六　消费者购买决策理论

消费者购买决策是一个整体的循环过程，由需求认知、信息搜集、方案评价、购买决策和购后行为 5 个阶段构成（见图 3-4）[149]。其中在需求认知阶段需要确认需求并将之与特定的产品或服务联系起来；在信息搜集阶段将通过各种来源获得特定产品或服务的相关信息，以提高决策理性；在方案评价阶段，将根据目标产品或服务的属性、利益和价值组合，形成各种购买方案，并确认购买态度；在购买决策阶段，将会在不同方案之间形成购买意图和偏好；在购后行为阶段，将会评估购买所获得的价值，并通过行动表达满意或不满意[150]。下面将逐一介绍这 5 个阶段。

```
┌──────┐   ┌──────┐   ┌──────┐   ┌──────┐   ┌──────┐
│需求认知│──▶│信息搜集│──▶│方案评价│──▶│购买决策│──▶│购后行为│
└──────┘   └──────┘   └──────┘   └──────┘   └──────┘
```

图 3-4　消费者购买决策过程

（一）需求认知

需求认知是消费者购买决策过程中的起点，由于受到消费者内在因素（如消费者的生理需求、消费经验、消费动机等）和外在因素（如外部舆论、广告宣传、社会文化氛围等）的影响，消费者会认识和了解自身对某种特定商品或服务有需求。这一过程既有可能由内在因素或外在因素单独引发，也有可能是两者共同作用的结果。例如，消费者购买新衣服可能是由自身需求（如天气变冷缺少御寒衣物）引发的，也有可能是因为看到他人穿着新潮，自己也想购买新款服饰。对于消费者来说，由于不同个体的特征存在差异，在面临同一消费对象或环境刺激时会产生不同的心理反应，进而会导致多样化的需求，也就是说消费者的需求认知并不一致。

（二）信息搜集

消费者的信息搜集行为可分为内部搜集和外部搜集。内部搜集来自消费者的内在需求，如消费者在产生需求认知后，需要对特定商品或服务的相关信息和资料进行搜集；外部搜集是在外在环境刺激下产生的，如产品促销、亲戚朋友的推荐等外部因素使消费者对这种产品产生了一定的兴趣，消费者会不自觉地开始搜集相关信息。消费者所搜集的信息包括价格、质量、品牌、功能、售后服务等。信息搜集的来源主要有4个方面：第一，个人来源，如家庭、亲友、邻居、同事等；第二，商业来源，如广告、推销员、分销商等；第三，公共来源，如大众传播媒体、消费者组织等；第四，经验来源，如操作、实验和使用产品的经验等。

（三）方案评价

在消费者从各种渠道搜集到相关信息后，会根据自身的标准对若干可供选择的产品或服务进行价值判断，以衡量在何种程度上这些产品能够满足自身需求。消费者得到的各种有关信息可能是重复的，甚至是互相矛盾的，因此还要进行分析、评估和选择，这是消费者购买决策过程中的决定性环节。消费者会对特定商品进行全方面的评估，并与其他同类别的备选商品进行比较，进而判断哪一种商品最适合自己，最符合自己的需求。在消费者的评估选择过程中，有以下几点值得注意：第一，产品性能是购买者考虑的首要问题；第二，不同消费者对产品的各种性能给予的重视程度不同，或评估标准不同；第三，多数消费者的评选过程是将实际产品同自己理想中的产品相比较。

（四）购买决策

消费者在对各类产品或服务进行了解和评估后，会形成购买意愿，进入做出购买决定和实施购买行为的阶段。但是，在购买决定形成到购买行为实施的过程中，会出现一些不确定因素，使得消费者改变、推迟或取消既定的购买决定。也就是说，从购买意愿到购买决定之间，还要受到一些其他因素的影响。第一，受到周边人的影响，周边人如果持反对态度，并且反对态度强烈，或持反对态度者与购买者的关系较为密切，则购买者改变的可能性就较大；第二，一些意外情况的发生，如购买者突然失业使得自身经济状况恶化，原本打算购买的商品突然涨价，或者购买者从其他渠道得知了该产品的潜在风险等。

（五）购后行为

在消费者确定购买某种商品或服务后，整个购买决策过程并没有结束，消费者还会对已经购买的商品进行评价，只有在体验和评价后，购买决策过程才会结束。消费者的评价主要来源于两个方面：一是该商品对消费者的重要性；二是使用该产品的体验。当产品符合消费者的预期，且让消费者较为满意时，消费者再次购买该商品的概率会增加，同时他们会向周边的人进行正面宣传和影响。当商品的体验较差或者没有达到消费者预期，他们一般会退换该商品，将这种情况告诉周边的人，或以后拒绝购买等。因此，购后行为包括两个方面：一是购后评价；二是购后活动。消费者购后评价（通常为是否满意）取决于消费者对产品预期性能与产品使用中实际性能的对比。购买后的满意程度决定了消费者的购后活动，决定了消费者是否会重复购买该产品，决定了消费者对该品牌的态度，并且还会影响其他消费者，形成连锁效应。

消费者购买决策的整个过程受到很多因素的影响和限制，包括内在因素（消费者的生理和心理因素）和外在因素（消费者所处环境的特点）两个方面。目前已有大量研究探讨了消费者行为的影响因素，随着消费者行为相关理论的不断深入和进步，一些学者对消费者的行为进行了归纳，融合了前述的购买决策过程和影响因素，更为完整、系统地反映了消费者行为的整体过程，比较经典的如霍华德—谢思模式和恩格尔模式。

第二节　电动汽车消费行为的理论机制分析

一　电动汽车市场的失灵及政府干预

电动汽车作为一项新兴的技术创新和节能环保产品，其具有明显的外部性、公共物品属性和风险性等。

（一）外部性

电动汽车的外部性问题主要表现在如下几个方面。第一，传统燃油车主要以化石能源为动力来源，而电动汽车则以电力为动力来源。这些电力可以通过水能、核能、太阳能、风能、潮汐等能源转化，在一定程度上可以减少化石能源的消耗[151]。此外，即便是使用相同的化石能源，电动汽车的能源效率也远远高于燃油车，有利于节约能源[152]。但是使用电动汽车所节约的能源收益归于全社会，并不归于电动汽车使用者。第二，传统燃油汽车的尾气排放对环境造成了较大危害，而电动汽车不会直接产生尾气污染[153]。因此，相比于传统燃油汽车，电动汽车具有正外部性，但这部分环境效益很难衡量。对于消费者而言，电动汽车的低碳、节能、减排等环境效益都属于外部性收益，在短期内并不会给自身带来明显的收益。

（二）公共物品属性

电动汽车具有公共物品的属性，公共物品是与私人物品相对应的概念。城市基础设施和国防建设等为所有社会成员服务的都属于公共物品，这类物品一旦形成就会给所有社会成员带来好处。对于电动汽车来说，其使用者所产生的环境效益和能源节约对全体社会成员都有益，但是使用电动汽车是有成本的，其使用的边际私人成本远远高于边际社会成本。由此便形成了经济学上的"公地悲剧"和"搭便车"现象，当个人所能获得的利益较小时，其不会主动购买和使用电动汽车。因此，电动汽车的公共物品特性难以通过市场机制来解决。

(三) 风险性

发展电动汽车的关键是车用动力技术的转型，作为一项高新技术产品，电动汽车从生产到销售过程中都蕴含着各种各样的风险，如技术风险、投资风险和市场风险等[154]。其中最关键的就是技术风险，电动汽车的研发必须解决诸多技术难题，比如电池的能量存储、安全性能等问题[155]。国外对电动汽车技术的研发比我国起步要早，然而到现在都没有完全解决这些技术难题，因此我国研发电动汽车的企业同样面对技术风险。与其他行业相比，电动汽车的研发投资风险更高。发展电动汽车需要在技术研发阶段投入大量的资金，即使研发成功，还要在后续的生产、维修上注入巨资[156]。这对经济实力还很薄弱的国内汽车企业来说，投资风险无疑非常大[157]。此外，无论技术多么成熟，如果电动汽车得不到市场的认同，不能实现商品化，不适应市场需求或变化而未被市场充分接受，就会面临很大的市场竞争风险。

(四) 汽车市场的过度竞争

汽车市场的过度竞争很有可能导致"柠檬问题"，其结果是污染较大的传统燃油汽车挤出电动汽车，占领汽车市场，全体社会成员的利益都将因此受到损害[158]。我国是名副其实的汽车大国，且汽车已经逐渐进入买方市场，市场竞争日益激烈。受到企业自身利益的驱使，传统汽车企业多互相压价以吸引消费者。而电动汽车仍处于发展初期，相比于同级别的燃油车，其售价往往要高出很多。虽然电动汽车的用车成本较低，但是长达若干年的成本回收期让多数消费者望而生畏。在目前汽车市场竞争愈演愈烈的情况下，"柠檬问题"必将加剧。

(五) 电动汽车市场的政府干预

如前所述，电动汽车发展过程中的确存在市场失灵问题，而这会产生一系列不良后果：一是阻碍电动汽车及相关产业的发展；二是导致社会资源配置效率低下；三是降低社会总体福利水平。市场失灵为政府宏观干预提供了前提条件。为了帮助电动汽车市场实现有序发展，维护消费者的权益,政府出台一些激励政策是十分必要的。从前一部分关于政府行为的讨论中发现,对于市场失灵问题,可以采用政府干预的方法,同时也可以采用市场的手段。电动汽车具有普通商品和公共物品的双重属性。因此,在电动汽车发展过程中,一方面要充分挖掘市场需求,发挥价格竞争的调节作用和要素资源配置作用;另一方面还必须依靠政府力量,通过追加投入、制定政策、完善机制等促进电动汽车发展。

二 消费者电动汽车购买行为的理论分析

消费者购买电动汽车的过程既是一种一般的个体行为,也是一个接受新兴技术产品的过程,更是一个购买产品的过程。因而,本部分将基于理性行为理论、计划行为理论、技术接受模型和消费者购买决策理论对消费者的电动汽车购买行为进行分析。

(一)理性行为理论

理性行为理论假设个体决策行为是理性的,个体在做出决策时能获得所需要的信息,并且能综合考虑实施该行为所能带来的价值和所耗费的成本。社会学研究表明该理论能解释大多数的人类行为。但是,理性行为理论有其局限性。主要是它假设决策人是理性的,但是在生活中往往有很多情况,决策者在做出决策时是非理性的[144]。消费者对电动汽车这一新兴技术产品的态度和购买意愿,与他们的知识水平、了解程度密切相关[83,159,160]。而从目前关于电动汽车的相关社会调查来看,大部分研究表明当前消费者对电动汽车的认识水平有限[161,162],所以在购买决策过程中,可能缺乏足够的理性,因而这是理性行为理论在电动汽车采用行为问题上使用的一个缺陷。另一个缺陷是该理论没有考虑到消费者行为意愿除了受到行为态度和主观规范这两个因素影响,还受到其所能获得的资源和信息等客观因素的影响。就电动汽车而言,如果说某人对电动汽车有喜爱的态度,且没有来自外在的主观规范压力,可是该地区没有电动汽车的经销商,那么此人就很难对电动汽车产生购买意愿。

(二)计划行为理论

在研究消费者对电动汽车的接受度问题上,计划行为理论中的行为意愿即是消费者对电动汽车的购买意愿;行为态度是消费者对电动汽车的喜好或厌恶程度;主观规范是消费者感知到的来自亲戚、朋友和社会的压力;感知行为控制是消费者认为自己能在多大程度上选择购买电动汽车。

(三) 技术接受模型

技术接受模型通常被应用在信息技术接受领域,信息技术能否被接受取决于行为意愿,行为意愿取决于行为态度,行为态度主要受到个体对信息技术本身的感知有用性和感知易用性两个因素影响。行为意愿在电动汽车接受度问题研究中,即是电动汽车的购买意愿;行为态度即是消费者对电动汽车的喜好或厌恶等情感倾向。事实上,感知有用性、感知易用性从更广泛的意义来说,就是能被消费者所感知到的利益和成本问题。因此,感知有用性和感知易用性无法直接套用到电动汽车的问题上来,一些学者提供了改进的思路,如将"感知有用性"和"感知易用性"分别拓展为"感知利益"和"感知风险"。感知利益代表消费者对购买电动汽车所能感知到的好处;而感知风险则代表了消费者对购买电动汽车所能感知到的风险代价[154]。此外,消费者的感知会受到外部变量影响,根据 Kang 和 Park 的研究,感知风险和感知利益是基于消费者对电动汽车的认知所产生的[163]。这样的改进一方面符合技术接受模型自身的思想理念,另一方面将"技术"的范畴从信息技术扩展到更广泛的技术领域。

(四) 消费者购买决策理论

从购买决策理论来看,消费者可能因为内因(如追求舒适性)或者外因(如距离工作地点较远)而产生购车需求;在此基础上消费者会对各类汽车产品(包括燃油汽车和电动汽车)进行信息搜集,包括品牌、价格、质量、性能、政策优惠和售后服务等;在搜集到这些相关信息后,需要对不同的汽车产品进行评价,识别出最符合自己需求的汽车产品;进而消费者会形成对特定汽车产品的购买意愿,但在转化为实际购买行为的过程中还会受到一系列因素的影响而改变决定,如因为燃油车限行或限购政策的实施,消费者可能会改变或推迟购买燃油汽车的决定;在购买特定汽车产品后,消费者会把使用感受分享给周边的人,进而影响下次购买决策。

（五）消费者电动汽车购买行为规律总结

总的来看，结合上述各种理论的分析，可以将消费者电动汽车购买行为的一般规律做如下总结：消费者受到内在心理需求和外部条件的影响，产生特定的需求，当消费者认识到某种电动汽车产品符合其需求和预期后，则有可能将其转变为实际的购买行为。同时，消费者在了解电动汽车的过程中，会认识到购买该产品的风险和利益。在日常生活中，对电动汽车的了解、接触、日常经历，以及同事、家人和朋友的介绍，会使得消费者对该产品形成特定的态度，而态度会在很大程度上决定消费者的购买意愿，在实际购买行为发生前，消费者还会根据自身实际情况，对电动汽车本身的各个属性（如价格、性能、外观等）进行评价，进而做出决策。在这一过程中，消费者个体的人口特征、经历、态度等心理因素，以及外部环境（如优惠政策）等因素都会影响消费者的实际购买行为。

三 政府干预下消费者电动汽车购买行为的理论机制

政府出台的一系列激励政策主要从两个方面对消费者造成影响。一方面，政府及相关机构借助恰当的调控措施，鼓励汽车生产和销售企业改变原有的生产和销售方案，明确汽车行业未来的发展方向是电动汽车，对积极响应的企业给予政策支持，这能够迅速加快我国汽车行业的电气化进程，从而提高消费者的感知效用和信心，改变其对电动汽车的态度，提升其购买意愿。同时，政府通过政策支持电动汽车的核心技术研发，也能够在相当大程度上降低企业生产成本和电动汽车价格，进而减轻消费者的购车负担，增加消费者对电动汽车的需求。另一方面，政府及相关机构通过宣传教育等手段，可以减少消费者对电动汽车的疑虑，增加消费者对这一新兴技术产品的了解，同时也会增加他们对电动汽车相关优惠政策的了解，帮助消费者对电动汽车进行更为理性的评估。此外，相关私人需求侧激励政策可以直接为消费者减少购买和使用成本，降低其用车支出，且在使用过程中为消费者提供各种便利，这些都能够直接改变消费者对电动汽车的偏好程度，提升消费者对电动汽车的需求和购买意愿，最终影响消费者的购买行为。

第三节 电动汽车消费行为影响因素理论模型构建

根据前面的介绍，可以发现电动汽车在推广过程中出现了市场失灵现象，这在很大程度上影响了消费者的购买行为，而政府是推动电动汽车推广的主要力量，需要从多方面来纠正这一市场失灵问题。消费者行为是一个有机整体，有其内在的一般规律，涵盖购买决策的各个过程。消费者的认知、态度和意愿等会影响其购买电动汽车的积极性。考虑到政府干预是现阶段电动汽车市场稳定发展的重要支撑，政府出台的一系列政策会对消费者的购车决策过程产生影响。通过前面的理论分析，可以发现消费者的需求和认知是其购买电动汽车的前提条件，然后他们会展开信息搜集，在对电动汽车相关性能和政策因素等进行了解后，和燃油汽车进行比较，做出购买决定。在消费者做出购买决定的过程中，还会受到自身偏好和外部环境的影响。

基于上述分析，本部分将构建电动汽车消费行为影响因素的理论模型。相关理论均涉及心理变量对购买意愿的影响，因而首先确定心理因素的相关变量。根据计划行为理论和理性行为理论等模型，选取态度变量；根据技术接受模型，选取感知效力变量；参考消费者选择行为相关理论以及现有文献，选取消费观变量，具体到电动汽车消费行为中的实际意义，我们将其界定为绿色消费观。本书将电动汽车消费行为中的购买态度、感知效力以及绿色消费观这3个变量作为心理因素。产品知识与环境敏感度对消费者行为均有一定影响。根据负责环境理论、环境素养模型以及相关文献，选取知识因素与环境认知度这两个因素。其中，本书将知识因素界定为电动汽车产品知识和节能环保知识两个部分。参考计划行为理论、负责环境理论以及消费者行为决策理论，选取规范因素作为影响因素，在本书中其被进一步分解为社会规范与参考群体两个方面。综合态度－行为－情境理论和负责任环境行为模型，将情境因素引入模型，从而将行为实施时的外在环境因素考虑进来，根据第二章文献综述，结合本书的研究对象,将政策因素、产品特征因素作为影响电动汽车消费行为的情境因素。根据上述理论模型以及相关文献,本书从个体特征和家庭特征两方面定义人口统计学变量。个体作为消费的直接参与者,不同的性别、年龄都会对最终的消费行为产生影响,因此本书选取的个体特征包括5个:性别、年龄、月收入、受教育程度和职业。家庭作为社会生活的重要载体,家庭类型、家庭规模、家庭收入等特征从结构角度约束了能源使用行为的社会边界与经济边界。家庭成员的受教育程度、家庭成员之间的关系等则从社会伦理、情感和文化角度影响了居民能源使用的态度、观念以及行为方式。因此,消费者是否会购买电动汽车受到家庭因素的影响,本书选取的消费者家庭特征包含家庭规模(家庭人口数)、居住模式和家庭配置,其中家庭配置被界定为家中是否有车和是否计划买车。经典理论模型和相关文献研究中还包含了价值观与成本意识这两个因素,本书将这两个因素作为分类别变量,研究不同类别在电动汽车消费行为上是否存在差异。根据 VBN 理论将价值观分为利己型价值观、利他型价值观与生态型价值观。本书将成本意识界定为消费者可接受的电动汽车价格,并根据电动汽车价格区间将其分组,进而研究差异性。

综上所述,本书选取的因素包括电动汽车产品知识、节能环保知识、环境认知度、购买态度、感知效力、绿色消费观、社会规范、参考群体、感知行为控制、宣传引导、经济激励、政策普及、电动汽车属性、性别、月收入、年龄、受教育程度、职业、家庭人口数、居住模式、家庭配置、价值观、可接受的电动汽车价格共 23 个因素。根据本书的研究思路将选取的 23 个因素进行归类,分别研究其影响。认知因素、心理因素、规范因素和感知行为控制作为前因变量直接影响电动汽车消费行为,由宣传引导、经济激励、政策普及以及电动汽车属性构成的情境因素作为调节变量作用于电动汽车消费行为,同时人口统计学变量与分类别变量则作为差异性指标(见图 3-5)。

根据本书的理论模型,所涉及的自变量汇总如下(见表 3-1)。

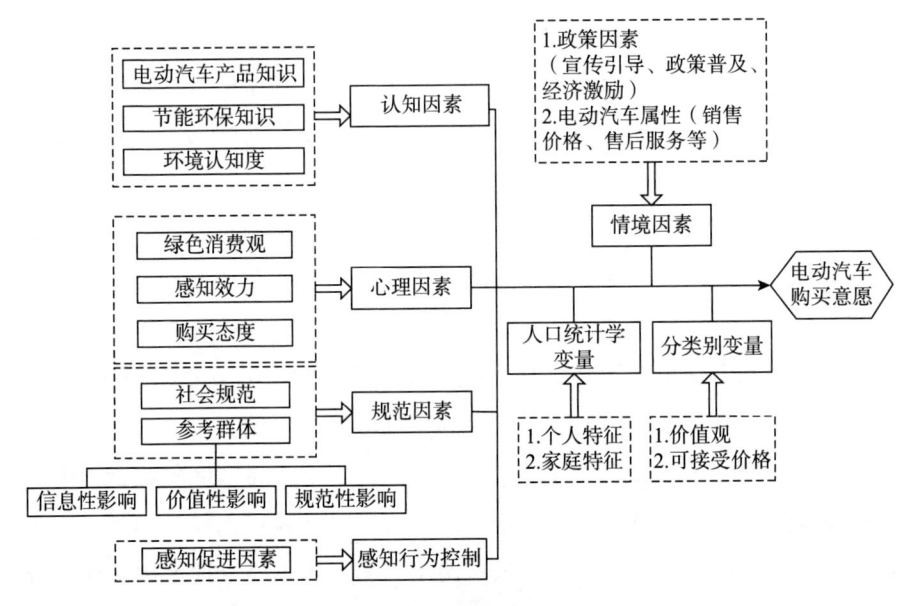

图 3-5　电动汽车购买意愿影响因素理论模型

认知因素：电动汽车产品知识、节能环保知识、环境认知度

心理因素：绿色消费观、感知效力、购买态度

规范因素：社会规范、参考群体（信息性影响、价值性影响、规范性影响）

感知促进因素 → 感知行为控制

情境因素：
1. 政策因素（宣传引导、政策普及、经济激励）
2. 电动汽车属性（销售价格、售后服务等）

人口统计学变量：1. 个人特征　2. 家庭特征

分类别变量：1. 价值观　2. 可接受价格

→ 电动汽车购买意愿

表 3-1　自变量的定义

变量分类			具体指标	变量标识
电动汽车消费行为影响因素	前因变量	认知因素	电动汽车产品知识	KEV
			节能环保知识	KEE
			环境认知度	AE
		心理因素	购买态度	AEV
			感知效力	PEV
			绿色消费观	PV
		规范因素	参考群体	RGI
			社会规范	SRI
		感知行为控制	感知行为控制	PBC
	情境因素	政策因素	宣传引导	PG
			经济激励	EI
			政策普及	PP
		电动汽车属性	销售价格、售后服务、国家补贴等	NEV
人口统计学变量		个体特征	年龄、性别、受教育程度、职业和月收入	
		家庭特征	家庭人口数、居住模式、家庭配置	

第四节　量表构成与问卷设计

一　认知因素

（一）电动汽车产品知识

产品知识是指"当搜寻发生时，存于记忆中的关于品牌或产品的知识"。因此本书将电动汽车产品知识的概念界定为消费者对电动汽车及其相关知识的认识和了解程度，这一变量的测量题项如下（见表3-2）。

表3-2　"电动汽车产品知识"变量的测量题项

变量	测量题项
电动汽车产品知识	我听说过电动汽车
	我理解电动汽车的具体含义
	我了解电动汽车相关政策

（二）节能环保知识

电动汽车消费行为是一种节能环保行为，因此日常生活中对其他节能环保行为的了解在一定程度上也能影响电动汽车消费行为。本书将节能环保知识定义为消费者在日常生活中对一些节能环保行为的关注与了解程度，这一变量的测量题项如下（见表3-3）。

表3-3　"节能环保知识"变量的测量题项

变量	测量题项
节能环保知识	我知道很多日常生活中的节能小技巧
	我在购买特定节能产品时，经常享受一定额度的节能补贴
	我知道电动汽车是通过燃料替代来达到节能环保效果的

（三）环境认知度

环境认知度包含对环境问题的敏感度与理解度，用来测量消费者是否关注环境问题，进而探讨其对电动汽车消费行为的影响。本书将环境认知度的概念界定为是否关注环境问题,是否对环境问题产生担忧,同时结合本书主题将由汽车尾气造成的环境污染加入测量范围。本书对环境认知度这一变量的测量题项如下(见表3-4)。

表3-4 "环境认知度"变量的测量题项

变量	测量题项
环境认知度	我经常关注能源和环境问题
	听到能源和环境问题的报道我会很担忧
	我非常担忧汽车尾气排放所带来的环境问题
	只要每个人都贡献一分力量,环境就会得到改善

二 心理因素

本书中消费者心理因素包括购买态度、感知效力和绿色观,这几项因素主要关注消费者的心理感知。不同于认知因素、情境因素等外部影响,心理因素侧重于内部影响,可以看作是对计划行为理论与理性行为理论中心理因素的进一步扩展。

(一)购买态度

在过去的研究中,学者发现消费者的态度与其行为之间存在直接联系。认知是消费者形成态度的基础,即消费者通过感觉、感知及思维等活动,形成了对特定产品的看法及评价。因此本书对购买态度这一变量的测量是探索消费者对电动汽车的主观看法,具体如表3-5所示。

表3-5 "购买态度"变量的测量题项

变量	测量题项
购买态度	我认为电动汽车的发展将会促进环境保护
	我认为使用电动汽车绿色出行是十分必要的
	我认为发展电动汽车是我们对环境和未来的一份责任
	我支持国家出台更多政策来鼓励个人购买电动汽车

（二）感知效力

本书将感知效力界定为消费者对电动汽车消费行为所带来的环境效益等的相信程度。本书中感知效力来源于消费者感知效力，消费者对节能环保产品的态度和反应取决于消费者是否相信该产品可以产生积极的环境保护效果。已有研究表明，消费者的绿色感知效力越强，其践行绿色消费的概率就越大，且消费者感知效力对绿色消费行为的影响程度高于人口统计变量与其他变量。因此，本书将消费者感知效力与电动汽车研究相结合，以便于更有针对性地进行测量，相关测量题项具体如表3-6所示。

表3-6 "感知效力"变量的测量题项

变量	测量题项
感知效力	购买和使用电动汽车可以缓解气候变化
	购买和使用电动汽车可以降低碳排放
	购买和使用电动汽车可以降低目前环境受污染程度
	购买和使用电动汽车可以减少对自然资源的消耗
	购买和使用电动汽车代表我做了一件正确的事情

（三）绿色消费观

已有研究表明消费观是产生购买意愿的前提，在环境行为的研究中，学者普遍认为绿色消费观是绿色消费的必要条件，其会对消费者的绿色购买行为产生显著影响，本书文献综述部分也指出绿色消费者或环保主义者更愿意购买电动汽车。因此本书将绿色消费观作为直接影响电动汽车消费行为的变量，具体测量题项如表3-7所示。

表3-7 "绿色消费观"变量的测量题项

变量	测量题项
绿色消费观	我认为通过绿色购买可以缓解当前自然资源和能源匮乏的现状
	我很向往亲近大自然的生活
	产品安全、健康、环保是我主要考虑的因素
	我认为我们的消费应该对环境负责

三 规范因素

已有研究认为理性行为理论和计划行为理论的缺陷在于：作为社会中的个体，消费者的选择不完全取决于个人的主观意识，其决定在很大程度上受到社会因素的影响，参考群体与社会规范正是两种社会对个人产生影响的重要途径。

（一）参考群体

一般而言，参考群体的影响可归结为3个方面：信息性影响、价值性影响和规范性影响。结合本书研究内容，信息性影响是指参考群体向消费者传播电动汽车的相关知识，带动消费者选择电动汽车；规范性影响是指参考群体的电动汽车消费行为会影响到消费者个人，消费者在力求融入群体或寻求群体认同的过程中会对参考群体的行为进行效仿，进而选择电动汽车；价值性影响是指个体被影响是因为其期望提升自我形象，希望成为参考群体中的一部分。

已有研究表明消费者在面对新产品时缺乏相关经验，此时其选择就会依赖参考群体。电动汽车属于新兴产品，消费者由于缺乏相关经验会参考周围人的做法。因此，参考群体对消费者电动汽车购买意愿的影响不可忽视。参考群体的测量题项具体如表3-8所示。

表3-8 "参考群体"变量的测量题项

变量	测量题项
价值性影响	我觉得购买电动汽车会提升我在群体中的形象
	我感觉购买电动汽车可以获得其他人的羡慕或尊敬
	我感觉电动汽车可以帮助我向其他人展示真正的我
规范性影响	我决定是否购买低碳环保产品会受到人际关系网的影响
	我决定是否购买低碳环保产品会受到家人的影响
	我会通过观察专业人士的选择来判断是否购买电动汽车
信息性影响	我会从销售电动汽车的专业人员那里，搜集电动汽车的产品信息
	我会从熟悉电动汽车的朋友那里获得产品信息和相关体验
	我会通过观察电动汽车是否具备权威独立机构的认证来决定是否购买它

（二）社会规范

社会规范旨在强调社会风气与社会舆论对消费者的影响。根据已有研究，本书将社会规范定义为电动汽车购买氛围与汽车消费趋势，研究其对消费者电动汽车购买意愿的影响，其影响不涉及具体对象，而是重点研究社会规范的作用。对社会规范的测量侧重于考察消费者是否能感受到电动汽车购买氛围以及是否会受其影响。社会规范的测量题项具体如表3-9所示。

表3-9 "社会规范"变量的测量题项

变量	测量题项
社会规范	如果购买电动汽车已经是一种社会风气的话，我可能也会购买
	如果购买电动汽车氛围比较浓厚的话，我也可能会购买
	我会为了符合社会标准而购买电动汽车

四 感知行为控制

计划行为理论认为消费者除了受主观思维控制，还会受到行为发生过程中的内外部因素影响。已有文献认为消费者对某种行为的控制力越强，其意愿就会越强。本书旨在研究感知行为控制对电动汽车购买意愿的影响，考虑到测量的直观性与准确性，本书将电动汽车的感知行为控制定义为消费者对电动汽车购买的控制力与便利性感知。感知行为控制的测量题项如表3-10所示。

表3-10 "感知行为控制"变量的测量题项

变量	测量题项
感知行为控制	我所在城市和地域很容易买到电动汽车
	我在家庭采购中拥有决定权
	我有信心只要我愿意，就一定可以在购买汽车时选择电动汽车

五 情境因素

情境因素一般是指消费者本身不可控的外在因素，结合本书的研究内容，主要考虑政策因素与电动汽车属性两个方面，其中政策因素包括宣传引导、经济激励和政策普及，而电动汽车属性则包括销售价格、售后服务、国家补贴等13个因素。

（一）政策因素

目前，我国政府主要采用补贴、税费减免等方式来鼓励居民使用清洁能源汽车，其效果不容小觑。已有研究表明经济激励可以提升消费者的行为意愿。在推广电动汽车的过程中，如何宣传并引导消费者接受电动汽车是政策需要解决的实际问题。目前，关于政策的作用路径主要有3种：命令、经济激励和自愿参与。针对消费者主要采用后两种途径，其中自愿参与需要一定程度的宣传引导。本书情境因素中的政策因素分为宣传引导、经济激励和政策普及。其中，宣传引导的测量题项如表3-11所示。

表 3-11　"宣传引导"变量的测量题项

变量	测量题项
宣传引导	电动汽车在报纸等媒体上的报道能提升我的购买意愿
	国家对电动汽车的宣传更能引导我选择电动汽车

本书将经济激励界定为与电动汽车购买行为相关的税收减免和价格补贴等，测量题项如表3-12所示。

表 3-12　"经济激励"变量的测量题项

变量	测量题项
经济激励	电动汽车补贴额度越高，我越愿意选择电动汽车
	政府的税费减免政策能够促使我购买电动汽车

本书将政策普及定义为消费者是否了解或者知晓国家颁布的一系列政策，列举出的政策包含经济激励型政策、技术界定型政策以及宣传引导型政策，相关测量题项如表3-13所示。

表 3-13 "政策普及"变量的测量题项

变量	测量题项
政策普及	您知道电动汽车补贴政策吗
	您知道电动汽车税费减免政策吗
	您知道国家关于电动汽车的"863 计划"吗
	您听说过国家对电动汽车充电桩的规划政策吗

（二）电动汽车属性

除了政策因素，本书还在情境因素中考虑了电动汽车属性，测量题项具体包括电动汽车充电设施、车身结构、车身碰撞性能、维护与保养费用、销售价格、国家补贴、车辆购置税、外观、车身空间、售后服务、电池性能、加速性能和品牌。

六 人口统计学变量

在已有关于低碳环保行为的研究中，具有不同人口统计特征的个体在实施这些行为的过程中有明显差异。已有研究探讨的变量包括个体收入、知识结构、受教育程度、所处年龄阶段、社会阶层等。考虑到电动汽车消费行为有别于一般的低碳环保行为，因此有必要探究哪一类消费群体更愿意购买电动汽车。本书考虑的人口统计变量包括个体特征与家庭特征两个方面。个体特征主要包括性别、年龄、受教育程度、月收入和职业；家庭特征主要包括家庭人口数、居住模式（具体测量住宅类型）和家庭配置（具体测量家庭是否有汽车和近期是否有购车计划）。

七 分类变量

本书选取了两种分类变量，即价值观与可接受的电动汽车价格，考察不同消费者购买意愿间是否存在差异。基于已有研究，本书主要考虑 3 类价值观：利己型价值观、利他型价值观与生态价值观。关于价值观的测量，本书选用关键词法对 3 类价值观进行区分与比较，对权利、财富、协助弱小、公平与正义、保护环境、与自然和谐相处等的重要程度进行考察，根据消费者的选择进行区分。可接受的电动汽车价格则根据不同价位分为6组。

八 电动汽车购买意愿

购买意愿可视为消费者选择某一产品的主观倾向，并可作为预测消费行为的重要指标，且得到相关学者的验证。这一变量的测量题项具体如表3-14所示。

表3-14 "电动汽车购买意愿"变量的测量题项

变量	测量题项
电动汽车购买意愿	我会考虑购买电动汽车
	如果电动汽车不错，我将愿意推荐其他人购买
	我期待有更多品种、型号的电动汽车能够尽快推出市场

九 问卷设计

由于意愿是消费者主观产生的观点与看法，为了得到有效的数据，本书采用问卷调查法来收集实证研究数据。问卷调查法的测量工具是调查问卷，调查问卷由测量每个变量的量表组成，因此测量量表的开发就成为数据收集的关键。本书问卷共包括两个部分：①被调查者的个人特征和家庭特征，采用定序变量调查；②电动汽车消费行为影响因素，采用李克特五级量表调查。问卷的第一部分总共有10个题目，其中包括消费者的个体特征和家庭特征，衡量个体特征的变量包括性别、年龄、受教育程度、月收入、职业等，衡量家庭特征的变量包括家庭人口数、居住模式、家庭配置。问卷的第二部分主要调查消费者电动汽车购买意愿的影响因素，用于模型中各变量的测量。问卷中使用"非常不同意、不同意、不确定、同意、非常同意"，或者"非常不重要、不重要、一般、重要、非常重要"等表述方式来反映居民对问题的认可程度。为了确保问卷的信度与效度，进行了预调研，对徐州市30名居民进行了小范围统计。通过受访者反馈，对问卷测量题项做了相应更改，最终形成正式调查问卷。

第五节 问卷调研与样本特征分析

在调查过程中，采用实地发放问卷和网上发放问卷两种调查方式进行。实地发放纸质问卷选择汽车卖场、居民小区、公园、驾校等作为具体调研地点。选择这几个地方的理由如下：①这些地方的受访者一般有比较充裕的时间来回答问卷的所有内容；②汽车卖场和驾校的受访者多为汽车专业人士或潜在消费者，对汽车比较了解；③这些地点出现的人群较为随机，比较有代表性。网上发放问卷是将问卷置于专业的第三方网站（问卷星）。其中，实地调研共发放纸质问卷300份，回收问卷287份，剔除无效问卷33份，得到有效问卷254份，网络问卷共回收有效问卷125份，有效问卷共计379份（见表3-15）。

表3-15 问卷发放及回收情况

调研形式	发放问卷	回收问卷	有效问卷	有效回收率（%）
纸质问卷	300	287	254	84.7
网络问卷	/	125	125	100

将纸质问卷与网络问卷的数据进行整合录入后，首先统计了样本的基本特征信息。具体的人口统计学特征分布如表3-16和表3-17所示。

表3-16 样本个体特征分布

个体特征	分类项目	人数（人）	比例（%）	个体特征	分类项目	人数（人）	比例（%）
性别	男	201	53	月收入	2000元以下	61	16.1
	女	178	47		2000~3000元	95	25.1
年龄	18~25岁	78	20.6		3000~5000元	137	36.1
	26~35岁	132	34.8		5000~8000元	40	10.6
	36~45岁	111	29.2		8000元以上	46	12.1
	46~59岁	41	10.8	职业	一般工人或服务者	44	11.6
	60岁及以上	17	4.5		政府事业单位或国企员工	93	24.5

个体特征	分类项目	人数（人）	比例（%）	个体特征	分类项目	人数（人）	比例（%）
受教育程度	初中及以下	18	4.7	职业	教育科研或卫生行业员工	60	15.8
	高中或中专	56	14.8		私营企业员工	88	23.2
	大专	128	33.8		个体经营者	16	4.2
	本科	123	32.5		学生	58	15.3
	硕士及以上	54	14.2		失业或无业人员	20	5.3

表 3-17 样本家庭特征分布

家庭特征	分类项目	人数（人）	比例（%）	家庭特征	分类项目	人数（人）	比例（%）
家庭人口数	2 人及以下	4	1.1	住宅类型	短期租住房	42	11.1
	3 人	136	35.9		长期租住房	26	6.9
	4 人	201	53		自有产权房	311	82.1
	5 人及以上	38	10				
家庭近期是否有购车计划	是	146	38.5	家庭是否有汽车	是	150	39.6
	否	233	61.5		否	229	60.4

第六节 问卷信度、效度及正态性检验

一 问卷信度检验

问卷采用多个问题测量一个变量的方式，因此需要选择一致性检测来度量各题项的内部一致性。而李克特量表中内部一致性的检测通常采用克朗巴哈系数（Cronbach's α）即信度系数来进行，克朗巴哈系数的计算方式是测算各题项变异数占整体量表分数的比例，以此来估算问卷的信度，克朗巴哈系数的计算公式为：

$$\alpha = \frac{n}{n-1}\left(1 - \frac{\sum S_i^2}{S_H^2}\right) \quad (3-1)$$

一般而言，量表所得的克朗巴哈系数值越大，问卷中每个分量表的可

信度就越高。当克朗巴哈系数大于 0.7 时，表明量表信度很高；当系数大于 0.6 时，表明量表数据可信度中等；而当系数小于 0.5 时，表明量表可信度不够理想，需要对问卷结构进行重新修改。在检验问卷信度时，本书选取 0.6 作为克朗巴哈系数的判定标准。

利用 SPSS 软件对问卷中各个模块的信度系数进行分析，分析结果表明电动汽车产品知识、环境认知度、感知效力、参考群体（规范性影响和信息性影响）、经济激励、电动汽车属性以及电动汽车购买意愿的克朗巴哈系数大于 0.7，有着较高的信度；绿色消费观、参考群体（价值性影响）、社会规范、宣传引导、政策普及的克朗巴哈系数大于 0.6，有着中等信度；而态度、节能环保知识与感知行为控制的克朗巴哈系数小于 0.6，因此需要对其题项进行删除。对节能环保知识的 3 个题项进行删除时发现，删除"我知道电动汽车是通过燃料替代来达到节能环保效果的"后，其克朗巴哈系数改变较大，信度变为 0.649，因此删除该题项。对态度的 4 个题项进行反复删除比较后发现，删除"我认为使用电动汽车绿色出行是十分必要的"后，其克朗巴哈系数提高到 0.678。而删除感知行为控制题项后的克朗巴哈系数变化不大，因此不对其进行删除，保留原有题项。删除上述题项后，剩余项目的总体克朗巴哈系数如表 3 – 18 所示。由于剔除题项后，除感知行为控制，各变量的克朗巴哈系数均大于 0.6，综合来说，本问卷具有较好的内部一致性，信度较高。

表 3 – 18　调查问卷的克朗巴哈系数

变量	题项数	克朗巴哈系数
电动汽车产品知识	3	0.767
节能环保知识	2	0.649
环境认知度	4	0.703
态度	3	0.678
感知效力	5	0.798
绿色消费观	4	0.686
价值性影响	3	0.680
规范性影响	3	0.775

续表

变量	题项数	克朗巴哈系数
信息性影响	3	0.835
社会规范	3	0.661
感知行为控制	3	0.591
宣传引导	2	0.654
经济激励	2	0.709
政策普及	4	0.691
电动汽车属性	13	0.951
电动汽车购买意愿	3	0.889

二　问卷效度检验

效度检验主要是评价问卷的内容效度和结构效度。

内容效度是建立理论变量与指标关系的第一步，当问卷的项目能适当反映出要测量的特征时，就可以认为达到了内容效度。但是，目前并没有一个严谨的或正式的统计检验方法来测量内容效度。通常是通过文献阅读和访谈的方法，对测量项目的代表性和综合性进行判断。一般认为，当变量的问项来源于文献阅读时，就可以认为存在内容效度。本书所涉及的变量经过深入的文献研究所得，且为了保证问卷的全面性，还基于本书主题对题项进行了修改和调整，因而问卷的内容效度是存在的。

结构效度又称为理论效度，主要检测内容包括问卷检验结果与理论假设结果的相符程度、问卷不同因素的测量题项之间的相关性是否足够低、问卷同一因素测量题项之间的相关性是否足够高。验证结构效度的常用方式是探索性因子分析（Explorative Factor Analysis，EFA）。在做探索性因子分析之前，需要检验变量之间的相关性，因为只有相关性较高时，才合适做探索性因子分析。相关性检验方法包括KMO样本测量和巴特利特（Bartlett）球形检验两种方法。KMO样本测量的原理是计算所有变量的简单相关系数的平方和与这些变量之间的偏相关系数的平方和之差。KMO越接近于1，越适合做探索性因子分析，采用的主观标准是：0.9以上，非常适合；0.8~0.9，很适合；0.7~0.8，适合；0.7以下，不太适合；低于0.5，通常认为不适合。巴特利特球形检验是从整个相关系数矩阵来考虑问题的，其原假设是相关系数矩阵为单位矩阵，可以用常规的假设检验判断相关系数矩阵是否显著异于零，当拒绝原假设时，就可以做探索性因子分析。运用SPSS19.0对量表进行KMO检验和巴特利特球形检验，检验结果如表3-19所示。

表3-19 KMO值和巴特利特球形检验

认知因素	KMO值		0.754
	巴特利特球形检验	近似卡方	2043.153
		df	36
		Sig.	0.000
心理因素	KMO值		0.854
	巴特利特球形检验	近似卡方	3788.135
		df	66
		Sig.	0.000
规范因素	KMO值		0.860
	巴特利特球形检验	近似卡方	3637.176
		df	66
		Sig.	0.000
感知行为控制	KMO值		0.674
	巴特利特球形检验	近似卡方	465.585
		df	3
		Sig.	0.000
情境因素	KMO值		0.874
	巴特利特球形检验	近似卡方	9019.744
		df	253
		Sig.	0.000
购买意愿	KMO值		0.713
	巴特利特球形检验	近似卡方	718.560
		df	3
		Sig.	0.000

从表中可以看出，除了感知行为控制的KMO值为0.674，小于0.7，

其余变量的 KMO 值均大于 0.7，并且巴特利特球形检验的卡方值较大，各变量统计值的显著水平均小于 0.001，所以该量表适合做探索性因子分析。

本书主要利用主成分分析方法（Principle Component Methods），并采用最大方差数法来进行因子分析。在因子个数的选择方面，采用特征值大于 1 的标准，同时，在对项目的区分效度进行评价时，遵循如下几个原则：第一，一个项目自成一个因子时，则删除，因为其没有内部一致性；第二，项目在所属因子的载荷量必须大于 0.5，否则删除；第三，每一项目所对应的因子载荷必须接近 1（越大越好），但在其他因子的载荷必须接近于 0（越小越好），这样才具有区分效度。因此，如果项目在所有因子的载荷均小于 0.5，或者在两个或两个以上因子的载荷大于 0.5，属于横跨因子现象，应该删除。对问卷各变量进行因子分析，先将问卷各变量的题项数汇总（见表 3-20）。

表 3-20 各变量题项汇总

变量	题项数（个）
认知因素	9
心理因素	12
规范因素	12
感知行为控制	3
情境因素	21
购买意愿	3

由于感知行为控制和购买意愿都是通过 3 个题项测量同一指标，根据 EFA 的原则，不对这两个变量进行因子分析。对剩余每个变量所载荷的因子进行分析，结果如下。

（一）认知因素

表 3-21 为认知因素的总方差解释率，由该表可知，共提取出特征值大于 1 的因子 3 项，这 3 个公因子反映了研究对象 77.371% 的信息，因此这 3 个变量的公共因子能够很好地解释变量。

表 3-21　认知因素的总方差解释率

成分	初始特征值			提取平方和载入			旋转平方和载入		
	合计	方差（%）	累计（%）	合计	方差（%）	累计（%）	合计	方差（%）	累计（%）
1	4.071	45.229	45.229	4.071	45.229	45.229	3.545	42.230	42.230
2	2.019	22.429	67.659	2.019	22.429	67.659	2.242	20.382	62.612
3	1.874	9.712	77.371	1.874	9.712	77.371	1.922	14.759	77.371

由表 3-22 中数据可以看出，从题项中提取的 3 个公共因子所对应题项的因子负载数都大于标准值 0.4。按照具体题项的表述内容，可以将 3 个因子分别对应于电动汽车产品知识、节能环保知识、环境认知度。

表 3-22　认知因素正交旋转后的因子负荷矩阵

变量	成分		
	1	2	3
KEV1	0.257	**0.737**	0.114
KEV2	0.073	**0.830**	0.101
KEV3	0.152	**0.438**	0.183
KEE1	0.026	0.131	**0.652**
KEE2	-0.022	0.071	**0.615**
AE1	**0.564**	-0.261	0.115
AE2	**0.761**	-0.011	0.099
AE3	**0.620**	0.226	0.038
AE4	**0.727**	-0.041	0.045

（二）心理因素

由表 3-23 可知，在对心理因素的因子分析中，共提取出特征值大于 1 的公因子 3 项，解释了因素 78.602% 的信息，因此这 3 个变量的公共因子能够很好地反映出原变量所包含的信息。

表 3-23　心理因素的总方差解释率

成分	初始特征值			提取平方和载入			旋转平方和载入		
	合计	方差（%）	累计（%）	合计	方差（%）	累计（%）	合计	方差（%）	累计（%）
1	6.383	53.192	53.192	6.383	53.192	53.192	4.093	44.371	34.371

续表

成分	初始特征值			提取平方和载入			旋转平方和载入		
	合计	方差（%）	累计（%）	合计	方差（%）	累计（%）	合计	方差（%）	累计（%）
2	2.012	16.766	69.958	2.012	16.766	69.958	2.808	21.209	62.580
3	1.037	8.644	78.602	1.037	8.644	78.602	1.785	16.022	78.602

由表 3-24 中数据可以看出，提取的 3 个公共因子所对应题项正交旋转后因子负载数都大于标准值 0.4。因此我们可以将这 3 个因子分别对应于购买态度、感知效力以及绿色消费观。

表 3-24　心理因素正交旋转后的因子负荷矩阵

变量	成分		
	1	2	3
AEV1	-0.179	**0.613**	-0.061
AEV2	-0.140	**0.671**	-0.011
AEV3	0.439	**0.511**	0.126
PEV1	**0.623**	0.099	-0.041
PEV2	**0.789**	0.038	-0.018
PEV3	**0.531**	0.045	-0.036
PEV4	**0.797**	-0.042	0.237
PEV5	**0.806**	0.293	0.114
PV1	-0.101	0.052	**0.641**
PV2	0.205	0.026	**0.698**
PV3	-0.063	-0.022	**0.667**
PV4	0.143	0.002	**0.530**

（三）规范因素

对规范因素进行因子分析的结果如表 3-25 所示，我们共提取出特征值大于 1 的公因子 2 项，共反映了被解释变量 77.460% 的信息，因此这 2 个变量的公共因子能很好地解释原变量。

表 3-25 规范因素的总方差解释率

成分	初始特征值			提取平方和载入			旋转平方和载入		
	合计	方差(%)	累计(%)	合计	方差(%)	累计(%)	合计	方差(%)	累计(%)
1	6.727	66.055	66.055	6.727	66.055	66.055	4.093	51.372	51.372
2	2.369	11.406	77.460	2.369	11.406	77.460	2.808	26.088	77.460

将因子正交旋转后因子负载数都大于标准值0.4，因此我们将这2个公因子分别对应为参考群体与社会规范（见表3-26）。

表 3-26 规范因素正交旋转后的因子负荷矩阵

变量	成分	
	1	2
RGI 1	**0.613**	0.193
RGI 2	**0.671**	0.130
RGI 3	**0.511**	0.045
RGI 4	**0.823**	0.162
RGI 5	**0.789**	0.112
RGI 6	**0.431**	-0.040
RGI 7	**0.797**	-0.017
RGI 8	**0.506**	0.030
RGI 9	**0.641**	-0.022
SRI 1	0.048	**0.554**
SRI 2	0.063	**0.667**
SRI 3	0.084	**0.530**

（四）情境因素

情境因素分为两类，本书的问卷设计中电动汽车属性只包含单一变量，而政策因素包含3类变量，因此只需对政策因素进行探索性因子分析，结果如表3-27所示。我们共提取出特征值大于1的公因子3项，共反映了被解释变量78.429%的信息。

表 3-27 政策因素的总方差解释率

成分	初始特征值			提取平方和载入			旋转平方和载入		
	合计	方差(%)	累计(%)	合计	方差(%)	累计(%)	合计	方差(%)	累计(%)
1	6.192	44.311	44.311	6.192	44.311	44.311	4.354	34.371	40.371
2	2.433	17.968	62.280	4.133	17.968	62.280	3.808	28.209	58.580
3	2.114	16.149	78.429	1.414	16.149	78.429	2.721	19.849	78.429

由表 3-28 可以发现，将因子正交旋转后因子负载数都大于标准值 0.4，因此我们将这 3 个公因子分别对应宣传引导、经济激励和政策普及。对电动汽车属性的相关因子分析具体在第六章进行。

表 3-28 政策因素正交旋转后的因子负荷矩阵

变量	成分		
	1	2	3
PG1	0.084	0.102	**0.544**
PG2	0.014	0.031	**0.675**
EI1	0.018	**0.786**	0.071
EI2	0.123	**0.645**	0.123
PP1	**0.502**	0.038	0.057
PP2	**0.585**	0.079	0.012
PP3	**0.642**	0.014	0.099
PP4	**0.581**	0.085	0.077

三 正态性检验

在对数据进行相关统计分析之前，需要采用最大似然估计法对数据进行正态性检验，用偏度和峰度指标来衡量问卷数据的正态性，一般来说，指标题项的偏度和峰度系数的绝对值小于 2 就可以认为数据符合正态分布要求。本书利用 SPSS19.0 对变量的各个题项数据进行正态性检验，具体结果如表 3-29 所示，可以看出变量各个题项的偏度和峰度系数的绝对值均小于 2，符合正态分布要求，可以对数据进行进一步统计分析。

表 3-29 变量题项的偏度和峰度系数

题项	偏度 数值	偏度 标准误	峰度 数值	峰度 标准误	题项	偏度 数值	偏度 标准误	峰度 数值	峰度 标准误
KEV1	-0.086	0.063	-1.284	0.126	RGI 6	-0.827	0.063	0.582	0.126
KEV2	-0.092	0.063	-0.138	0.126	RGI 7	-0.576	0.063	-0.451	0.126
KEV3	0.570	0.063	0.368	0.126	RGI 8	-0.762	0.063	0.141	0.126
KEE1	-0.279	0.063	-0.402	0.126	RGI 9	-0.532	0.063	-0.598	0.126
KEE2	-0.626	0.063	-0.019	0.126	SRI 1	-0.548	0.063	-0.386	0.126
AE1	-1.610	0.063	0.393	0.126	SRI 2	-0.445	0.063	-0.624	0.126
AE2	-0.521	0.063	0.050	0.126	SRI 3	-0.398	0.063	-0.883	0.126
AE3	-0.346	0.063	0.393	0.126	PG1	-0.778	0.063	0.018	0.126
AE4	-0.347	0.063	-0.619	0.126	PG2	-0.629	0.063	0.141	0.126
AEV1	-0.475	0.063	0.052	0.126	EI1	-1.173	0.063	1.197	0.126
AEV2	-0.355	0.063	-0.175	0.126	EI2	-1.005	0.063	0.762	0.126
AEV3	-0.401	0.063	-0.308	0.126	PP1	-0.837	0.063	0.296	0.126
PEV1	0.022	0.063	-0.851	0.126	PP2	-0.787	0.063	0.636	0.126
PEV2	-0.056	0.063	-0.704	0.126	PP3	-0.495	0.063	-0.272	0.126
PEV3	-1.084	0.063	0.488	0.126	PP4	0.024	0.063	-0.853	0.126
PEV4	-1.044	0.063	0.754	0.126	NEV1	-0.857	0.063	0.857	0.126
PEV5	0.346	0.063	-0.895	0.126	NEV2	-0.483	0.063	-0.157	0.126
PV1	0.415	0.063	-1.102	0.126	NEV3	-0.920	0.063	1.223	0.126
PV2	-0.113	0.063	-0.898	0.126	NEV4	-0.352	0.063	-0.367	0.126
PV3	-0.128	0.063	-0.437	0.126	NEV5	-0.500	0.063	-0.567	0.126
PV4	-0.375	0.063	-0.526	0.126	NEV6	-0.495	0.063	-0.272	0.126
PBC1	-1.084	0.063	0.488	0.126	NEV7	0.024	0.063	-0.853	0.126
PBC2	-1.044	0.063	0.754	0.126	NEV8	-0.857	0.063	0.257	0.126
PBC3	0.346	0.063	-0.895	0.126	NEV9	-0.467	0.063	-0.513	0.126
RGI 1	-0.817	0.063	-0.003	0.126	NEV10	-0.752	0.063	-0.786	0.126
RGI 2	-0.287	0.063	-0.653	0.126	NEV11	-0.341	0.063	-0.624	0.126
RGI 3	-0.579	0.063	0.812	0.126	NEV12	-0.496	0.063	-0.483	0.126
RGI 4	-0.690	0.063	0.370	0.126	NEV13	-0.578	0.063	0.019	0.126
RGI 5	-0.521	0.063	0.050	0.126					

第四章

电动汽车消费行为影响因素的模型检验及作用机理

第一节 电动汽车消费行为影响因素的基本统计量描述

一 认知因素描述性统计

经过信度检验,剔除不可靠因子后,电动汽车产品知识、节能环保知识与环境认知度的题项数量分别为3、2、4项,下面逐一分析其均值和标准差(见表4-1)。

表4-1 产品认知因素描述性统计分析

单位:分

变量	均值	题项	均值	标准差
电动汽车产品知识	2.78	KEV1	3.12	1.848
		KEV2	2.90	0.878
		KEV3	2.32	0.885
节能环保知识	3.65	KEE1	3.70	0.910
		KEE2	3.60	0.926
环境认知度	3.69	AE1	4.13	0.864
		AE2	3.71	0.966
		AE3	3.58	1.029
		AE4	3.35	1.186

（一）电动汽车产品知识

从具体题项上来看，有关电动汽车产品知识的 3 个题项，被调查者分别得 3.12 分、2.90 分和 2.32 分。通过第三章的变量定义，KEV1 反映的是消费者是否听说过电动汽车，有 27.18% 的消费者表示比较了解，18.99% 的消费者表示非常了解，这在一定程度上反映了目前电动汽车的宣传工作较为有效，了解电动汽车概念的消费者占到了近一半。通过 KEV2 调查消费者对电动汽车含义的理解程度，其均值较低，为 2.90 分，比较理解和非常理解的消费者仅占 18.39%，这在一定程度上反映了电动汽车目前处于概念热阶段，也就是说消费者只是听过电动汽车，对电动汽车概念的界定不太了解。KEV3 反映了消费者是否了解电动汽车相关政策，其均值最低，只有 2.32 分，超过 80% 的消费者表示完全不了解或不太了解，也就是说相较于电动汽车的概念普及，电动汽车的政策宣传较少，消费者对其知晓度很低。因此从总体上来看，消费者对电动汽车产品知识的认知水平偏低。

（二）节能环保知识

在认知因素里引入节能环保知识，在剔除不理想题项后，还剩下两个题项来测量，结果显示其均值较高，为 3.65 分。其中，关于 KEE1 "我知道很多日常生活中的节能小技巧"，消费者表现较好，50% 的被调查者认为自己比较了解或者非常了解日常生活中的节能小技巧，只有 10% 左右的消费者认为自己不太了解日常生活中的节能小技巧，这在一定程度上说明节能行为在日常生活中比较普及，为电动汽车的推广创造了良好的先决条件。而对于 KEE2 "我在购买特定节能产品时，经常享受一定额度的节能补贴"，40.37% 的消费者比较赞同，22.69% 的消费者非常赞同，也就是说在日常购买中享受过节能补贴的消费者占比较高，同时也有 37% 的消费者认为自己不确定享受过节能补贴或者没有享受过节能补贴，这说明通过相关知识的普及能在一定程度上加强电动汽车的推广与传播。

（三）环境认知度

环境认知度包含环境敏感度以及环境忧患意识等要素，一直被认为是影响消费者节能行为的一个重要因素。该变量的测量题项共有 4 个，其均值为 3.69 分，这在一定程度上说明消费者环境认知度较高，较为重视环境问题。AE1 "我经常关注能源和环境问题" 的均值是 4 项中最高的，得到 88.66% 消费者的肯定。AE2 "听到能源和环境问题的报道我会很担忧"，AE3 "我非常担忧汽车尾气排放所带来的环境问题" 和 AE4 "只要每个人都贡献一分力量，环境就会得到改善" 均得到了过半消费者的支持。

二 心理因素描述性统计

本书选取 3 个变量来考察心理因素，分别是购买态度、感知效力及绿色消费观，其均值和标准差见表 4-2。

表 4-2 心理因素的描述性统计分析

单位：分

变量	均值	题项	均值	标准差
购买态度	3.72	AEV1	3.65	1.077
		AEV2	3.31	1.181
		AEV3	4.21	0.822
感知效力	4.04	PEV1	4.01	1.021
		PEV2	4.15	0.804
		PEV3	4.18	0.842
		PEV4	3.95	0.988
		PEV5	3.92	1.004
绿色消费观	3.44	PV1	4.46	0.804
		PV2	3.41	1.317
		PV3	3.13	1.421
		PV4	2.77	1.543

（一）购买态度

从表 4-2 中可以看出，消费者对电动汽车的购买态度均值为 3.72 分，其 3 个题项的均值差距较大。对于 AEV3 "我支持国家出台更多政策来鼓励个人购买电动汽车",选择比较符合或完全符合自己想法的消费者占比达到 89.71%,表明消费者普遍支持电动汽车的推广,希望国家能够出台更多政策来普及电动汽车。相比之下,AEV2"我认为发展电动汽车是我们对环境和未来的一份责任"的得分相对较低,也就是说在电动汽车的推广过程中消费者的责任意识还不够,有待进一步宣传引导。

(二) 感知效力

从表 4-2 中数据可以看出,感知效力的均值为 4.04 分,这说明消费者虽然对电动汽车产品认知度不高,但还是相信电动汽车对环境有益,有利于社会经济发展。有关电动汽车感知效力的 5 个题项,被调查者分别得 4.01 分、4.15 分、4.18 分、3.95 分和 3.92 分,得分比较接近。在这 5 个题项上,均有超过 50% 的消费者表示比较相信购买电动汽车能够改善环境,表明大部分消费者具有较高的电动汽车感知效力。

(三) 绿色消费观

根据表 4-2,绿色消费观的最终均值为 3.44 分。其中 PV1"我认为通过绿色购买可以缓解当前自然资源和能源匮乏的现状"的得分最高,有 94% 的消费者觉得可以通过绿色购买来缓解环境问题,这为电动汽车的推广奠定了基础。PV2"我很向往亲近大自然的生活"、PV3"产品安全、健康、环保是我主要考虑的因素"和 PV4"我认为我们的消费应该对环境负责"的得分较为接近,均有 40% 的受访者愿意采取行动来保护环境、改善环境,这对电动汽车普及有较大促进作用。

三 规范因素描述性统计

规范因素分为两个部分进行度量,分别为参考群体与社会规范,目的是考察参考对象和社会风气对消费者的影响。

(一) 参考群体

从表 4-3 中可以看出,参考群体各题项的得分均值为 3.55 分,说明参考群体会在较大程度上影响消费者的购买意愿。

(1) 价值性影响。价值性影响强调的是消费者对群体价值的认同所带来的影响，其考察题项为 RGI1、RGI2 和 RGI3。从具体题项上来看，约 48% 的消费者认为购买电动汽车可以提升自我在群体中的形象，而 24.32% 的消费者则不认同这种观点；对于"我感觉购买电动汽车可以获得其他人的羡慕或尊敬"，仅有 44% 的消费者表示认同，而 27% 的消费者则表示不认同；对于"我感觉电动汽车可以帮助我向其他人展示真正的我"，多数消费者表示比较符合，也就是说消费者对电动汽车的形象价值较为认可。

表 4-3 规范因素描述性统计分析

单位：分

变量	均值	题项	均值	标准差
参考群体	3.55	RGI1	3.38	1.092
		RGI2	3.30	1.098
		RGI3	3.42	1.094
		RGI4	3.48	1.121
		RGI5	3.59	0.964
		RGI6	3.70	0.950
		RGI7	3.66	1.001
		RGI8	3.80	1.028
		RGI9	3.64	1.056
社会规范	3.92	SRI1	3.82	0.985
		SRI2	3.83	1.056
		SRI3	4.11	0.965

（2）规范性影响。规范性影响的题项为 RGI4、RGI5 和 RGI6，它强调周围人群对消费者购买意愿的影响，得分均值为 3.59 分。从具体题项上来看，53.16% 的消费者表示购买电动汽车会受到人际关系网的影响，55.66% 的消费者表示会受到家人的影响，58.85% 的消费者表示会受到专业人士的影响，可见在购买电动汽车过程中，专业人士和家人对购买意愿的影响最大。

（3）信息性影响。信息性影响的题项是 RGI7、RGI8 和 RGI9，其强调的是相关信息对消费者的影响。从具体题项上来看，58.83%的消费者表示会受到从销售者处获得的信息的影响，64.38%的消费者表示会受到从朋友处获得的信息的影响，而61.21%的消费者表示会通过主动获取电动汽车相关知识来决定是否购买。总体上来看，与周围人交流的过程中获得的信息对消费者的电动汽车购买意愿影响最大，也就是说绝大多数消费者是电动汽车的受众，是被动的接受者，因此相关信息传达是提高其购买意愿的关键。

（二）社会规范

社会规范考察的是社会购买氛围和流行趋势对消费者电动汽车购买意愿的影响。和参考群体的影响不同，社会规范更多的是强调整体层面的影响。在社会规范影响上被调查者的得分均值为3.92分，接近4分，说明社会规范可以在很大程度上影响消费者的购买意愿，并且该项均值高于参考群体，也在一定程度上说明了社会风气和氛围这类整体层面的影响更为重要。

四 感知行为控制描述性统计

感知行为控制因素在已有经典理论中被证明对消费者的购买意愿有显著影响，具体分析如表4-4所示。感知行为控制考察的是消费者对电动汽车购买行为感知的难易程度，消费者对这一行为感知到的阻碍越少，控制力越强，其购买意愿就越高。

表4-4 感知行为控制因素描述性统计分析

单位：分

变量	均值	题项	均值	标准差
感知行为控制	3.63	PBC1	3.69	0.981
		PBC2	3.78	1.013
		PBC3	3.41	0.970

从表4-4中数据可以看出，感知行为控制的得分均值为3.63分，说明消费者认为自身可以很好地感知和控制电动汽车购买行为。其中PBC1

"我所在城市和地域很容易买到电动汽车"的认可度最低,只有23%的消费者觉得电动汽车容易购买,也就是说消费者觉得电动汽车距离自己很遥远,因此相关宣传引导十分必要。而PBC2"我在家庭采购中拥有决定权"得分较高,说明消费者的主动性较强。对于PBC3"我有信心只要我愿意,就一定可以在购买汽车时选择电动汽车",仅有25.81%的消费者支持,再次说明电动汽车普及度不高,具有很大的提升空间。

五 情境因素描述性统计

情境因素描述性统计分析结果如表4-5所示。

表4-5 情境因素描述性统计分析

单位:分

变量	均值	题项	均值	标准差
宣传引导	3.47	PG1	3.11	0.994
		PG2	3.82	0.854
经济激励	3.72	EI1	4.20	0.889
		EI2	3.24	0.944
政策普及	2.68	PP1	2.73	0.842
		PP2	2.68	1.054
		PP3	2.57	0.953
		PP4	2.74	0.954
电动汽车属性	4.21	NEV1	4.30	0.913
		NEV2	4.13	0.824
		NEV3	4.43	0.868
		NEV4	4.29	0.896
		NEV5	4.16	0.961
		NEV6	4.18	0.873
		NEV7	4.15	0.890
		NEV8	3.96	0.897
		NEV9	4.09	0.921

续表

变量	均值	题项	均值	标准差
电动汽车属性	4.21	NEV10	4.35	0.867
		NEV11	4.43	0.843
		NEV12	4.22	0.952
		NEV13	4.03	0.946

从表中数据可以看出宣传引导的得分均值为 3.47 分，经济激励的得分均值为 3.72 分，远高于前者，在一定程度上说明经济激励政策对消费者的影响更大一些。究其原因，可能是因为经济激励政策更直接，可以让消费者感受到即时效用，因此其得分更高一些。

（1）宣传引导。可以发现一定程度的宣传引导能够提升消费者的电动汽车购买意愿，尤其是一些广告媒体的影响较大。

（2）经济激励。可以发现 60% 的消费者因得到经济补偿而选择电动汽车，加强宣传引导也能促进经济激励政策更好地实施。

（3）政策普及。相较于其他几个方面，政策普及的均值最低，仅为 2.68 分。觉得自己比较了解或非常了解电动汽车相关政策的消费者只占总人数的 30% 左右，表明目前电动汽车相关政策的普及还不够，消费者不知道购买电动汽车可以享受到哪些政策优惠，因此政策普及度的提高是提升消费者电动汽车购买意愿的一个重要途径。

（4）电动汽车属性。本书考察的是消费者对电动汽车相关属性的重视程度是否对其购买意愿造成影响，调查了电动汽车的 13 个属性，结果表明消费者对电动汽车的相关属性较为重视，其均值达到 4.21 分。具体到各因素，可以发现电动汽车充电设施、车身碰撞性能、售后服务以及电池性能更受关注。

六 购买意愿描述性统计

本书通过 3 个题项测度消费者的电动汽车购买意愿，其均值为 3.6 分，表明目前消费者对电动汽车的购买意愿处于中等水平。

表 4-6　电动汽车购买意愿的描述性统计分析

单位：分

变量	均值	题项	均值	标准差
电动汽车购买意愿	3.60	WEV1	3.58	0.943
		WEV2	3.57	0.925
		WEV3	3.64	0.941

第二节　电动汽车购买意愿在家庭人口特征上的差异性分析

本节主要运用方差和均值来描述消费者个体特征和家庭特征对其电动汽车购买意愿的影响差异。其中个体特征包括性别、年龄、职业、受教育程度、月收入，通过单因素方差分析以及独立样本 T 检验来探索消费者电动汽车购买意愿在人口统计特征因素上是否存在差异；家庭特征包括家庭人口数、居住模式、家庭配置，也通过上述途径进行分析。

一　个体特征的差异性检验

（一）性别的差异性检验

由于性别只有男和女两种分类，无须对方差齐性进行检验，因此采用独立样本 T 检验来探究性别在电动汽车购买意愿上的差异性。

通过表 4-7 和表 4-8 可以发现，男性消费者的电动汽车购买意愿均值为 3.4708 分，女性消费者的电动汽车购买意愿均值为 3.7279 分，单因素方差分析的显著性水平小于标准值 0.05，接受原假设，即男女在电动汽车购买意愿上有显著性差异。

表 4-7　性别的意愿均值

单位：个，分

性别	N	均值	标准差	均值的标准误
女	185	3.7279	0.77075	0.05667
男	194	3.4708	0.89873	0.06453

表 4-8 性别的单因素方差分析

变量	分类	平方和	df	均方	F	显著性
购买意愿	组间	6.261	1	6.261	8.901	0.003
	组内	265.196	377	0.703		
	总数	271.457	378			

通过表4-9独立样本T检验可以看出，消费者电动汽车的购买意愿在性别上表现出明显的差异，说明性别对电动汽车购买意愿构成显著影响。对此较好的解释是，女性消费者对绿色消费和环境保护的执行力一般高于男性。

表 4-9 性别的独立样本 T 检验结果

假设		方差相等的 Levene 检验		平均数相等的 T 检验						
		F 值	显著性	T 值	df	显著性	均值差值	标准误差异	差分的95%置信区间	
									下界	上界
意愿	方差相等	1.179	0.278	2.983	377	0.003	0.25714	0.08619	0.08767	0.42661
	方差不相等			2.994	372.865	0.003	0.25714	0.08588	0.08828	0.42600

（二）年龄的差异性检验

本书将年龄分为5个组别，因此采用单因素方差分析与方差齐性检验方法来分析不同年龄段的消费者在电动汽车购买意愿上的差异。

从表4-10中数据可以看出，不同年龄消费者在电动汽车购买意愿上的显著性水平小于标准值0.05，因此接受原假设，说明不同年龄消费者在电动汽车购买意愿上存在显著差异。其方差齐性检验结果如表4-11所示。

表 4-10 年龄的单因素方差分析

变量	分类	平方和	df	均方	F	显著性
购买意愿	组间	23.040	4	7.680	11.594	0.000
	组内	248.417	375	0.662		
	总数	271.457	378			

表 4-11 年龄的方差齐性检验

Levene 统计量	df1	df2	显著性
3.934	4	374	0.004

根据表 4-12，比较不同年龄段人群的电动汽车购买意愿均值可以发现，36~45 岁的消费者购买意愿最高，均值为 3.8130 分，26~35 岁人群与 46~59 岁人群的购买意愿次之，分别为 3.7278 分和 3.5856 分，而 18~25 岁与 60 岁及以上的消费者购买意愿与上述 3 个年龄段相比则明显偏低，分别为 3.1393 分和 3.0196 分。

表 4-12 不同年龄的意愿均值比较

单位：个，分

年龄	N	均值	标准差	均值的标准误
18~25 岁	78	3.1393	0.70792	0.08016
26~35 岁	132	3.7278	0.95802	0.08338
36~45 岁	111	3.8130	0.66548	0.06316
46~59 岁	41	3.5856	1.08282	0.16911
60 岁及以上	17	3.0196	0.67155	0.16287

具体来看，36~45 岁的消费者作为家庭的主要劳动力，接触到的信息比较广泛，购买力强，因此意愿较高；26~35 岁的消费者倡导绿色消费，因此其电动汽车购买意愿也相对较高；46~59 岁的消费者也是消费的主力群体，但和 26~35 岁、36~45 岁的消费者相比，其对新事物的接受度稍低；18~25 岁的消费者作为刚离开校园进入社会的代表，其容易接受新事物，但是购买力相对较弱，因此意愿普遍不高；60 岁及以上消费者作为老年群体代表，其对汽车的需求较少，因此购买意愿最低。

（三）受教育程度的差异性检验

本书将教育程度分为 5 个组别，分别为初中及以下、高中或中专、大专、本科和硕士及以上，本书选择单因素方差分析来验证其差异性，并用方差齐性检验进一步验证。

从表 4-13 单因素方差分析数据可以看出，不同年龄消费者在电动汽车购买意愿上的显著性水平为 0.000，因此接受原假设，说明不同受教育程度的消费者在电动汽车购买意愿上存在显著差异。其方差齐性检验结果如表 4-14 所示。

表 4-13 受教育程度的单因素方差分析

变量	分类	平方和	df	均方	F	显著性
购买意愿	组间	19.469	4	4.867	10.224	0.000
	组内	251.988	374	0.674		
	总数	271.457	378			

表 4-14 不同受教育程度的方差齐性检验

Levene 统计量	df1	df2	显著性
16.388	4	374	0.000

不同受教育程度消费者购买意愿的方差齐性检验值为 16.388，显著性水平为 0.000，小于 0.05，说明不同受教育程度的消费者在电动汽车购买意愿上存在差异，各分组的均值具体如表 4-15 所示。

表 4-15 不同受教育程度的消费者购买意愿均值比较

单位：个，分

年龄	N	均值	标准差	均值的标准误
初中及以下	18	3.0741	0.69127	0.16293
高中或中专	56	3.1964	0.88673	0.17195
大专	128	3.5420	0.69423	0.06136
本科	123	3.6806	0.77568	0.12694
硕士及以上	54	3.8021	0.58583	0.07972

从上述均值可以发现，随着受教育程度的逐渐提高，消费者电动汽车购买意愿均值逐渐增大，其中初中及以下最低，而硕士及以上最高。具体来看，可以发现随着消费者受教育程度的提高，其购买意愿呈现递增趋势。受教育程度在初中及以下消费者的意愿均值最低，为 3.0741，

硕士及以上消费者的意愿均值最高，为3.8021，原因可能在于受教育程度越高，对电动汽车的认知水平越高，感知效力越高，从而越愿意购买电动汽车。

（四）月收入的差异性检验

本书将消费者的月收入水平分为5个组别，分别为2000元以下、2000~3000元、3000~5000元、5000~8000元和8000元以上。对月收入进行单因素方差分析的结果如表4-16所示。

表4-16　月收入的单因素方差分析

变量	分类	平方和	df	均方	F	显著性
购买意愿	组间	24.179	4	6.045	9.142	0.000
	组内	247.278	374	0.661		
	总数	271.457	378			

不同月收入的消费者在电动汽车购买意愿上的显著性水平为0.000，说明其在电动汽车购买意愿上存在显著差异，其方差齐性检验结果如表4-17所示。

表4-17　月收入的方差齐性检验

Levene统计量	df1	df2	显著性
2.610	4	374	0.015

不同月收入消费者购买意愿的方差齐性检验值为2.610，显著性水平为0.015，小于0.05，再次验证了不同月收入消费者在电动汽车购买意愿上存在显著差异。

从表4-18中可以看出，收入的意愿均值呈现先增后减的趋势，也就是说中等收入群体（月收入为3000~5000元和5000~8000元的消费者）的电动汽车购买意愿达到峰值。具体来看，中等收入消费者购买意愿最高，低收入和高收入消费者的意愿相对较低。原因可能在于，电动汽车的价格相对较高，低收入消费者可能在价格方面存在顾虑。而对于高收入消费者，汽车的舒适程度可能是此类消费者更多考虑的因素。因此，电动汽车购买意愿较高的群体为中等收入群体。

表 4-18 不同月收入的消费者购买意愿均值比较

单位：个，分

月收入	N	均值	标准差	均值的标准误
2000 元以下	61	3.2623	1.02219	0.13088
2000~3000 元	95	3.4035	0.78685	0.08073
3000~5000 元	137	3.8516	0.76153	0.06506
5000~8000 元	40	3.8917	0.55155	0.08721
8000 元以上	46	3.4203	0.89010	0.13124

（五）职业的差异性检验

本书将职业分为 7 个组别，这 7 个职业的均值如表 4-19 所示。直观上来看，不同职业消费者的电动汽车购买意愿均值差异不大，集中在 3.5~3.7 分，对其进行单因素方差分析和方差齐性检验的结果如表 4-20 所示。

表 4-19 不同职业的消费者购买意愿均值

单位：个，分

职业类型	N	均值	标准差	均值的标准误
一般工人或服务者	44	3.5182	0.82579	0.12449
政府事业单位或国企员工	93	3.5559	0.96741	0.10032
教育科研或卫生行业员工	60	3.6056	0.59214	0.07644
私营企业员工	58	3.6207	0.65322	0.08577
个体经营者	16	3.675	0.34157	0.08539
学生	88	3.6545	1.04702	0.11161
失业或无业人员	20	3.6044	0.00000	0.00000

单因素方差分析的显著性水平为 0.056，大于 0.05，因此拒绝原假设，即不同职业的消费者在电动汽车购买意愿上不存在显著性差异。

表 4-20　不同职业类型的单因素方差分析

变量	分类	平方和	df	均方	F	显著性
购买意愿	组间	13.901	6	2.317	3.346	0.056
	组内	257.556	372	0.692		
	总数	271.457	378			

二　家庭特征的差异性检验

(一) 家庭人口数的差异性检验

家庭人口数作为家庭特征的一个重要指标,本书将其分为 4 个组别,依次为 2 人及以下、3 人、4 人、5 人及以上。对其进行单因素方差分析,结果如表 4-21 所示。

表 4-21　不同家庭人口数的单因素方差分析

变量	分类	平方和	df	均方	F	显著性
购买意愿	组间	11.270	3	0.757	6.054	0.029
	组内	269.187	375	0.718		
	总数	280.457	378			

单因素方差分析结果表明,其显著性水平小于 0.05,说明消费者家庭人口数不同,在电动汽车购买意愿上有明显差异。方差齐性检验效果如表 4-22 所示。

表 4-22　不同家庭人口数的方差齐性检验

Levene 统计量	df1	df2	显著性
1.731	3	375	0.016

可以看到方差齐性检验值为 1.731,显著性水平小于 0.05,因此进一步验证家庭人口数不同的消费者在电动汽车购买意愿上是否存在显著差异。具体到各个组别的均值,我们发现 2 人及以下的家庭购买意愿最高,其均值为 4.1667 分,而 5 人及以上的家庭购买意愿最低,仅为 3.2800 分

(见表4-23)。可以看出,电动汽车购买意愿随着消费者家庭人口数的递增而逐渐降低,对此较为合理的解释是,目前市场上主流的电动汽车多为微型车和小型车,空间较小,不能够满足多人口家庭的消费需求,因此家庭人口数较多的消费者购买意愿较低。

表4-23 不同家庭人口数的消费者购买意愿均值比较

单位:个,分

家庭人口数	N	均值	标准差	均值的标准误
2人及以下	4	4.1667	0.57735	0.08868
3人	182	3.8824	0.92053	0.06823
4人	143	3.4387	0.82079	0.06864
5人及以上	50	3.2800	0.62510	0.08840

(二)居住模式的差异性检验

本书的居住模式主要分为3类,分别为短期租住房、长期租住房和自有产权房,其电动汽车购买意愿均值如表4-24所示。

表4-24 不同居住模式的消费者购买意愿均值比较

单位:个,分

居住模式	N	均值	标准差	均值的标准误
短期租住房	42	3.5317	0.63357	0.09776
长期租住房	26	3.4103	0.58353	0.11444
自有产权房	311	3.6206	0.88941	0.05043

可以发现,不同组别间电动汽车购买意愿的差距较小,对其进行单因素方差分析的结果如表4-25所示。可以看到,单因素方差分析的显著性水平为0.418,大于0.05,因此不同居住模式的消费者在电动汽车购买意愿上不存在显著性差异。

表4-25 不同居住模式的单因素方差分析

变量	分类	平方和	df	均方	F	显著性
购买意愿	组间	6.258	2	0.629	0.875	0.418
	组内	270.199	376	0.719		
	总数	276.457	378			

(三) 家庭配置的差异性检验

已有关于产品消费的研究表明，消费者是否拥有和是否需要某种产品会对该产品的购买意愿产生影响，本书关于家庭配置的界定分为两组：家庭近期是否有购车计划和家庭是否有汽车。

如表4-26所示，家庭近期是否有购车计划与家庭是否有汽车都分为两组，其中家庭近期有购车计划的消费者意愿均值为3.5845分，家庭近期无购车计划的消费者意愿均值为3.6097分，二者相差较小。家庭有汽车的消费者意愿均值为3.3613分，家庭无汽车的消费者意愿均值为3.7563分，二者差异较大。

表4-26 不同家庭配置的消费者购买意愿均值比较

单位：个，分

类别	N	均值	标准差	均值的标准误
家庭近期有购车计划	146	3.5845	0.91181	0.06307
家庭近期无购车计划	233	3.6097	0.72636	0.05571
家庭有汽车	150	3.3613	0.65437	0.04798
家庭无汽车	229	3.7563	0.99660	0.07174

对这两个变量分别进行单因素方差分析，结果如表4-27和表4-28所示。家庭近期是否有购车计划的单因素方差分析的显著性水平为0.129，大于0.05，说明家庭近期有购车计划和无购车计划的消费者在电动汽车购买意愿上无显著差异。

家庭是否有汽车的单因素方差分析结果表明，其显著性水平为0.003，小于0.05，说明家庭有汽车和无汽车的消费者在电动汽车购买意愿上存在显著性差异。

表4-27 家庭近期是否有购车计划的单因素方差分析

变量	分类	平方和	df	均方	F	显著性
购买意愿	组间	9.364	1	9.364	3.469	0.129
	组内	262.093	377	0.695		
	总数	271.457	378			

表4-28 家庭是否有汽车的单因素方差分析

变量	分类	平方和	df	均方	F	显著性
购买意愿	组间	8.542	1	1.542	12.154	0.003
	组内	269.915	377	0.716		
	总数	278.457	378			

结合上述分析，家庭近期有购车计划和无购车计划的消费者在电动汽车购买意愿上无显著差异，即有购车计划的消费者未必选择电动汽车。而家庭有汽车和无汽车的消费者在电动汽车的购买意愿上有显著性差异，这可能是由于有汽车购买经历，从而影响最终的决策。

三 分类变量的差异性检验

（一）价值观

关于价值观的测量，本书选用关键词法对3类价值观进行区分与比较，其中持利己型价值观的消费者对权利、财富等选项的看重程度高于剩余选项；持利他型价值观的消费者则将协助弱小、公平与正义视为最重要的选项；而持生态型价值观的消费者最看重的选项是保护环境、与自然和谐相处。根据问卷数据，将379名受访者的价值观分类统计如下：相比于利己型和利他型价值观，持生态型价值观的消费者占比最高，也可认为持绿色消费观的消费者占比最多，本书也正是选取了绿色消费观作为影响消费者购买意愿的前因变量进行测量。

根据消费者所持的不同价值观类型，本书采用定序的形式，运用单因素方差分析，考察持不同类型价值观的消费者在电动汽车购买意愿上是否存在差异。相关单因素方差分析结果如表4-29所示。

表4-29 价值观与意愿的单因素方差分析

变量	分类	平方和	df	均方	F	显著性
购买意愿	组间	21.528	2	15.264	23.869	0.000
	组内	228.345	377	0.439		
	总数	249.873	379			

从表4-29中数据可以看出，3种类型价值观单因素方差检验的显著性水平为0，说明持不同类型价值观的消费者在电动汽车购买意愿上存在显著差异，具体均值如表4-30所示。

表4-30 不同价值观类型的消费者购买意愿均值比较

单位：个，分

价值观分类	N	均值	标准差	均值的标准误
利己型价值观	50	2.9313	0.90900	0.14746
利他型价值观	115	3.1478	0.61022	0.05984
生态型价值观	214	3.9914	0.62380	0.05093

比较不同价值观消费者的电动汽车购买意愿均值可以发现，3类消费者的意愿均值差距较大。意愿最低的为持利己型价值观的消费者，其意愿均值仅为2.9313分，持利他型价值观的消费者的意愿均值居中，为3.1478分，而持生态型价值观的消费者的意愿均值最高，为3.9914分。这个结果验证了持不同类型价值观的消费者在购买意愿上的差异，说明倾向于保护环境、与自然和谐相处的消费者更愿意选择购买电动汽车。

（二）可接受的电动汽车价格

本书根据在售电动汽车的价位将可接受的电动汽车价格分为6个类别，分别为6万~10万元、10万~15万元、15万~20万元、20万~25万元、25万~30万元和30万元以上，以考察不同价格接受能力的消费者在电动汽车购买意愿上是否存在差异。根据问卷调查的结果，可以发现消费者普遍接受的电动汽车价格位于10万~15万元，剩余消费者所能接受的价格为6万~10万元、15万~20万元这两个价格区间，也就是说消费者对电动汽车的价格预期较低。根据消费者隶属的不同价位区间，采用单因素方差分析考察不同价格接受度的消费者在电动汽车购买意愿上是否存在差异，结果如表4-31所示。

表4-31　不同价格接受度消费者的购买意愿单因素方差分析

变量	分类	平方和	df	均方	F	显著性
购买意愿	组间	12.639	5	2.528	3.643	0.003
	组内	258.818	373	0.694		
	总数	271.457	378			

单因素方差分析结果表明，显著性水平为0.003，小于0.05的标准。这表明消费者可接受的电动汽车价格不同会影响其最终购买意愿，具体均值见表4-32。

表4-32　不同价格接受度的消费者购买意愿均值比较

单位：个，分

可接受价格	N	均值	标准差	均值的标准误
6万~10万元	89	3.3708	1.01060	0.10712
10万~15万元	156	3.6218	0.87177	0.12680
15万~20万元	85	3.5725	0.75525	0.08192
20万~25万元	34	3.9608	0.30445	0.05221
25万~30万元	9	3.7407	0.14699	0.04900
30万元以上	6	4.3333	0.00000	0.00000

从表4-32中可以看出，消费者可接受的电动汽车价格越高，其意愿均值相对越大，产生这一结果是由于目前市面上的电动汽车价格偏高，因此低价格接受度的消费者购买意愿偏低，与实际情况较为吻合。

四　差异性分析结果讨论

综合差异性分析的结果可以看出：从个体特征来看，不同性别、年龄、月收入、受教育程度的消费者在电动汽车购买意愿上存在显著性差异；从家庭特征来看，不同家庭人口数的消费者和家庭有汽车与家庭无汽车的消费者，在电动汽车购买意愿上存在显著性差异；对于分类变量，价值观类型不同与可接受的电动汽车价格不同的消费者在电动汽车购买意愿上存在显著性差异。综合来看，女性、中青年、月收入中等、受教育程度高、家庭人口数少、家庭没有汽车的消费者意愿较高，这部分群体可以被称为高意愿群体。根据分类变量的统计结果可以看出，持生态型价值观、可接受的电动汽车价格较高的消费者，其购买意愿较高，其中可接受的电动汽车价格在20万元以上的是高意愿群体，可接受价格在10万~20万元的群体属于中等意愿群体，可接受价格在6万~10万元的则属于低意愿群体。

第三节　各影响因素的相关分析与回归分析

相关分析主要是用来分析两个变量或指标之间的关联程度，本节首先利用 Pearson 相关分析方法，初步对模型中各变量之间的关系进行检验，然后进一步利用回归分析，探讨消费者电动汽车购买意愿的关键影响因素。

一　Pearson 相关分析

（一）认知因素与电动汽车购买意愿相关分析

从表4-33中可以看出节能环保知识、电动汽车产品知识与环境认知度均与购买意愿在0.01的显著性水平下正相关，初步证明这3个因素与购买意愿具有正相关关系。

表4-33　认知因素与电动汽车购买意愿的相关分析

	KEV	KEE	AE	Y
KEV	1			
KEE	0.054	1		
AE	0.145	0.574*	1	
Y	0.267**	0.372**	0.389**	1

注：*表示显著性水平 $p<0.05$，**表示显著性水平 $p<0.01$。

（二）心理因素与电动汽车购买意愿相关分析

从表4-34中可以看出，消费者的购买态度、感知效力、绿色消费观均与消费者购买意愿显著相关。从具体数值上来看，相关系数均为正，说明各因素与消费者电动汽车购买意愿显著正相关。消费者的态度越积极、感知效力越强、绿色消费观越强，其购买电动汽车的意愿就越强。

表 4-34　心理因素与电动汽车购买意愿的相关分析

	AEV	PEV	PV	Y
AEV	1			
PEV	0.219**	1		
PV	0.050*	0.058	1	
Y	0.505**	0.552**	0.126**	1

注：*表示显著性水平 $p<0.05$，**表示显著性水平 $p<0.01$。

（三）规范因素与电动汽车购买意愿相关分析

从表 4-35 中数据可以看出，规范因素中的参考群体和社会规范均与消费者的电动汽车购买意愿显著相关。从相关系数上来看，参考群体和社会规范与购买意愿的相关系数均为正，说明参考群体和社会规范与电动汽车购买意愿显著正相关，即消费者受参考群体影响越大、受社会规范影响越大，其购买意愿就越强。

表 4-35　规范因素与电动汽车购买意愿的相关分析

	RGI1	RGI2	RGI3	SRI	Y
RGI1	1				
RGI2	0.419**	1			
RGI3	0.446*	0.573**	1		
SRI	0.432**	0.376*	0.597**	1	
Y	0.355**	0.364**	0.448**	0.464**	1

注：*表示显著性水平 $p<0.05$，**表示显著性水平 $p<0.01$。

（四）感知行为控制与电动汽车购买意愿相关分析

从表 4-36 中可以看出，感知行为控制与消费者电动汽车购买意愿显著相关，且相关系数为正，说明消费者感知行为控制越强，其电动汽车购买意愿越强。

表4-36 感知行为控制与电动汽车购买意愿的相关分析

	PBC	Y
PBC	1	
Y	0.450**	1

注：**表示显著性水平 $p<0.01$。

（五）情境因素与电动汽车购买意愿相关分析

政策因素中的宣传引导、经济激励和政策普及与消费者电动汽车购买意愿显著相关，从相关系数来看，其与消费者电动汽车购买意愿的相关系数均为正，说明宣传引导、经济激励、政策普及与消费者的电动汽车购买意愿正相关，即宣传引导和政策激励越多，消费者的购买意愿就越强。消费者所看重的电动汽车属性与购买意愿也正相关，表明消费者对电动汽车的属性越看重，其购买意愿越强。

表4-37 情境因素与消费者电动汽车购买意愿的相关分析

	PG	EI	PP	NEV	Y
PG	1				
EI	0.037	1			
PP	0.476	0.273	1		
NEV	0.561	0.356	0.345	1	
Y	0.555**	0.364**	0.448**	0.464**	1

注：**表示显著性水平 $p<0.01$。

二 各影响因素的回归分析

（一）前因变量对购买意愿影响的回归分析

通过相关分析可以得到各影响因素与消费者电动汽车购买意愿之间的初步关系，为了进一步了解各影响因素对消费者电动汽车购买意愿的影响程度，本部分将自变量与因变量的关系进行回归分析。

在进行回归分析之前，首先要对自变量间的多重共线性进行分析。从相关分析结果中可以看出，自变量之间相关系数显著性大于0.05的包括节能环保知识、环境认知度及参考群体，因此考虑存在多重共线性。由于参考群体中的价值性影响、信息性影响和规范性影响主要是从不同角度来测量参考群体的影响，因此为了消除因素间的多重共线性影响，在进行回归分析时不再考虑具体因素，而是将"参考群体"作为主成分进行分析（见表 4-38）。

表 4-38　变量定义

变量名	定义
电动汽车产品知识（KEV）	电动汽车了解程度分为 1~5，1 为完全不了解，5 是非常了解
节能环保知识（KEE）	电动汽车的接受度分为 1~5，1 为完全不接受，5 为完全接受
环境认知度（AE）	电动汽车的支持度分为 1~5，1 是完全不支持，5 是非常支持
购买态度（AEV）	电动汽车购买态度分为 1~5，1 是非常不积极，5 是非常积极
感知效力（PEV）	电动汽车感知效力分为 1~5，1 表示非常低，5 表示非常高
绿色消费观（PV）	绿色消费观的高低程度分为 1~5，1 是非常低，5 是非常高
感知行为控制（PBC）	感知行为控制的程度分为 1~5，1 是非常低，5 是非常高
参考群体（RGI）	参考群体对消费者的影响程度分为 1~5，1 表示非常低，5 表示非常高
社会规范（SRI）	社会规范对消费者的影响程度分为 1~5，1 表示非常低，5 表示非常高
购买意愿（Y）	电动汽车购买意愿分为 1~5，1 表示非常低，5 表示非常高

根据所得特征根及条件指数进一步验证变量是否存在多重共线性，结果如表 4-39 所示。

表 4-39　前因变量特征根及条件指数计算结果

主成分	特征根	条件指数
1	3.460	1
2	1.174	2.161
3	1.064	3.497
4	0.778	4.389
5	0.708	4.937
6	0.624	5.267
7	0.521	6.435
8	0.327	8.886
9	0.135	9.171
10	0.087	9.840

从表 4-39 中数据可以看出，所有特征根的倒数之和是自变量数目的 3.026 倍，最大条件指数为 9.840。一般而言，特征值倒数之和与自变量之比不大于 5，最大条件指数不大于 10，则认为自变量之间不存在多重共线性，本书所选指标是从不同维度来测量，因此产生多重共线性的可能性较小。本书采用 SPSS 19.0 分析软件中运用较为广泛的线性回归法对这 9 个不同前因变量进行回归分析，采取 0.01 为显著性水平，回归分析结果主要包括影响因素变量对行为变量的标准化回归系数、回归系数的假设检验 T 值及其显著性水平，采用调整 R^2 表示影响因素变量对电动汽车购买意愿的预测力（见表 4-40）。

表 4-40 前因变量回归结果

自变量	标准化回归系数 β	T 值	显著性
电动汽车产品知识	0.168	3.551	0.000
节能环保知识	0.053	1.210	0.042
环境认知度	0.097	1.735	0.000
购买态度	0.332	6.986	0.000
感知效力	0.108	3.177	0.000
绿色消费观	0.135	3.306	0.000
感知行为控制	-0.152	0.832	0.153
参考群体	0.212	4.765	0.000
社会规范	0.205	4.483	0.000
调整 R^2	0.701		

结果表明选取的 9 个前因变量中，节能环保知识和感知行为控制的显著性水平高于 0.01，表明节能环保知识和感知行为控制对电动汽车购买意愿不存在显著影响。剔除这两个因素后，剩余 7 个变量共解释了因变量 70.1% 的信息，具有良好的拟合度。从而可知，电动汽车产品知识、环境认知度、购买态度、感知效力、绿色消费观、参考群体以及社会规范均对消费者的电动汽车购买意愿产生显著影响。

（二）情境因素对购买意愿影响的回归分析

情境因素作为调节变量，主要是通过作用于自变量从而影响因变量，但调节变量对因变量也是有一定直接影响的,本书选取的情境因素有4类,具体如表4-41所示。

表4-41 情境因素定义

变量	定义
宣传引导	将消费者对宣传引导政策的认可程度分为1~5,1是完全不认可,5是非常认可
经济激励	将消费者对经济激励政策的支持程度分为1~5,1为完全不支持,5为完全支持
政策普及	将消费者对电动汽车政策的了解程度分为1~5,1是完全不了解,5是非常了解
电动汽车属性	将消费者对电动汽车属性的重视程度分为1~5,1是非常不看重,5是非常看重

通过特征根及条件指数的计算结果对情境因素的多重共线性进行诊断,结果如表4-42所示。情境因素的特征值倒数之和与自变量之比为2.42,最大条件指数为9.701,表明自变量之间不存在多重共线性,可以直接进行线性回归分析。

表4-42 情境因素特征根及条件指数计算结果

主成分	特征根	条件指数
1	6.143	1.00
2	2.174	3.364
3	1.064	6.202
4	0.778	8.173
5	0.108	9.701

回归分析结果如表4-43所示,结果表明宣传引导、经济激励、政策普及和电动汽车属性均对消费者购买意愿产生了影响,情境因素对因变量的解释度不高,共解释了自变量27.7%的信息,验证了情境因素对电动汽车购买意愿有一定影响,但其主要通过调节作用影响购买意愿,对购买意愿的直接影响程度不高。

表 4-43　情境因素回归结果

变量	标准化回归系数 β	T 值	显著性
宣传引导	0.160	2.718	0.003
经济激励	0.238	5.341	0.000
政策普及	0.155	2.492	0.000
电动汽车属性	0.496	7.341	0.000
调整 R^2	0.277		

综合线性回归分析的结果可以看出：在 0.01 的显著性水平下，消费者购买意愿主要受到购买态度、电动汽车产品知识、环境认知度、感知效力、绿色消费观、参考群体、社会规范、宣传引导、经济激励和电动汽车属性的影响；在 0.05 的显著性水平下，节能环保知识也会对消费者的电动汽车购买意愿产生显著影响；感知行为控制对消费者的电动汽车购买意愿不存在显著影响。

三　结果讨论

本节首先利用描述性统计分析了影响电动汽车购买意愿的各因素均值情况，通过方差检验和均值分析，检验了家庭人口统计变量对行为的影响差异，最后通过相关分析和回归分析，检验了各影响因素变量与电动汽车购买意愿的关系，依次分析并得出了相关结论。

在认知因素中，电动汽车产品知识和环境认知度对购买意愿的影响显著，说明消费者对环境越关注，对电动汽车了解越多，其购买的可能性就越大；而节能环保知识对电动汽车购买意愿的影响不大，这在一定程度上说明消费者掌握了其他节能环保相关知识或者享受过其他节能补贴对电动汽车购买意愿影响不大，相比于购买电动汽车，部分消费者可能会选择其他交通工具。

在心理因素中，购买态度、感知效力和绿色消费观均对电动汽车购买意愿有显著影响。这一结果表明，消费者的购买态度越积极，其购买电动汽车的可能性就越大；消费者的感知效用越高，说明消费者越相信电动汽车能够带来巨大的环境效用，购买意愿越强；绿色消费观反映了消费者的绿色消费态度，其绿色消费态度越积极，购买意愿就越强。

规范因素中的参考群体和社会规范均被证实对电动汽车购买意愿有显著影响。消费者在选择是否购买电动汽车时，会受到身边朋友或家人所传达信息的影响。因此如果消费者所参考的人群传达出的电动汽车购买信息越多、购买经历越多，则消费者选择跟从购买的可能性就越大。与此类似，如果购买电动汽车已经成为一种社会风气，那么消费者的购买意愿也会大大增强。

感知行为控制对消费者电动汽车购买意愿的影响不大。已有文献表明，消费者在节能低碳产品购买过程中感受的障碍越多，购买意愿越弱。而本书却表明两者不存在显著关系，产生这一结果的原因可能是相对于其他节能家电产品，汽车并非生活必需品。同时汽车的购买消费不存在相应的障碍问题，因此感知行为控制对电动汽车购买意愿不存在显著影响。

本书验证了宣传引导和经济激励均会对电动汽车购买意愿产生正向影响。此外，政策普及也是影响消费者购买意愿的一个重要因素。同时，研究结果表明，消费者对电动汽车属性越看重，其购买意愿就越强。

研究还表明，不同性别、年龄、受教育程度和月收入的消费者电动汽车购买意愿存在显著性差异，其中女性、受教育程度高、中等收入与中年消费者的购买意愿较强。家庭特征中的家庭人口数与家庭配置对消费者购买意愿的影响存在显著性差异，其中家庭人口数少、家庭无汽车的消费者购买意愿较强。

持不同类型价值观的消费者的电动汽车购买意愿存在显著差异，其中持生态型价值观的消费者购买意愿最强，持利他型价值观的消费者购买意愿居中，持利己型价值观的消费者购买意愿最弱。同时，消费者所能接受的电动汽车价格越高，其购车意愿就会越强。

第四节　前因变量作用于电动汽车购买意愿的路径

一　前因变量的分析框架构建

对前因变量的路径分析，本书选用结构方程模型（SEM）来实现。结构方程模型是一种验证性而非探索性的统计方法，其本质特征是具有先验性，也就是说结构方程模型中所假设的因果关系应该是建立在已有或者已被证实的理论基础之上。

通过相关文献研究可以发现，消费者对产品的购买经历了"认知—态度—意愿"的过程，因此认知对购买态度和购买意愿都可能产生影响。而这部分的认知与第三章所述产品认知不同，这部分的认知除了包含对产品的认知、对环境的关注，还包括消费者对电动汽车所带来效应的相信程度，也就是对电动汽车的感知效力。因此，本部分反映消费者认知的因素包含电动汽车产品知识、环境认知度和感知效力这3项。

根据上述论述，本书构建的电动汽车购买意愿的影响因素分析框架如图4-1所示。

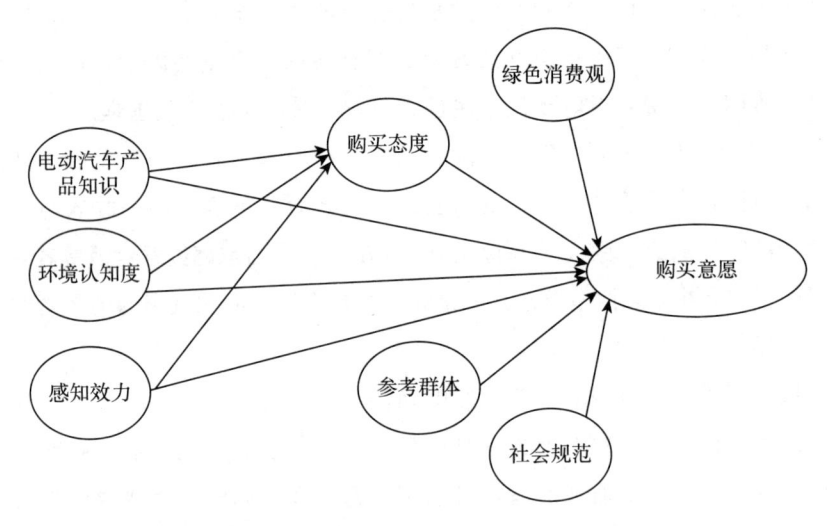

图4-1 各因素影响路径的分析框架

二 前因变量的影响路径分析

本书选用结构方程模型中的递归路径分析法对前因变量的影响路径进行分析。路径分析的前提是建立一个完整的结构方程模型，而完整的结构方程模型由两部分构成：测量模型和结构模型。具体来讲，测量模型由潜在变量（观察变量间形成的抽象概念）与观测变量（一般是指通过问卷量表调查收集到的数据）两部分组成，而结构模型是测算潜在变量之间的相关关系，同时解释模型中无法被解释的变异量部分。以有 3 个外显变量的测量模型为例（见图 4-2），将其回归方程用矩阵形式表示为：

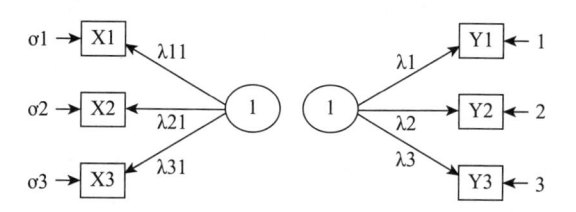

图 4-2　三因素的测量模型

$$X = \Lambda_X \xi + \sigma \qquad (4-1)$$

$$Y = \Lambda_Y \eta + \varepsilon \qquad (4-2)$$

其中，X、Y 分别称为外生变量与内生变量，ξ 与 η 被称作潜在变量，Λ_X 和 Λ_Y 为外生变量与内生变量的因素负荷，而 σ 和 ε 为误差项。

潜在变量的因果关系用矩阵方程式表示为：

$$\eta = \beta\eta + \tau\xi + \zeta \qquad (4-3)$$

其中，ξ 是外因潜在变量，η 是内因潜在变量，ζ 表示干扰项，即外因潜在变量在对内因潜在变量进行解释时所受的误差干扰项。用软件绘出模型框架图，按照方程实施。

本节在第三节因素验证的基础之上，展开结构方程模型的递归路径分析。前文对因素的验证分析均通过 SPSS 进行，考虑到与 SPSS 数据分析之间的互通性，这里将使用 AMOS 软件来实现对电动汽车购买意愿影响因素的路径验证。

结构方程模型的一般过程是：分析框架—配适度检验—标准化路径分析—路径效果分析—结果讨论。其中模型配适度检验通过以下几个指标来进行。第一，卡方与自由度之比 χ^2/df，卡方值要大于 200，卡方与自由度之比的值越小，证明调研数据组成的观察变量与模型假设中的协方差矩阵的配适度越高。当 $\chi^2/df < 1$ 时，说明模型配适度较为理想；当 $\chi^2/df > 3$ 时，表明模型配适度不理想。第二，规准配适指数 NFI，其值越接近 1，则表示模型配适度越高，配适度较为理想的值为 0.9 以上。第三，比较配适指数 CFI 与增值配适指数 IFI, 这两个标准与 NFI 一致, 越接近 1, 配适度越高, 标准值也是 0.9。第四, 配适度指数 GFI 与调整后的配适度指数 AGFI, 这两个指标反映了结构方程模型整体的绝对理想程度, GFI 与 AGFI 的数值越接近 1, 模型的配适度越理想。第五, 残差均方和平方根 RMR, 其标准值规定为小于 0.05, 此时说明模型的配适度较为理想, RMR > 0.1 表明模型配适度不够理想。第六, 渐进残差均方和平方根 RMSEA, 0.05 < RMSEA < 0.08 说明模型配适度较为理想, 0.08 < RMSEA < 0.1 说明配适度可以接受, RMSEA > 0.1 说明配适度不理想。特别要说明的是, 上述 8 个指标值在模型数据量较大时, 不一定都通过检验, 因此根据模型整体数据允许少量误差存在。本书共搜集问卷 379 份, 因此卡方值满足要求, 具体数据分析如下。

(一) 模型拟合优度

根据研究设计, 将数据导入 AMOS17.0 中进行分析, 得到的模型拟合指标汇总如表 4-44 所示。

表 4-44　结构方程模型的拟合优度检验

指标	χ^2/df	NFI	CFI	IFI	GFI	AGFI	RMR	RMSEA
值	1.84	0.872	0.911	0.941	0.903	0.917	0.052	0.073
效果	理想	一般	理想	理想	理想	理想	一般	理想

从表 4-44 中数据可以看出: ①模型卡方与自由度之比 χ^2/df 为 1.84, 说明方程配适度较为理想; ②CFI 为 0.911, 说明模型具有较好的相对配适度; ③IFI 为 0.941, 达到推荐值要求, 也就是说本模型对观察数据的解释力较强; ④RMR 为 0.052, 略大于推荐值 0.05, 其配适度一般; ⑤RMSEA 为 0.073, 小于推荐值 0.1, 说明模型总体配适度理想; ⑥GFI 与 AGFI 分别为 0.903 与 0.917, 均达到标准值要求, 同时 AGFI 和 GFI 的差距越小, 说明模型中被验证出的不显著路径越少; ⑦NFI 为 0.872, 未达到 0.9, 说明模型对数据的拟合结果还有一定的改善空间。

尽管有些指标在配适度上的表现不够理想, 但对多变量多组别的模型来说, 每个指标都符合标准并不现实, 在本节的分析框架中可以看出共涉及 8 个变量，与此同时收集到的数据文本数超过 300 个，因此即使某些指标未达到配适度要求，依然表现出了较为理想的配适度。

（二）各因素的标准化路径分析

将数据录入 AMOS17.0 进行编译，所得模型的标准化路径系数及显著性分析分别如图 4-3 和表 4-45 所示。

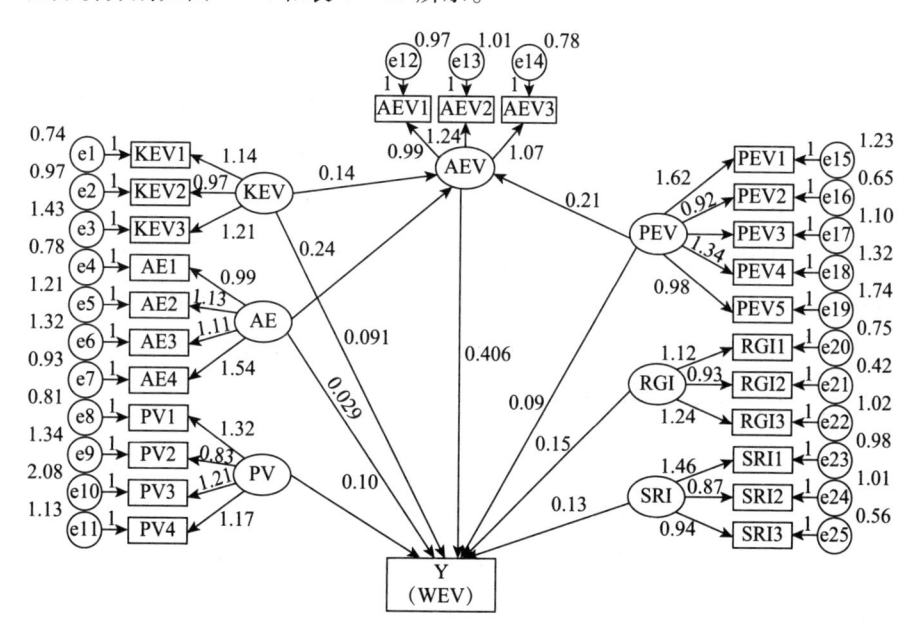

图 4-3 模型变量间标准化路径系数

表 4-45 电动汽车购买意愿前因变量显著性分析结果

影响路径			估计量	S. E.	C. R.	p
AEV	<---	KEV	0.142	0.032	4.474	0.000
AEV	<---	AE	0.243	0.087	2.701	0.007
AEV	<---	PEV	0.209	0.051	3.681	0.000
WEV	<---	AEV	0.406	0.048	7.681	0.000
WEV	<---	KEV	0.091	0.036	3.153	0.000
WEV	<---	AE	0.029	0.053	0.404	0.173
WEV	<---	PEV	0.093	0.032	3.508	0.000
WEV	<---	PV	0.101	0.033	4.327	0.087

续表

影响路径			估计量	S.E.	C.R.	p
WEV	<---	RGI	0.152	0.026	5.629	0.000
WEV	<---	SRI	0.128	0.029	4.734	0.062

（1）电动汽车购买态度。对电动汽车购买态度来说，在 $p<0.1$ 的显著性水平下，电动汽车产品知识、环境认知度、感知效力 3 个因素对其有显著影响，这是这 3 个因素间接作用的结果，与路径分析框架一致。

（2）电动汽车购买意愿。对电动汽车购买意愿来说，在 $p<0.1$ 的显著性水平下，电动汽车产品知识、感知效力、购买态度、绿色消费观、参考群体和社会规范共 6 个因素对其有显著影响。上述因素对电动汽车购买意愿的影响在上一节已经得到证实，而环境认知度对购买意愿影响的显著性却未得到证实，这与新路径的加入有关，也就是说环境认知度对电动汽车购买意愿的影响是通过态度间接产生的。

（三）各变量直接、间接与整体效应汇总分析

在电动汽车购买意愿形成的过程中，态度起到了部分中介作用，相关变量的影响作用包含 3 类：直接、间接与整体效应。根据路径系数图整理的各变量对购买意愿的效果汇总如表 4-46 所示。

表 4-46　各变量的路径效应分析

变量	直接效应	间接效应	整体效应
KEV	0.091***	0.057***	0.148***
AE	—	0.098**	0.098**
PEV	0.093***	0.086***	0.179***
AEV	0.406***	—	0.406***
PV	0.101**	—	0.101**
RGI	0.152*	—	0.152*
SRI	0.128***	—	0.128***

注：* 表示显著性水平 $p<0.1$，** 表示显著性水平 $p<0.01$，*** 表示显著性水平 $p<0.001$。

从整体效应上来看，对电动汽车购买意愿影响最大的因素为购买态

度，这验证了所提出的框架，即消费者对电动汽车的购买经历了认知—态度—意愿三个阶段，具体如下：在对电动汽车购买意愿有直接效应和间接效应的影响因素中，电动汽车产品知识对购买意愿的直接效应大于间接效应，环境认知度对购买意愿的影响是间接产生的，感知效力对购买意愿的直接效应与间接效应相差不大；在对电动汽车购买意愿有直接效应的影响因素中，态度的影响效应最大，为 0.406，绿色消费观对电动汽车购买意愿的影响效应为 0.101，参考群体和社会规范对电动汽车购买意愿的影响效应分别为 0.152 和 0.128。

三　前因变量的模型修正

根据路径分析的结果，将前因变量对电动汽车购买意愿的影响进行模型修正，具体如图 4-4 所示。

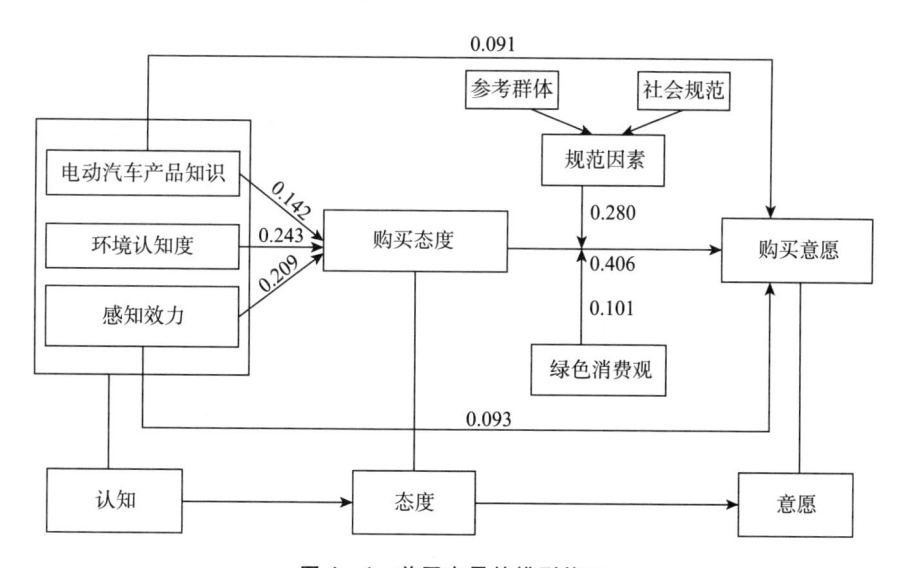

图 4-4　前因变量的模型修正

第五节　家庭人口特征变量作用于各影响路径的差异性

关于家庭人口统计学变量，本章第三节运用单因素方差分析与独立样本 T 检验相结合的方式对其在购买意愿上的差异性进行了分析，但是家庭人口统计学变量在各因素影响路径上的差异无法体现出来。因此，本节将运用多群组比较分析方法，就不同样本之间的差异性进行显著性检验。

一 多群组比较分析简介及分组情况

多群组比较分析是用于判断假设模型是否同时配适于不同的群组，其目的在于探究对某个群体适用的路径模型是否同样适用于其他群体。多群组比较分析的基本步骤如下：第一，构建结构方程全模型，进行理论模型图的绘制，读出数据文件与其相对应的变量；第二，将数据分组，增列组群以及设置组群名称；第三，设定组群的数据文件名以及组群的水平数值；第四，假设不同群组之间在各个路径上的因素负荷量相等；第五，执行多群组分析并输出结果。

为了使模型简便与数据有针对性，本书将年龄、受教育程度、月收入、家庭人口数分为3组，对性别与家庭是否有汽车则延续之前的分组，具体组别如表4-47所示。

表4-47 多群组分析的组别

变量	分类		变量	分类	
年龄	18~25岁	年轻群体	受教育程度	初中及以下	受教育程度较低
	26~35岁			高中或中专	
	36~45岁	中年群体		专科	受教育程度中等
	46~59岁	年长群体		本科	
	60岁及以上			硕士及以上	受教育程度较高
月收入	2000元以下	低收入群体	家庭人口数	2人及以下	家庭人口数较少
	2000~3000元			3人	家庭人口数中等
	3000~5000元	中等收入群体		4人	
	5000~8000元			5人及以上	家庭人口数较多
	8000元以上	高收入群体			

二 家庭人口特征变量在各影响路径上的差异性分析

选取认知—态度—意愿主路径上已被验证的路径进行多群组比较，通过比较模型输出结果配适度，发现其 CFI 值和 GFI 值为 0.927 ~ 0.935，高于 0.90 的标准值；RMSEA 值为 0.032 ~ 0.053，小于 0.08 的配适临界值，表明模型与观察数据契合度较高。运用 AMOS17.0 中的 Multiple-Group Analysis 功能进行多群组分析，得出多群组分析的估计结果（见表 4-48）。

表 4-48 多群组分析结果

影响路径	性别	
	男	女
WEV <--- AEV	0.542***	0.639***
WEV <--- KEV	0.441**	0.324**
WEV <--- PEV	3.374	4.359
WEV <--- PV	0.432**	0.512**
WEV <--- RGI	0.221**	0.437**
WEV <--- SRI	0.423	0.624

影响路径	家庭人口数		
	家庭人口数较少	家庭人口数中等	家庭人口数较多
WEV <--- AEV	0.337**	0.311**	0.302**
WEV <--- KEV	2.657	-3.434	-0.312
WEV <--- PEV	0.786**	0.521**	0.209**
WEV <--- PV	0.352	-0.350	0.304
WEV <--- RGI	-1.378	6.351	-2.304
WEV <--- SRI	0.234	0.313	0.631

影响路径	受教育程度		
	受教育程度较低	受教育程度中等	受教育程度较高
WEV <--- AEV	0.743**	0.712**	0.668**
WEV <--- KEV	0.228**	0.320**	0.389***
WEV <--- PEV	0.315**	0.347**	0.355*
WEV <--- PV	0.342*	0.351*	-0.354

续表

影响路径	受教育程度		
	受教育程度较低	受教育程度中等	受教育程度较高
WEV <--- RGI	0.287**	0.334**	0.351**
WEV <--- SRI	0.241**	0.257**	0.369**
影响路径	年龄		
	年轻群体	中年群体	年长群体
WEV <--- AEV	0.589***	0.660***	0.616***
WEV <--- KEV	0.446***	0.503***	0.302***
WEV <--- PEV	0.309**	0.521**	0.274**
WEV <--- PV	-0.443	-0.296	-0.158
WEV <--- RGI	0.343	0.247	0.209
WEV <--- SRI	0.437	-0.278	0.173
影响路径	月收入		
	低收入群体	中等收入群体	高收入群体
WEV <--- AEV	0.436***	0.703***	0.231***
WEV <--- KEV	6.326	1.647	-0.772
WEV <--- PEV	0.248**	0.579**	0.680**
WEV <--- PV	0.347**	0.509**	0.492**
WEV <--- RGI	0.252	-0.533	-0.655
WEV <--- SRI	0.348***	0.509***	0.407***
影响路径	家庭配置		
	家庭有汽车	家庭无汽车	
WEV <--- AEV	0.567***	0.903***	
WEV <--- KEV	0.453	0.231	
WEV <--- PEV	0.766**	0.220**	
WEV <--- PV	-0.434	-0.301	
WEV <--- RGI	-0.416	2.214	
WEV <--- SRI	0.593	0.321	

注：*表示显著性水平 $p<0.05$，**表示显著性水平 $p<0.01$，***表示显著性水平 $p<0.001$。

(一) 购买态度对购买意愿的影响路径

在购买态度对购买意愿的影响路径上,对性别这个变量,女性(0.639)比男性(0.542)显著。这与以往研究成果相吻合,女性更关注环境,有着更强的环保节能意识,因此购买态度比男性更积极,购买意愿比男性更强;对家庭人口数这个变量,人口数较少的家庭在路径影响上更显著,对此较好的解释是,家庭人口数较多会导致消费者选择电动汽车存在不被家人认可的风险,因此其购买态度不太积极,购买意愿较弱;对受教育程度这个变量,可以发现随着受教育程度提高,其购买态度的显著度逐渐下降,也就是说受教育程度较高的人购买电动汽车的意愿较低;对于年龄这个变量,购买态度对购买意愿影响的显著程度呈倒U形,对此较好的解释是,年轻群体购买态度积极但执行条件不足,因此意愿弱,年长群体购买态度本身不积极,这与其对新事物的接受程度有关,中年群体收入稳定、家庭稳定,会具有更强的购买意愿;对月收入这个变量,其显著程度呈现两极化趋势,低收入群体会觉得电动汽车的购车成本较高,而高收入群体更追求汽车的品牌与品质,因此中等收入群体的购车意愿较强;对于家庭配置这个变量,家庭无汽车消费者的购买态度对购买意愿影响的显著性强于家庭有汽车的消费者,对此较好的解释是由于家庭有汽车的消费者具有购车经历,或者是因为已经有车,所以对电动汽车的需求较小,从而购买态度对购买意愿的影响程度较低。

(二) 电动汽车产品知识对购买意愿的影响路径

在电动汽车产品知识对购买意愿的影响路径上,男性比女性更显著,这可能是因为男性更了解电动汽车产品知识,因此作用路径更明显;家庭人口数和月收入这两个变量未见显著差异,说明不同家庭人口数和不同月收入的消费者所掌握的电动汽车知识差异不大;对于受教育程度这个变量来说,随着消费者受教育程度的提高,其显著性系数增大,受教育程度与对电动汽车的掌握程度成正比,即受教育程度低的消费者购车意愿弱的主要原因是认知不够;对于年龄这个变量,年轻群体和中年群体的显著性更强,也就是说相比于年长群体,年轻和中年群体拥有更多电动汽车产品知识。

(三) 感知效力对购买意愿的影响路径

在感知效力对购买意愿的影响路径上,男性和女性未见显著差异,说明不同性别在感知效力对购买意愿的影响上差异不大;家庭人口数较多的消费者对电动汽车的感知效力显著性最低,这是因为家庭规模较大,对汽车的承载量要求也较高,电动汽车的自身技术特点不能满足其使用需求;随着受教育程度的提高,感知效力的正向作用越来越显著,这说明受教育程度越高,对电动汽车的了解程度越高,购买意愿越强;在年龄的路径分析中,中年群体的显著度在所有年龄段中是最高的;对于月收入,高收入群体感知效力的正向作用最大,中等收入群体次之,低收入群体最低;家庭无汽车的消费者的感知效力对购买意愿影响的显著程度要高于家庭有汽车的消费者,原因可能在于相关汽车购买经验的缺乏会影响最终选择,从而导致对电动汽车的感知效力较低。

(四) 绿色消费观对购买意愿的影响路径

在绿色消费观对购买意愿的影响路径上,较为显著的是女性、受教育程度中等和中等收入群体,他们相比于其他群体具有更强的绿色消费观,因此其购买意愿较强,而不同家庭人口数、不同年龄的消费者则未表现出显著差异。

(五) 参考群体对购买意愿的影响路径

在参考群体对购买意愿的影响路径上,只有性别和受教育程度这两个变量显示出显著差异,女性、受教育程度较高群体的显著性更强。对此较为合理的解释是,与女性相比,男性在购物上更有主见,所以不易受到参考群体的影响。而受教育程度越高者,其做决策时越理性,因此越会参考其他人的意见。

(六) 社会规范对购买意愿的影响路径

在社会规范对购买意愿的影响路径上,受教育程度较高、中等收入群体的影响最为显著,也就是说相应的社会规范改变能更加显著地促使这部分群体选择购买电动汽车。

第六节 情境变量作用于购买意愿的调节回归

情境因素分为政策因素和电动汽车属性两类。将政策因素作为调节变量引入模型，研究其调节作用。对电动汽车属性采用因子分析法进行归类，探究消费者看重的汽车属性类别。

一 政策因素的调节作用

根据已有文献可以发现，政策因素可以通过调节前因变量和因变量之间的关系影响电动汽车购买意愿。其作用机理为：如果变量 X 和变量 Y 之间有关系，而 X 和 Y 的关系又受到变量 Z 的影响，那么变量 Z 就是调节变量，Z 的作用就是调节作用。一般情况下，调节变量不受自变量与因变量的影响，但是它能影响自变量和因变量之间的关系。在统计分析里，一般采用分层调节回归方程来检验变量的调节作用，分层调节回归分析的具体步骤如图4-5所示。

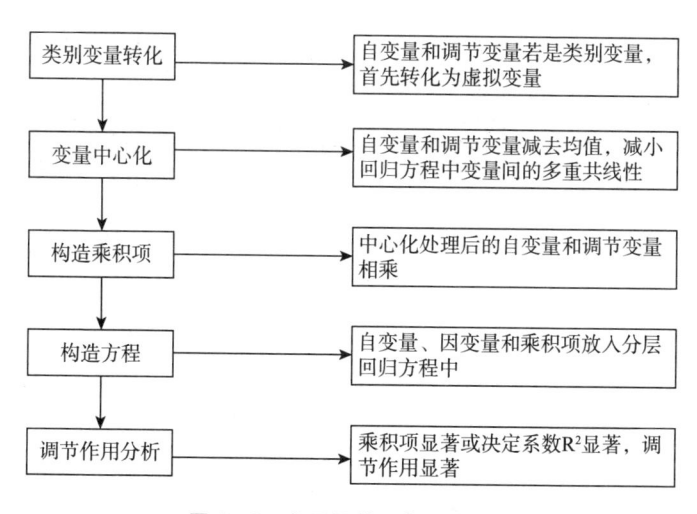

步骤	说明
类别变量转化	自变量和调节变量若是类别变量，首先转化为虚拟变量
变量中心化	自变量和调节变量减去均值，减小回归方程中变量间的多重共线性
构造乘积项	中心化处理后的自变量和调节变量相乘
构造方程	自变量、因变量和乘积项放入分层回归方程中
调节作用分析	乘积项显著或决定系数R^2显著，调节作用显著

图4-5 分层调节回归分析步骤

根据上文修正后的理论模型以及研究假设，购买态度、规范因素、绿色消费观均受情境因素的调节作用，具体关系如图4-6所示。

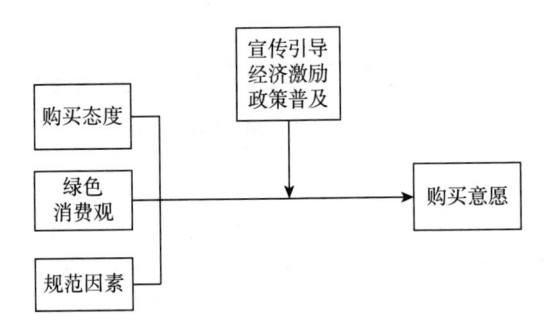

图 4-6　情境因素的调节作用

（一）政策因素对购买态度的调节作用

在宣传引导、经济激励、政策普及这 3 个情境变量共同存在的情况下，利用分层回归分析其对购买态度的调节作用（见表 4-49）。

表 4-49　购买态度与政策因素的分层回归分析

进入的变量	购买意愿 (WEV)		
	模型 1	模型 2	模型 3
AEV	0.354**	0.257**	0.206**
PG		0.123*	0.101**
PG×AEV			0.102**
决定系数 R^2	0.314	0.386	0.451
F 值	107.303	92.289	87.866
AEV	0.354**	0.284**	0.213**
EI		0.107**	0.091*
EI×AEV			0.083**
决定系数 R^2	0.314	0.352	0.395
F 值	107.303	97.214	91.356
AEV	0.354**	0.261**	0.206**
PP		0.119*	0.098**
PP×AEV			0.081**
决定系数 R^2	0.314	0.378	0.401
F 值	107.303	95.289	88.131

注：* 表示显著性水平 $p<0.1$，** 表示显著性水平 $p<0.01$。

结果表明，在宣传引导的分析中，模型 3 中 $F = 87.866$，$p < 0.01$，具有统计学意义，决定系数 R^2 比模型 1 与模型 2 显著增加，且交叉乘积项系数显著，表明宣传引导对购买态度存在调节作用；在经济激励的分析中，模型 3 中 $F = 91.356$，$p < 0.1$，具有统计学意义，决定系数 R^2 比模型 1 和模型 2 也有所增加，即经济激励对购买态度具有调节作用；在政策普及的分析中，模型 3 中 $F = 88.131$，$p < 0.01$，且与购买态度的乘积项显著，交互项的回归系数为正，决定系数也显著增加。综上，购买态度受到宣传引导、经济激励和政策普及的共同调节作用，也就是说宣传引导政策越充分、经济激励越多、政策普及度越高，购买态度就越积极。

（二）政策因素对规范因素的调节作用

如表 4 - 50 所示，政策因素对参考群体的调节作用分析结果表明：只有宣传引导与参考群体的交互项显著，也就是说只有宣传引导调节了参考群体对购买意愿的影响，模型 3 中 $F = 91.841$，$p < 0.01$，具有统计学意义，且决定系数 R^2 比模型 1 与模型 2 显著增加。经济激励、政策普及这两个因素与参考群体的乘积项不显著，也就是说经济激励、政策普及不产生调节作用。因此，加大宣传引导力度在一定程度上能够刺激消费者选择电动汽车。

政策因素作用于社会规范的调节作用分析结果表明：宣传引导、经济激励、政策普及这 3 个因素中，宣传引导与政策普及在模型 3 中的总体决定系数 R^2 比模型 1 和模型 2 均有显著增加。而经济激励与社会规范的乘积项在 $p < 0.1$ 时显著，即经济激励在一定程度下也会产生调节作用，但效果不如宣传引导。

表 4 - 50　规范因素与政策因素的分层回归分析

进入的变量	电动汽车购买意愿（WEV）			进入的变量	电动汽车购买意愿（WEV）		
	模型 1	模型 2	模型 3		模型 1	模型 2	模型 3
RGI	0.267**	0.227**	0.176**	SRI	0.211**	0.181**	0.145**
PG		0.108**	0.094**	PG		0.134**	0.101**
PG × RGI			0.090**	PG × SRI			0.082**

续表

进入的变量	电动汽车购买意愿（WEV）			进入的变量	电动汽车购买意愿（WEV）		
	模型1	模型2	模型3		模型1	模型2	模型3
决定系数 R^2	0.152	0.167	0.186	决定系数 R^2	0.178	0.239	0.275
F值	111.324	105.652	91.841	F值	114.545	99.086	84.213
RGI	0.267**	0.257**	0.253**	SRI	0.211**	0.181**	0.145**
EI		0.048*	0.027*	EI		0.086*	0.071*
EI×RGI			0.063	EI×SRI			0.018*
决定系数 R^2	0.152	0.154	0.161	决定系数 R^2	0.178	0.198	0.213
F值	111.324	107.652	93.841	F值	114.545	109.086	104.213
RGI	0.267**	0.227**	0.176**	SRI	0.211**	0.193**	0.155**
PP		0.024*	0.020*	PP		0.109*	0.096**
PP×RGI			0.031	PP×SRI			0.112*
决定系数 R^2	0.152	0.157	0.163	决定系数 R^2	0.178	0.215	0.283
F值	111.324	109.231	90.121	F值	114.545	100.156	87.417

注：*表示显著性水平 $p<0.1$，**表示显著生水平 $p<0.01$。

（三）政策因素对绿色消费观的调节作用

根据宣传引导与政策普及的调节回归分析结果（表4-51），模型3中的决定系数 R^2 比模型1和模型2有较大增加，F值分别为88.287与84.081，$p<0.01$，具有统计学意义。具体来说，宣传引导和政策普及的正向作用明显，这两个因素均能通过绿色消费观的增强来影响购买意愿，而经济激励与绿色消费观的乘积项不显著。对此较为合理的解释是宣传引导和政策普及有利于社会规范的形成，有利于从根本上改变消费者的消费观，进而选择电动汽车。

表4-51 绿色消费观与政策因素的分层回归分析

进入的变量	电动汽车购买意愿（WEV）		
	模型1	模型2	模型3
PV	0.235**	0.208**	0.156**
PG		0.133*	0.105**

续表

进入的变量	电动汽车购买意愿（WEV）		
	模型 1	模型 2	模型 3
PG × PV			0.097**
决定系数 R^2	0.154	0.178	0.201
F 值	115.649	99.466	88.287
PV	0.235**	0.208**	0.156**
EI		0.112	0.072
EI × PV			0.035
决定系数 R^2	0.154	0.167	0.190
F 值	115.649	100.154	90.015
PV	0.235**	0.208**	0.156**
PP		0.119**	0.093**
PP × PV			0.101**
决定系数 R^2	0.154	0.216	0.279
F 值	115.649	94.156	84.081

注：* 表示显著性水平 $p<0.1$，** 表示显著性水平 $p<0.01$。

二 电动汽车属性的影响作用

本书选取了 13 个电动汽车属性，来调查消费者对它们的重视程度（见表 4-52）。前文结果表明消费者对电动汽车属性越关注，其购买电动汽车的意愿就越强。这里将进行降维处理，探究改善电动汽车的哪类属性能够增强购买意愿。

表 4-52 电动汽车属性定义

变量	含义	变量	含义
NEV1	电动汽车充电设施	NEV8	外观
NEV2	车身结构	NEV9	车身空间
NEV3	车身碰撞性能	NEV10	售后服务
NEV4	维护与保养费用	NEV11	电池性能
NEV5	销售价格	NEV12	加速性能
NEV6	国家补贴	NEV13	品牌
NEV7	车辆购置税		

由于前文已进行了 KMO 和巴特利特球形检验，结果表明数据适合进行因子分析。因此对于上述 13 个因子，直接采用因子分析将其归类，方差贡献如表 4-53 所示。

表 4-53　电动汽车属性的方差贡献

成分	初始特征值			提取平方和载入		
	合计	方差（%）	累计（%）	合计	方差（%）	累计（%）
1	7.660	58.924	58.924	7.660	58.924	58.924
2	1.251	9.620	68.543	1.251	9.620	68.543
3	1.016	7.818	76.362	1.016	7.818	76.362

经过因子分析共提取出 3 个公因子，共解释了原变量 76.362% 的信息，现将因子进行旋转，旋转后的因子载荷如表 4-54 所示。

表 4-54　旋转后的因子载荷

变量	成分		
	1	2	3
NEV1	**0.706**	0.055	0.120
NEV2	**0.593**	0.006	0.100
NEV3	**0.608**	0.064	0.133
NEV4	0.168	**0.523**	-0.227
NEV5	-0.004	**0.791**	0.007
NEV6	0.045	**0.613**	0.114
NEV7	0.114	**0.610**	0.063
NEV8	-0.119	0.072	**0.559**
NEV9	0.121	0.019	**0.765**
NEV10	-0.067	0.124	**0.454**
NEV11	**0.503**	-0.011	-0.047
NEV12	0.032	0.032	**0.596**
NEV13	0.028	-0.007	**0.602**

可以发现，第一个因子由电动汽车充电设施、车身结构、车身碰撞

性能和电池性能4个因子组成,因此将第一个因子命名为安全性因子;第二个因子由维护与保养费用、销售价格、国家补贴、车辆购置税4个因子构成,因此将第二个公因子命名为成本因子;第三个因子由外观、车身空间、售后服务、加速性能和品牌5个因子构成,因此将其称为性能保障因子。综上,把握电动汽车的上述属性能够有效增强消费者的购买意愿。

三 情境因素的模型修正

根据前文关于政策工具的调节作用和对电动汽车属性的分类处理,将情境因素对电动汽车购买意愿的影响路径进行模型上的修正,结果如图4-7所示。

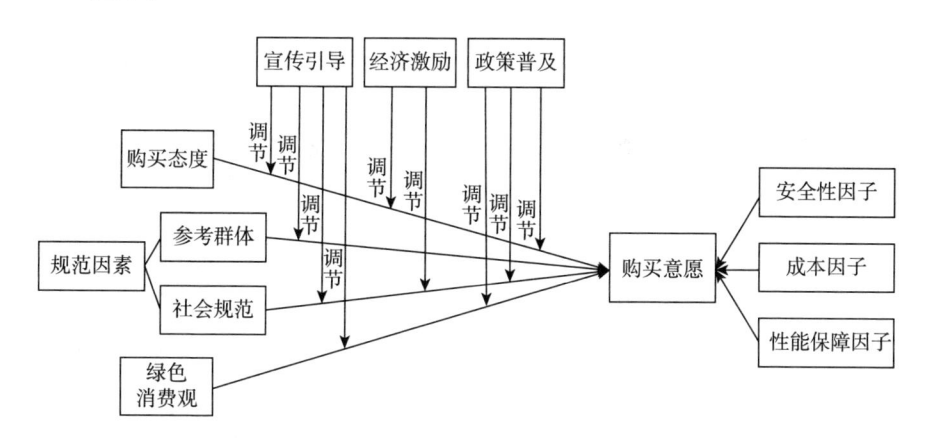

图4-7 情境因素的模型修正

第七节 电动汽车消费行为影响因素的作用机理

根据之前的分析内容,影响电动汽车购买意愿的有3类因素:前因变量、人口统计学变量及情境因素。因此,电动汽车购买意愿影响因素的作用机理分为3种不同方式:①前因变量遵循认知—态度—意愿的作用规律,直接与间接相结合影响电动汽车购买意愿;②不同人口统计学变量的消费者在电动汽车购买意愿影响路径上的表现存在差异；③情境因素通过各自不同的作用路径影响电动汽车的购买意愿。具体的作用机理如下。

（一）前因变量的作用机理

前因变量的影响作用是一个循序渐进的过程，具体分为 3 步：第一，电动汽车认知；第二，电动汽车购买态度；第三，电动汽车购买意愿。环境认知度、电动汽车产品知识的作用路径有两条（直接作用与间接作用），其他因素则只有直接作用，综合各因素整体影响效应可以发现，各因素对电动汽车购买意愿的影响效果排序如下：购买态度＞感知效力＞参考群体＞产品知识＞社会规范＞绿色消费观＞环境认知度。各因素的影响路径共有 9 条，而各个影响路径按影响大小排序如下。路径 1：购买态度→购买意愿；路径 2：参考群体→购买意愿；路径 3：社会规范→购买意愿；路径 4：绿色消费观→购买意愿；路径 5：环境认知度→购买态度→购买意愿；路径 6：感知效力→购买态度→购买意愿；路径 7：电动汽车产品知识→购买意愿；路径 8：感知效力→购买意愿；路径 9：电动汽车产品知识→购买态度→购买意愿。

（二）人口统计学变量的差异作用机理

第一，对于购买态度→购买意愿这条路径，性别、年龄、月收入、受教育程度、家庭人口数、家庭配置均有显著差异，其中表现更好的群体是女性、家庭人口数较少、受教育程度较高、中等收入、家庭无汽车的消费者；第二，对于电动汽车产品知识→购买意愿这条路径，性别、受教育程度、年龄这 3 个变量有显著差异，其中表现更好的群体是男性、受教育程度较高、年轻与中年消费者；第三，对于感知效力→购买意愿这条路径，家庭人口数、受教育程度、年龄、月收入、家庭配置有显著差异，其中表现更好的群体是家庭人口数较少、教育程度较高、中年、中等收入、家庭无汽车的消费者；第四，对于绿色消费观→购买意愿这条路径，性别、受教育程度和月收入有显著差异，其中表现更好的群体是女性、受教育程度较高和中等收入消费者；第五，对于参考群体→购买意愿这条路径，只有性别、受教育程度两个变量有显著差异，其中表现更好的群体是女性、受教育程度较高的消费者；第六，对于社会规范→购买意愿这条路径，有显著差异的是受教育程度与月收入这两个变量，其中表现较好的是受教育程度较高、中等收入的消费者。

（三）情境因素的调节作用机理

购买态度→购买意愿这条路径受到宣传引导、经济激励和政策普及的共同调节作用，参考群体→购买意愿这条路径仅受到宣传引导的调节作用，社会规范→购买意愿这条路径受到宣传引导、政策普及与经济激励的共同作用，绿色消费观→购买意愿这条路径受到宣传引导和政策普及的调节，经济激励影响不明显。同时，消费者关注的电动汽车属性主要分为三类：安全性因子、成本因子和性能保障因子。

综上可以总结得出，影响电动汽车购买意愿的因素作用机理也可以称为电动汽车购买意愿的形成机理，如图4-8所示。

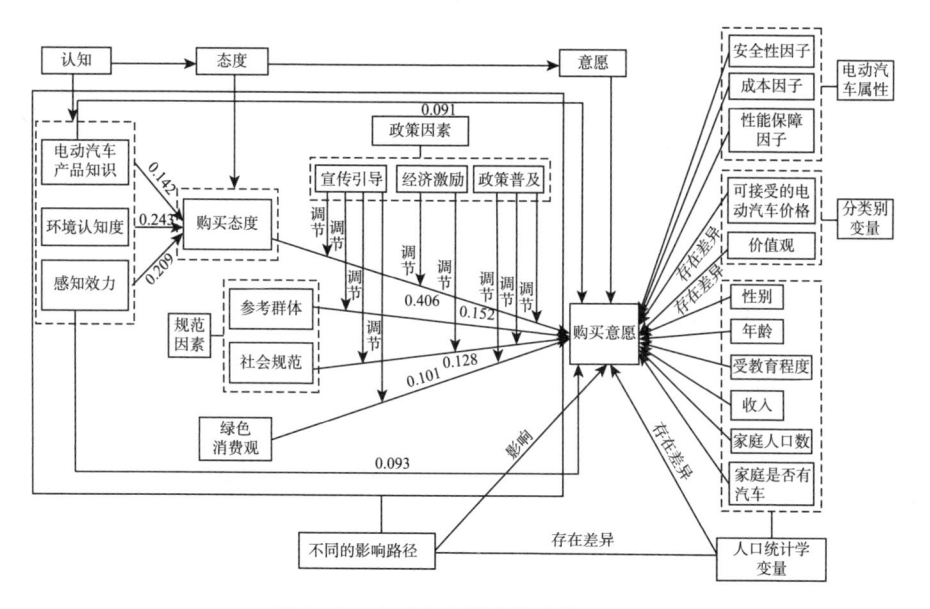

图4-8 电动汽车影响因素作用机理

具体来说，电动汽车产品知识、环境认知度正向影响购买态度，电动汽车产品知识同时直接影响购买意愿，购买意愿受购买态度、感知效力、绿色消费观、参考群体和社会规范的直接正向影响。宣传引导调节购买态度→购买意愿、参考群体→购买意愿、社会规范→购买意愿、绿色消费观→购买意愿这几条路径，经济激励调节购买态度→购买意愿、社会规范→购买意愿这两条路径，政策普及调节购买态度→购买意愿、绿色消费观→购买意愿这两条路径。同时，不同人口统计学变量在消费者购买意愿的影响路径上表现不同，具有生态型价值观、对电动汽车价格接受度较高的消费者购买电动汽车的意愿更强，把握消费者关注的电动汽车安全性因子、成本因子与性能保障因子可以增强消费者的购买意愿。

第五章
电动汽车激励政策文本量化和发展沿革

政府激励政策在电动汽车发展和应用过程中起到了至关重要的推动作用。为研究电动汽车激励政策对消费者的影响，首先需要对其发展过程进行回顾。本章为基础性章节，为后续研究奠定基础，具体搜集了2009年以来我国政府颁布的电动汽车相关激励政策，通过对政策颁布年度、发布主体、政策形式、政策激励环节等方面进行文本量化统计，探究其在过去10年的发展过程。此外，本章还将结合定量分析的结果，明晰不同类别政策的具体内容及特点。

第一节　电动汽车激励政策文本选取

本书所选取的政策均来源于公开的数据资料，主要是从我国各大媒体网站、国务院及相关部委网站，以及国内相关产业协会网站搜集（见表5-1）。为了保证政策样本选择的有效性和准确性，本书按照以下标准对政策文本进行筛选和整理：一是政策标题或内容一般以"新能源汽车"或"电动汽车"为关键词；二是政策直接涉及或体现激励消费者购买电动汽车的相关内容，如购车补贴和税收减免等；三是政策发布部门为中央政府及其职能部门，即本部分的分析主体为国家层面的政策。本部分未考虑地方政策的原因在于地方政府颁布的政策大多遵循国家层面的政策，不同时期内的政策内容和导向基本一致[164]。因而，此部分只考虑国家层面的政策，并将对其进行定量分析。

表 5-1　电动汽车激励政策文本获取渠道

获取渠道和方法	检索重点	备注
政府网站（全国人大、中共中央、国务院及各部委）	现行政策	我国电子政府建设近年来不断完善，大部分电动汽车激励政策均可通过政府网站直接检索获取
追溯（关联）分析	①历史政策（停止实施的有关政策）；②各政府官方网站无法查找到的有关政策	考虑到部分电动汽车激励政策已停止实施，且有部分政策文件通过官方网站无法查找到，因此可以依据现行政策中的关联条款，通过追溯（关联）查找方法获取这些已停止实施或政府网站无法检索到的政策
公开出版物	补充性查找	通过已有公开发表的文献进行补充

根据上述 3 条准则，涉及电动汽车宏观发展战略、技术创新、行业规则方面的政策，以及各地方政府的激励政策未纳入选取范围。在对众多电动汽车政策文本进行阅读和筛选后，得到符合标准的政策样本。最终，共搜集到 38 项国家层面鼓励消费者购买电动汽车的相关政策，具体见表 5-2。

表 5-2　2009~2017 年国家层面电动汽车激励政策汇总

序号	年份	政策名称
1	2010	节能与新能源汽车产业发展规划（2011—2020 年）
2	2010	关于开展私人购买新能源汽车补贴试点的通知
3	2011	关于进一步做好节能与新能源汽车示范推广试点工作的通知
4	2011	中华人民共和国车船税法
5	2012	节能与新能源汽车产业发展规划（2012—2020 年）
6	2012	关于节约能源使用新能源车船车船税政策的通知
7	2013	国务院关于加快发展节能环保产业的意见
8	2013	能源发展"十二五"规划
9	2013	京津冀及周边地区落实大气污染防治行动计划实施细则
10	2013	关于继续开展新能源汽车推广应用工作的通知
11	2014	关于支持沈阳长春等城市或区域开展新能源汽车推广应用工作的通知
12	2014	关于进一步做好新能源汽车推广应用工作的通知
13	2014	关于加快新能源汽车推广应用的指导意见
14	2014	关于电动汽车用电价格政策有关问题的通知
15	2014	关于免征新能源汽车车辆购置税的公告

续表

序号	年份	政策名称
16	2014	加强"车、油、路"统筹,加快推进机动车污染综合防治方案
17	2014	关于新能源汽车充电设施建设奖励的通知
18	2015	关于2016—2020年新能源汽车推广应用财政支持政策的通知
19	2015	关于节约能源使用新能源车船车船税优惠政策的通知
20	2015	关于加快推进新能源汽车在交通运输行业推广应用的实施意见
21	2015	关于加快电动汽车充电基础设施建设的指导意见
22	2015	电动汽车充电基础设施发展指南(2015—2020年)
23	2015	关于加强城市电动汽车充电设施规划建设工作的通知
24	2016	关于促进绿色消费的指导意见
25	2016	关于"十三五"新能源汽车充电基础设施奖励政策及加强新能源汽车推广应用的通知
26	2016	关于调整新能源汽车推广应用财政补贴政策的通知
27	2016	关于加快居民区电动汽车充电基础设施建设的通知
28	2016	关于统筹加快推进停车场与充电基础设施一体化建设的通知
29	2016	2016年能源工作指导意见
30	2016	关于电动汽车用电价格政策有关问题的通知
31	2017	关于加快单位内部电动汽车充电基础设施建设的通知
32	2017	关于促进汽车租赁业健康发展的指导意见
33	2017	汽车销售管理办法
34	2017	关于开展2016年度新能源汽车补贴资金清算工作的通知
35	2017	中华人民共和国车辆购置税法(征求意见稿)
36	2017	"十三五"节能减排综合工作方案
37	2017	关于免征新能源汽车车辆购置税的公告
38	2017	关于促进小微型客车租赁健康发展的指导意见

第二节 电动汽车激励政策文本分析维度确定

一 政策年度

政策年度即相关政策的颁布年度,本章之所以选择2009年作为政策研究的起点,主要是因为2009年1月科技部、财政部、国家发改委、工信部联合启动了"十城千辆节能与新能源汽车示范推广应用工程"（简称"十城千辆"工程），这标志着新能源和电动汽车大规模推广应用的开始。2009 年，我国电动汽车产销量均只有 5000 辆左右，2016 年这一数据已经飙升到 45 万辆。这种跨越式发展，与我国电动汽车激励政策的制定和实行是分不开的。对政策年度进行统计分析的目的在于直观了解我国在私人需求侧发布电动汽车激励政策的频率和密度，通过逐年的梳理，可以总结出不同时期政策的阶段性特征。

二 政策发布主体

在我国现行政治体制下，不同政策发布主体发布的政策具备不同的效力级别。从政策发布主体的角度来看，可以将电动汽车激励政策分为如下 4 个类别：第一，通过全国人民代表大会颁布的相关法律法规；第二，国务院发布的从宏观层面引导消费者购买电动汽车的指导性政策；第三，各部委联合出台的相关激励政策；第四，各部委就某一具体方面发布的政策措施。

三 政策形式

一般来说，政策形式主要包括通知、规划、意见、办法等。根据本书所搜集的 38 份政策样本，其政策形式具体包括通知、规划、意见、细则、公告、方案、指南和法律等，这基本反映了国家层面鼓励消费者购买电动汽车的不同政策形式。

四 政策激励方式

所谓政策激励方式主要是指其通过怎样的具体方式来激励消费者购买和使用电动汽车。根据 Lévay 等的研究，可以划分为如下两类激励方式：第一，货币激励方式，包括提供购车补贴、免征购置税和车船税、减免停车费和过路费等；第二，非货币激励方式，包括不限行、提供公交车道行使权、提供上牌优先通道等[165]。从所搜集到的政策文本来看，可以将我国电动汽车激励政策进一步分为 3 个类别：第一，使用货币激励方式的政策；第二，使用非货币激励方式的政策；第三，混合使用两种激励方式的政策，后面简称混合激励方式。

五　政策激励环节

现有激励政策作用于消费者购买和使用电动汽车的各个环节，本书通过归纳整合，将其分为如下4个主要环节：①购买环节，包括在消费者购买电动汽车时对其进行价格补贴，以及减免购车时的相关税费等；②上牌环节，包括不限制电动汽车的购买，以及为其提供上牌的便利条件和专属车牌等；③用车环节，包括不受机动车尾号限行政策的限制，减免停车、过路、过桥费用，以及年检时可以享受绿色通道等；④充电环节，包括普及公共充电设施、对私人充电桩建设进行补贴，以及减免充电费用等。

第三节　电动汽车激励政策文本量化统计结果

一　政策年度

图5-1为2009年以来我国每年在激励私人消费者方面所出台的政策数量。可以看到，各年份出台的政策数量并不均匀，部分年份出台的政策较为集中，部分年份出台的政策较少，甚至有政策空白期出现。本书认为，这种频数的非均匀分布与我国电动汽车市场的发展状况以及宏观政策导向有关。虽然我国电动汽车的大规模推广应用始于2009年的"十城千辆"工程，且该工程确定了若干试点城市，但需要注意这一时期政府更多的是在公交、出租、公务、市政、邮政等领域推广电动汽车。

从2010年开始，部分政策开始涉及私人消费者领域的电动汽车推广工作，所颁布的《关于开展私人购买新能源汽车补贴试点的通知》提出要为私人消费者购买电动汽车提供专项财政补贴，同时要求各地方政府制定地方财政补助、电价优惠、设置专用停车位等配套政策措施。但在2013年之前，此类政策的数量都较少，年均不超过2项。

在2012年"十城千辆"工程结束后，政府颁布的《关于继续开展新能源汽车推广应用工作的通知》确立了2013~2015年的推广方针，这一时期政府开始逐渐聚焦于私人消费领域的推广工作。为了贯彻这一指导性

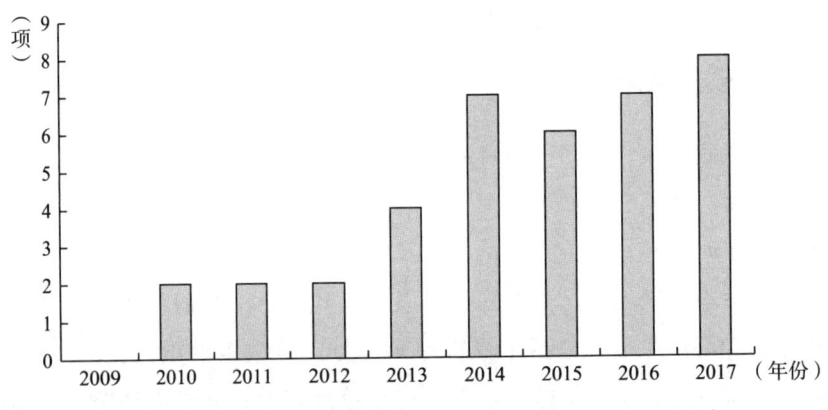

图 5-1 我国电动汽车激励政策年度发布数量（2009~2017 年）

政策，鼓励消费者购买和使用电动汽车，2013~2015 年政府出台的政策数量开始大幅增加，年均在 5 项以上。虽然 2015 年底标志着第二阶段电动汽车推广工作的结束，但 2016 年以后相关政策出台的数量仍然保持之前的增长趋势，2017 年出台的政策数量更是进一步增加。

二 政策发布主体

从不同主体发布的政策数量来看，国务院发布的政策为 7 项，国家发改委为 2 项，全国人民代表大会、建设部、国家能源局、工信部、交通运输部、商务部均为 1 项（见表 5-3）。各部委联合发布的数量最多，共有 23 项，其中以财政部、科技部、工信部和国家发改委四部委联合出台的政策为主。

表 5-3 电动汽车激励政策发布主体统计（2009~2017 年）

单位：项

发布主体	政策数量	发布主体	政策数量
国务院	7	交通运输部	1
国家发改委	2	商务部	1
国家能源局	1	联合	23
建设部	1	全国人大	1
工信部	1		

从政策年度来看,各部委联合发布的政策数量总体呈逐年上升态势,国务院发布的政策数量基本稳定,全国人民代表大会和其他单个部门发布的政策缺乏连续性,差异较大,经常出现"政策空窗期"(见图5-2)。之所以会出现这些现象,主要是因为电动汽车的发展是一个系统工程,需要从产业发展、行业管理、科技创新、财税支持、基础设施建设等多个方面合作推进。因而除了国务院单独发布的宏观指导政策,大部分政策为多部门联合发布,这也体现了在发展电动汽车过程中中央政府各部门之间的协同合作。此外,单个部门发布的政策多是为了解决当时的某一突出问题,如国家发改委在2014年和2016年两次出台《关于电动汽车用电价格政策有关问题的通知》,就是为了强调在推广电动汽车的过程中各地必须落实充电价格的扶持性政策,利用价格杠杆促进电动汽车的推广应用。

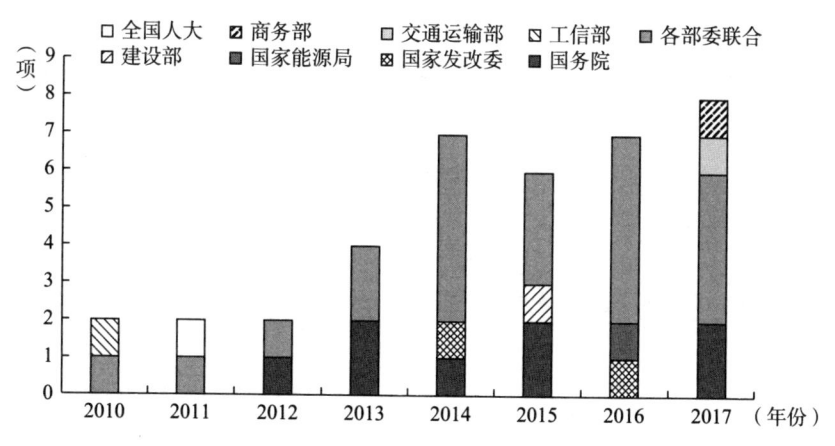

图5-2 电动汽车激励政策发布主体年度统计(2010~2017年)

三 政策形式

从政策文本形式来看,以"通知"形式出现的政策数量最多,为18项,占总数的一半以上;数量次之的为"意见",共有8项;"规划"为3项;"法"、"方案"和"公告"均为2项;其他类型的政策均为1项(见表5-4)。在法律方面,2011年发布的《中华人民共和国车船税法》和2017年发布的《中华人民共和国车辆购置税法》以法律形式确定了电动汽车在车船税和购置税方面所能享受的优惠；在规划方面，2010年和2012年两次发布的《节能与新能源汽车产业发展规划》提出了一系列保障政策措施，如加大财税政策支持力度、强化金融服务支撑、营造有利于产业发展的良好环境等。这反映了我国电动汽车推广工作还处于起步阶段，制度层面的环境性规范政策较为缺乏。

表5-4 电动汽车激励政策文本形式统计

	通知	意见	规划	细则	公告	方案	指南	办法	法
政策数量	18	8	3	1	2	2	1	1	2

从发布年度来看，以"通知"形式出现的政策数量整体呈增加态势（见图5-3）。此类政策多为对已有宏观规划的补充说明，或是针对某一具体领域的规定。2017年出台的相关政策中，虽然以"通知"形式出现的政策数量有所减少，但涵盖了"意见"、"方案"、"指南"和"法"等多种形式的激励政策。此外，可以看到2013年之前国家出台的电动汽车激励政策形式较为单一，主要为"通知"和"规划"两种形式，从2013年开始政策形式逐渐增多，这说明近年来国家开始逐渐重视在私人需求侧出台各种具体政策措施，以鼓励私人消费者购买电动汽车。

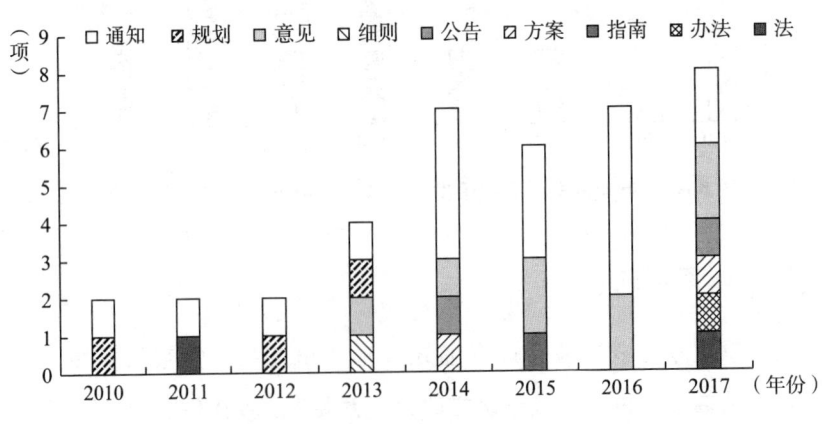

图5-3 电动汽车激励政策文本形式年度统计（2010~2017年）

四 政策激励方式

此部分需要统计每项政策的关键词,进而判断每项政策所使用的激励方式。具体来说,首先,需要仔细研读搜集到的每一篇政策文件,从中提取与鼓励消费者购买电动汽车有关的政策关键词。其次,规范关键词,具体方法如下:①剔除无效关键词,即全面浏览提取的关键词,剔除含义过于宽泛的关键词,如"电动汽车推广应用""降低电动汽车使用成本""鼓励购买使用电动汽车"等;②相近关键词合并,如"完善充电基础设施"和"建设充电基础设施","扶持性电价"、"充电价格补贴"和"电价优惠"等。经上述规范化处理,会得到若干个高频关键词,如"购车补贴""完善充电基础设施""电价优惠""减免停车费"等。基于每项政策所提取的关键词,结合政策文本内容,可以判断每项政策所涉及的主要政策激励方式,进而对这些政策进行归类。

根据频数统计结果,可以看到我国电动汽车激励政策初期主要是使用货币型激励方式(见图5-4)。从2012年开始,综合使用货币型和非货币型激励方式的政策整体呈增加态势,使用非货币型激励方式的政策则始于2013年。这在一定程度上说明,在推广电动汽车的初期,我国政府主要是通过财政补贴等货币型激励方式为电动汽车开创早期市场,以起到示范作用,在电动汽车的推广达到一定规模后开始使用非货币型以及混合型激励方式来多角度刺激消费者,同时这一时期政府也没有放弃货币型激励方式。

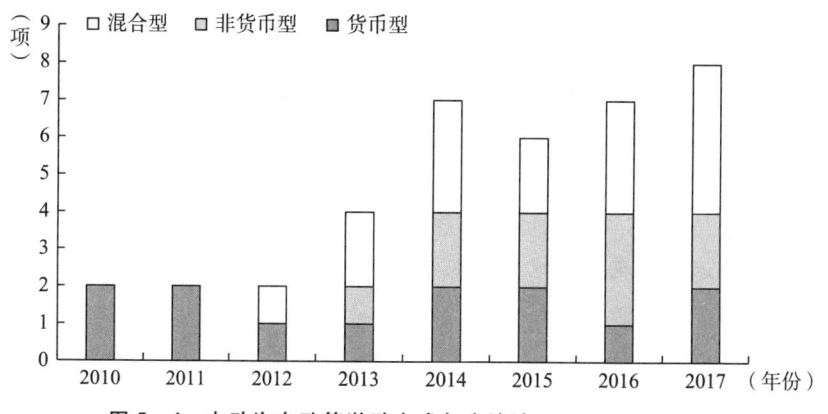

图5-4 电动汽车政策激励方式年度统计(2010~2017年)

五 政策激励环节

此部分继续使用之前所提取的关键词，在对这些关键词进行重新归类整理后进行频数统计，图 5-5 为对电动汽车政策激励环节的年度统计结果。

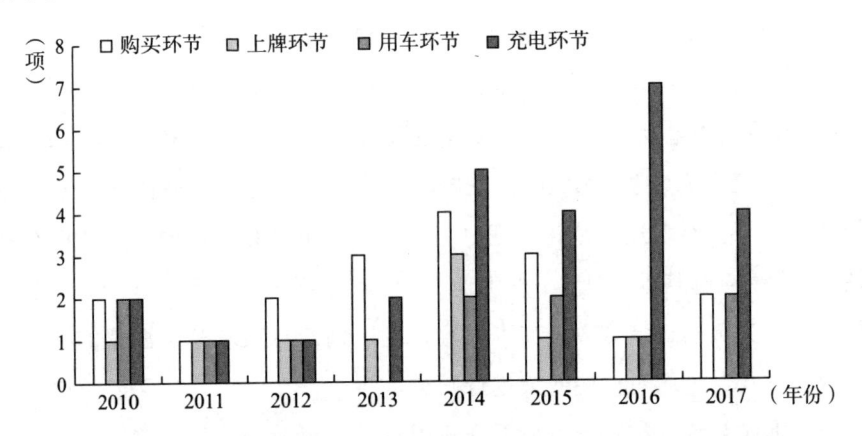

图 5-5 电动汽车政策激励环节年度统计（2010～2017 年）

注：由于部分政策文件同时涉及若干消费环节，因而此图中政策数量多于表 5-2 中政策汇总数量。

可以看到，对于购买环节，我国政府一直都比较重视，历年来出台了一系列政策来鼓励消费者积极购买电动汽车。在这一环节，提供购车补贴、免征购置税和免征车船税一直是政府的主要激励措施。在上牌环节，国家政府也逐渐开始重视，2014 年在这一环节出台的政策达到 3 项，这些政策成为实施机动车限购政策城市的消费者购买电动汽车的主要原因之一。在使用环节，国家出台的政策较为稳定。在充电环节，国家出台的政策数量变化幅度较大，2014 年迅速增加，在 2016 年更是多达 7 项，2017 年虽然有所减少，但仍高于 2014 年之前出台政策的年均数量。主要原因在于随着电动汽车推广数量不断增多，电动汽车"充电难"的问题日益突出，为解决这一难题，国家从公共充电站、单位充电站和家用充电桩等多个方面出台了相关政策。

第四节 我国电动汽车激励政策回顾

上一节通过频数统计对我国电动汽车激励政策进行了整体了解，这一节将结合之前量化统计的结果对这些政策展开具体分析，从而把握不同政策的内容和特点。本节将按上一节所界定的4个政策激励环节来展开。

一 购车环节激励政策

（一）国家补贴政策

我国于2009年开始的"十城千辆"工程便是旨在通过财政补贴来推广电动汽车。具体来说，其计划用3年左右的时间，每年发展10个城市，每个城市推出1000辆电动汽车开展示范运行。到2010年，共有25个城市被确定为"十城千辆"工程示范试点城市（见表5-5）。

表5-5 第一阶段电动汽车示范试点城市

批次	城市
第一批	北京、上海、重庆、长春、大连、杭州、济南、武汉、深圳、合肥、长沙、昆明、南昌
第二批	天津、海口、郑州、厦门、苏州、唐山、广州
第三批	沈阳、成都、呼和浩特、南通、襄樊

为了与国家后续确定的示范试点城市进行区别，通常将上述三批城市称为第一阶段电动汽车示范试点城市。"十城千辆"工程最初聚焦于在公交、出租、公务、市政、邮政等公共领域推广电动汽车。2010年，财政部、科技部、工信部、国家发改委联合出台《关于开展私人购买新能源汽车补贴试点的通知》，确定在上海、长春、深圳、杭州、合肥5个城市启动私人购买新能源汽车补贴试点工作，标志着电动汽车的推广从公共领域延伸到私人领域。此时的国家补贴政策有以下特点：第一，资金补贴给汽车生产企业，其按扣除补贴后的价格将电动汽车销售给消费者。第二，2009年实行的补贴政策主要是针对公用单位购车，特别是在客车等公用车方面，因而这一时期私人消费者购买电动汽车无法享受政府补贴。2010年国

家开始对私人消费者购买电动汽车进行补贴，根据《关于开展私人购买新能源汽车补贴试点的通知》，补贴标准依据汽车动力电池的容量进行确定，对满足补贴标准的电动汽车，按 3000 元/千瓦时给予补贴，插电式混合动力汽车最高补助 5 万元/辆，纯电动汽车最高补助 6 万元/辆。第三，这一时期的补贴标准是固定不变的。

为继续培育和发展电动汽车市场，在 2009 年开始的"十城千辆"工程到期后，财政部、科技部、工信部和国家发改委于 2013 年联合出台了《关于继续开展新能源汽车推广应用工作的通知》，继续依托城市尤其是特大城市推广应用电动汽车，重点在京津冀、长三角、珠三角等空气污染较严重的区域，选择积极性较高的特大城市或城市群实施，且提高了推广总量目标。2013 年 11 月，四部委发布的《关于支持北京天津等城市或区域开展新能源汽车推广应用工作的通知》明确北京、天津等 28 个城市或区域为第一批电动汽车示范城市或区域；2014 年 1 月，财政部等四部委发布的《关于支持沈阳长春等城市或区域开展新能源汽车推广应用工作的通知》明确内蒙古城市群、沈阳市、长春市、哈尔滨市、江苏省城市群等 12 个城市或区域为第二批电动汽车示范城市或区域（见表 5-6）。

表 5-6　第二阶段电动汽车示范试点城市或区域

批次	城市或区域
第一批	北京市、天津市、太原市、晋城市、大连市、上海市、宁波市、合肥市、芜湖市、青岛市、郑州市、新乡市、武汉市、襄阳市、长株潭地区、广州市、深圳市、海口市、成都市、重庆市、昆明市、西安市、兰州市、河北省城市群［石家庄（含辛集）、唐山、邯郸、保定（含定州）、邢台、廊坊、衡水、沧州、承德、张家口］、浙江省城市群（杭州、金华、绍兴、湖州）、福建省城市群（福州、厦门、漳州、泉州、三明、莆田、南平、龙岩、宁德、平潭）、江西省城市群（南昌、九江、抚州、宜春、萍乡、上饶、赣州）、广东省城市群（佛山、东莞、中山、珠海、惠州、江门、肇庆）
第二批	沈阳、长春、哈尔滨、淄博、临沂、潍坊、聊城、泸州、江苏省城市群（南京、常州、苏州、南通、盐城、扬州）、内蒙古城市群（呼和浩特、包头）、贵州省城市群（贵阳、遵义、毕节、安顺、六盘水、黔东南州）、云南省城市群（昆明、丽江、玉溪、大理）

为了与"十城千辆"工程期间确定的城市名单进行区别，这一阶段所确定的城市或区域通常被称为第二阶段示范试点城市或区域。根据各城市

或区域推广计划,至2015年底,计划推广的新能源汽车将超过30万辆。这一阶段国家对电动汽车的补贴标准见表5-7,主要特点可总结如下:第一,财政补贴资金仍然是拨付给汽车生产企业,补助对象是消费者,消费者按销售价格扣减补贴额度后进行购买;第二,补贴标准依据汽车的续航里程进行确定,每辆电动汽车最高补贴不超过6万元;第三,补贴额度逐年下降。

表5-7 我国2013~2015年电动汽车补贴标准

汽车类型	纯电续驶里程	2013年	2014年	2015年
纯电动汽车	80~150公里	3.5万元/辆	3.325万元/辆	3.15万元/辆
	150~250公里	5万元/辆	4.75万元/辆	4.5万元/辆
	≥250公里	6万元/辆	5.75万元/辆	5.4万元/辆
插电式混合动力汽车	≥50公里	3.5万元/辆	3.325万元/辆	3.15万元/辆
燃料电池汽车	不限	20万元/辆	19万元/辆	18万元/辆

为进一步促进电动汽车的持续健康发展,四部委于2015年出台了《关于2016—2020年新能源汽车推广应用财政支持政策的通知》,2016年各类电动汽车的补贴标准见表5-8,这一阶段补贴政策的特点表现为:第一,补贴额度大幅下降;第二,补贴门槛提高,纯电续航里程在100公里以下的电动汽车不再享受国家补贴;第三,补贴标准不再仅依据汽车的纯电续航里程进行确定,还加入了对最高车速、电池能量密度、百公里耗电量、插电式混合动力汽车在混动状态下的油耗等技术要求;第四,补贴范围扩大,从2016年开始中央财政对电动汽车购买补贴实施普惠制,即在所有城市购买电动汽车都可以享受国家补贴。

表5-8 我国2016年电动汽车补贴标准

汽车类型	纯电续驶里程	补贴标准
纯电动汽车	100~150公里	2.5万元/辆
	150~250公里	4.5万元/辆
	≥250公里	5.5万元/辆
插电式混合动力汽车	≥50公里	3万元/辆
燃料电池汽车	不限	20万元/辆

总的来看，我国近年来电动汽车补贴政策存在如下特点：第一，补贴额度逐渐下降，且下降速度逐渐加快；第二，补贴门槛逐渐提高，电动汽车补贴起初是以电池容量为衡量标准，逐渐转变为以续航里程为标准，随后不仅提高了续航里程要求，同时还对电池能量密度等技术指标进行了规定；第三，补贴范围扩大，从2016年开始国家在全国范围内开展电动汽车的推广应用，中央财政对于购买电动汽车的补贴实施普惠制，而之前的补贴仅限于指定的示范试点城市或区域。

（二）地方补贴政策

消费者购买电动汽车除了可以享受上述国家补贴，还可以享受地方各级政府（包括省、市、区）提供的补贴。在2016年之前，各地方政府均对电动汽车补贴标准进行了明确规定，基本按照与国家等额的比例进行配套。在深圳，地方补贴额度甚至高于国家补贴；在上海嘉定区和闵行区，区政府还提供了额外补贴。但这一阶段国家和地方总体补贴额度不允许超过电动汽车销售价格的60%。

在2016年之后，根据四部委出台的《关于调整新能源汽车推广应用财政补贴政策的通知》，地方财政补贴（地方各级财政补贴总和）不得超过中央财政补贴额的50%，这一规定使得地方补贴缩水了一半以上，表5-9为部分地区2017年地方补贴标准。此外，需要注意的是，即使是可以获得国家补贴的电动汽车，也未必能获得地方政府补贴[166]。例如，在北京享受地方补贴的电动汽车并不包括插电式混合动力车型，且只有进入北京市制定的《北京市示范应用新能源小客车生产企业和产品目录》的电动汽车才能享受北京市地方政府补贴。

表5-9 我国2017年部分地区电动汽车补贴标准

地区	地方补贴标准
北京	国家补贴的50%，国家和本地补贴不超过车辆销售价格的60%
山西	国家补贴的50%
甘肃	省级补贴为国家补贴的35%，市级补贴为国家补贴的15%
天津	国家补贴的50%，国家和本地补贴不超过车辆销售价格的50%
上海	纯电动汽车根据续航里程补贴1万~3万元/辆，插电式混动汽车补贴1万元/辆

续表

地区	地方补贴标准
江苏	补贴 0.9 万/辆,且不超过国家补贴 50%
青海	国家补贴的 50%
内蒙古	国家补贴的 50%
吉林	国家补贴的 50%
湖南	国家补贴的 10%

(三) 免征购置税和车船税政策

由于电动汽车价格普遍高于传统燃油汽车,消费者税负较高,为此国家相继出台了电动汽车车辆购置税和车船税减免政策。2011年第十一届全国人民代表大会颁布的《中华人民共和国车船税法》以立法的形式确定对节约能源、使用新能源的车船可以减征或者免征车船税。紧随其后,国务院出台了《中华人民共和国车船税法实施条例》以保障上述车船税法的实施。2015年5月,财政部、国家税务总局以及工信部联合发布了《关于节约能源使用新能源车船车船税优惠政策的通知》,对使用新能源的汽车免征车船税,并提出将不定期发布新的车船税减免目录。目前,这三部委已经分别于2012年3月、2012年5月和2015年8月公布了3批《享受车船税减免优惠的节约能源、使用新能源汽车车型目录》,其中销量较大的国产电动汽车车型基本都已纳入目录内。在车辆购置税方面,2014年8月,财政部等部门发布《关于免征新能源汽车车辆购置税的公告》,对新能源汽车自2014年9月1日至2017年12月31日免征车辆购置税。工信部和国家税务总局分别于2014年8月、10月、12月和2015年5月发布了4批《免征车辆购置税的新能源汽车车型目录》,与免车船税目录相类似,市面上在售的大部分国产电动汽车都涵盖在目录内。2017年8月,财政部和国家税务总局联合出台的《中华人民共和国车辆购置税法(征求意见稿)》规定,"对符合条件的新能源汽车、公共汽电车辆等临时性减免车辆购置税政策,可继续授权由国务院决定",进一步把电动汽车可以享受购置税减免以法律形式确定下来。2017年12月,财政部、国家税务总局、工信部、科技部联合发布的《关于免征新能源汽车车辆购置税的公告》指出,自2018年1月1日至2020年12月31日，对购置的电动汽车继续免征车辆购置税。也就是说，现有政策确保了电动汽车在近几年仍可以享受购置税减免这一优惠。虽然对电动汽车免征购置税和车船税的政策已延续至今，但需要注意的是免税政策不会一直持续下去。在免税期结束后，未来电动汽车是否还能享受这些优惠尚不明晰。此外，消费者所购买的电动汽车必须在政府已颁布的指定目录中，否则将享受不到这些税收优惠政策。

（四）保险费用优惠政策

消费者在购买汽车后，除了要缴纳车辆购置税和车船税，还需要缴纳保险费用。在众多保险种类中，"机动车交通事故责任强制保险"（简称"交强险"）是国家法律规定实行的强制保险制度，消费者只有在缴纳"交强险"后才允许上路行驶。近年来，部分试点城市在该方面提供了优惠政策，如西安市和合肥市对购买电动汽车的私人消费者的首次机动车交通事故责任强制保险费用均给予全额财政补贴。

二 上牌环节激励政策

（一）不限购政策

为了解决城市交通拥堵问题，缓解交通压力，部分大城市采取了限购政策来对汽车总量进行控制。不同地区有不同的做法，具体来说有3种：第一，摇号分配指标制度，也就是说汽车上牌额度全部采用摇号制，消费者能否获得车牌取决于摇号结果，采用这种制度的城市有北京；第二，竞价获取指标制度，也就是说要根据车主出价的高低来决定车牌归属，采用这种制度的城市有上海；第三，"半摇号、半拍卖"制度，广州和天津对机动车号牌新增额度的分配，都采取了这种制度。截至2015年5月底，全国共有北京、上海、广州、天津、杭州、贵阳、石家庄、深圳8个城市实施汽车限购政策。限购政策虽然不利于汽车市场的整体发展，但限购城市基本上都对电动汽车区别对待。

为了鼓励消费者购买电动汽车，在2016年之前，国家一再强调要在电动汽车上牌方面给予优惠，不同地区的做法存在一定差异，具体来说包括如下3种类型。第一，直接上牌，如在上海、天津、西安、杭州、贵州等城市购买电动汽车不受限制，不用申请摇号或者参与竞价拍卖，可以直接上牌。第二，单独摇号，也就是说购买电动汽车的消费者需要在当地新能源汽车专用配置指标中摇号，如北京和广州。如果申请摇号的数量小于政府当期设置的专用指标配额，则可以直接获得指标进行上牌；如果申请摇号的数量大于政府当期设置的指标配额，则只有中签者才有资格上牌，即使在这种情况下电动汽车的摇号中签率也要远远高于普通燃油车。第三，如果消费者名下已有一辆登记的汽车，可额外申请一个电动汽车指标，但是同样需要摇号，摇号上牌的规则与第二类一致。可以看到，在这一阶段，相比于燃油汽车，电动汽车在上牌方面存在很大优势。

2016 年之后，国务院常务会议明确提出，各地方政府对电动汽车实行的限购政策应当全部取消。基于前面的介绍，可以看到第二类和第三类上牌优惠政策在一定程度上还是限制了电动汽车的上牌，在 2016 年之后实施这些政策的城市已基本将其取消，取而代之的均为直接上牌政策。因而，在这里可以做一个简单总结，即电动汽车在上牌阶段经历了从受一定限制到完全不受限制的过程。

（二）上牌优先通道及免收上牌费用政策

除了在获取上牌指标方面可以享受优惠，部分城市在上牌过程中还为电动汽车提供便利，即为电动汽车设立注册登记、上牌绿色通道，以减少程序，缩短办理时间，同时还免收上牌费用。目前，已有很多城市实施了这一政策措施，如上海、广州、西安、哈尔滨等。

（三）专属车牌政策

我国从 2016 年底开始试点电动汽车专属车牌，上海、南京、无锡、济南、深圳 5 个城市为首批试点城市。按照公安部统一安排，从 2017 年 11 月起，在上述 5 个城市试点应用的基础上，进一步在 10 个城市启用电动汽车专属车牌，它们是保定、长春、福州、青岛、郑州、中山、柳州、重庆、成都和昆明；2017 年底前，除直辖市、省会城市、自治区首府启用外，各省（区）还要有 1~2 个城市启用新车牌；2018 年上半年，在全国所有城市全面推广电动汽车专属车牌。电动汽车专属车牌与普通汽车有很大的不同。电动汽车专属车牌的底色采用渐变绿色，与普通汽车的车牌相比,电动汽车牌照号码增加一位,即由 5 位升为 6 位。车牌中字母"D"代表纯电动汽车,字母"F"代表非纯电动汽车(包括插电式混合动力汽车和燃料电池汽车等)。试点专属车牌的目的在于:一方面,可以更有效、更便捷地辨识电动汽车,帮助交通管理部门实施差异化交通管理政策;另一方面,可以更鲜明、更直接地彰显电动汽车节能环保的特点,推动其快速发展。

三 用车环节激励政策

(一)便利通行政策

为缓解交通压力,很多大城市实行了机动车限行政策。例如,北京目前采用尾号限行政策,不同尾号有不同的限行时间,在限行时间内不得在五环以内行驶;上海目前采用高峰时段限行政策,在上下班高峰时段,非上海车牌汽车不得在内环路上行驶;还有些城市实行了景区限行政策,如杭州的西湖景区等。为了鼓励消费者购买和使用电动汽车,政府一再出台政策以确保电动汽车在全国范围内不受限行政策的限制。此外,在部分城市,电动汽车还可以享受一些行驶"特权",如在深圳和西安,电动汽车可以享受在公交车道行驶的优惠政策。

(二)停车费优惠政策

2015 年 12 月,国家发改委、住建部、交通运输部联合印发《关于进一步完善机动车停放服务收费政策的指导意见》,鼓励各地结合实际情况,考虑停车供需状况差异,推行不同区域、不同位置、不同车型的停车服务差别收费,鼓励对电动汽车停车服务收费给予适当优惠。表 5-10 为我国部分城市电动汽车停车费优惠政策汇总,可以看到大部分城市的停车优惠政策均有时间限制,一般为减免 1~2 小时的停车费用。

表 5-10 我国部分城市电动汽车停车费优惠政策

城市	具体措施
南京	在本市道路临时停车泊位停车时间不超过 1 小时的,免收停车费
合肥	在本市道路停车免收临时停车费

续表

城市	具体措施
成都	在本市临时占道停车场停放的，可享受免首2小时停车费的优惠
兰州	在本省注册登记的电动汽车，可享受停车费减半优惠
西安	在本市部分公共和繁华商业区停车场，对电动汽车实行减免停车费政策
柳州	本市城市道路临时停放泊位及所有公共场地停车场对电动汽车实行免费停放政策；其他实施政策定价或指导价的公共停车场对电动汽车实行2小时内免费停放政策；实行市场调节价的公共停车场对电动汽车实行1小时以上免费停放政策等
襄阳	对于电动汽车，停车前2个小时免收停车费，第二个2小时减半收取停车费
深圳	在路内停车位免首次（首1小时）临时停车费

（三）免过路费政策

目前，中国已建成的收费公路超过了10万公里，世界银行有关我国收费公路的研究报告表明，中国汽车平均每公里过路费是0.8~1.4元。为了刺激电动汽车的发展，很多地方政府对电动汽车实施免收过路费的优惠政策。如石家庄市已经发布了政策，规定电动汽车享受在省内高速公路及其他收费公路行驶免过路费的特别优待；北京市政府也在考虑对纯电动汽车免收过路费，预期将于近期发布正式文件。

（四）优先年检通道及免年检费用政策

消费者购买汽车使用若干年后，需要按照国家规定到指定检验机构进行验车，以保证汽车处于良好状态，确保汽车行驶安全。对于电动汽车来说，同样需要进行年检。目前，很多试点城市在这一方面也给予电动汽车优惠政策，如哈尔滨、重庆、惠州等。此类优惠政策主要体现在两个方面：第一，为电动汽车提供优先通道，使其可以便捷、快速地进行车辆检查，避免了消费者排队扎堆的烦恼；第二，为消费者减免年检费用，降低电动汽车的使用成本。

四 充电环节激励政策

（一）完善公共充电基础设施政策

充电基础设施是指为电动汽车提供电能补给的各类充换电设施。充电基础设施建设是影响我国电动汽车推广的关键因素之一，大力推进充电基础设施建设，有利于解决电动汽车充电难题，是推广电动汽车的重要保障。自国家决定推广电动汽车以来，完善充电基础设施一直是国家和地方政府工作的重心之一。各地方在政策具体实施过程中存在困难，原因在于充电基础设施的完善涉及土地使用、电网规划、物业协调、盈利困难、利用率不均等诸多问题。因而国家在2015年之后出台了一系列充电基础设施相关政策，在很多具体方面进行了规定。

目前，国家采取充电站（桩）适度先行的建设战略，根据《电动汽车充电基础设施发展指南（2015—2020年）》，预计到2020年，我国将新增超过1.2万个集中式充换电站和480万个分散式充电桩，以满足全国500万辆电动汽车的充电需要，这其中优先完善公交、出租、物流等公共服务领域的充电基础设施。各地方政府也积极出台相关政策，具体包括两个方面：第一，制定充电基础设施规划，为本地充电基础设施的发展制定目标；第二，制定充电基础设施补贴标准，为本地充电基础设施的发展提供资金支持。在已出台相关政策的地区中，北京、石家庄、陕西、湖南、福建、龙岩、厦门、福州、云南、梧州、新疆、浙江、山西、泸州、河南这15个省市明确出台了电动汽车充电基础设施专项规划。充电基础设施规划和补贴都明确出台的省市仅有北京、上海、河北、中山、甘肃和江西。表5-11为部分省市充电基础设施的建设规划目标。

表5-11 我国部分省市电动汽车充电站（桩）建设目标

省市	建设目标
北京	2016~2020年拟新增电动汽车充电桩43.5万个
上海	2017年，拟新增充电桩10.3万个，到2020年达到21.1万个
河北	到"十三五"末，拟新增充电站1970座、充电桩65625个
湖南	2020年，拟新增充电站415座、充电桩20万个
安徽	2020年，拟新增充电站500座、充电桩18万个
福建	2020年，拟新增充电站387~400座、充电桩9万~12万个
云南	2020年，拟新增充电站超过350座、充电桩超过16.3万个
沈阳	2020年，拟新增充电站120座、充电桩7200个
衡水	2020年，拟新增充电站114座、充电桩7638个
石家庄	到"十三五"末，拟新增充电站296座、充电桩9844个

（二）完善私人充电设施政策

虽然公共领域充电设施的完善可以在很大程度上缓解电动汽车的充电问题，但在现阶段使用公共充电桩充电时，消费者不得不面对充电等待时间长、寻找充电桩和缴纳停车费等问题，所以家用充电桩成为消费者更为理想的选择。因而，除了在公共领域大力支持充电设施的建设，为了鼓励消费者在自有车位建设充电桩，很多地方政府对消费者在购买电动汽车后，在自用车位安装建设充电桩也给予一定补贴，具体可见表 5-12。可以看到，政府除了直接对消费者进行补贴，也对单位和物业公司进行奖励。这主要是因为消费者除了在居住地充电，单位也是理想的充电地点。此外，消费者在申请安装充电桩时，所提交的申请往往需要物业同意，而目前自用充电桩建设往往首先受阻于小区物业公司。

表 5-12 我国部分城市个人自建充电桩补贴标准

城市	具体措施
西安	①私人购买新能源汽车给予 1 万元/辆的财政补贴，用于自用充电设施安装和充电费用；②对于直接或组织员工一次性购买新能源汽车超过 10 辆的法人单位，给予 2000 元/辆的财政奖励，专项用于单位自用充电设施建设
成都	在本地购买电动汽车并上牌后，在自用车位安装充电桩的，给予每桩 600 元的补贴
合肥	个人购买纯电动汽车给予 10000 元/辆的充电费用和私用充电设施安装补助
柳州	对协助业主报装个人用户充电设施的物业公司，给予每个充电设施 200 元的奖励

（三）充电费用优惠政策

在电价优惠方面，2014 年 8 月国家发改委发布《关于电动汽车用电价格政策有关问题的通知》，提出对电动汽车充换电设施用电实行扶持性电价政策，对充换电服务费实行政府指导价管理，以进一步减少使用环节费用，充分利用价格杠杆促进电动汽车的推广应用。大部分推广应用城市或区域已经出台了专门的电动汽车充换电设施用电和服务价格政策，明确实行扶持性电价政策（上海等城市执行峰谷分时电价政策），按照有倾斜、有优惠等原则对充电服务费实行政府指导价管理（远低于用油成本），并将电动汽车充换电设施配套电网改造成本纳入电网企业输配电价。

根据目前的政策，对居民家庭住宅、居民住宅小区、执行居民电价的非居民用户中设置的充电设施,执行居民用电价格中的合表用户电价。也就是说,不考虑阶梯电价的变化,消费者在家里或小区内给电动汽车充电约为 0.5 元/度;党政机关、企事业单位和社会公共停车场中设置的充电设施用电,执行"一般工商业及其他"类用电价格,目前约为 0.87 元/度。电动汽车充换电设施用电,执行峰谷分时电价政策。此外,消费者在公共或经营性充电场所进行充电,除了要缴纳电费,还需要缴纳充电服务费,而在自用充电位充电则不需要缴纳充电服务费。目前,充电服务费每千瓦时收费上限标准为当日北京 92 号汽油每升最高零售价的 15%,部分城市的充电服务费标准可见表 5-13。

表 5-13 我国部分城市电动汽车充电服务费上限标准

城市	充电服务费上限标准
北京	0.8 元/千瓦时
上海	1.6 元/千瓦时
广州	1.2 元/千瓦时
南昌	1.8 元/千瓦时
无锡	1.47 元/千瓦时
南京	1.44 元/千瓦时
济南	1.45 元/千瓦时
厦门	1.2 元/千瓦时
深圳	1 元/千瓦时
合肥	0.75 元/千瓦时(直流);0.53 元/千瓦时(交流)
青岛	0.65 元/千瓦时

第六章
电动汽车激励政策的消费者心理响应

电动汽车激励政策的消费者响应是本书主要研究内容之一。然而，消费者对电动汽车激励政策的响应较为复杂，有必要结合前一章回顾的政策内容，基于相关数据对其进行定量分析。本书第五、第六和第七章是一个层层递进的过程，分别从3个连贯的主题探讨消费者对电动汽车激励政策响应的相关问题。消费者心理响应是本章的主要研究内容，主要探讨消费者对电动汽车激励政策的认知和偏好情况。

第一节 问卷设计

本部分的调查问卷主要包括3个部分的内容：受访者对电动汽车激励政策的认知、受访者对电动汽车激励政策的偏好和受访者的个人基本信息。其中，受访者对电动汽车激励政策的认知部分主要是参考 Kang 和 Park[167]、Zhang 等[168]及 Li 等[25]研究中的相关题项；受访者对电动汽车激励政策的偏好主要是基于联合分析法进行设计，将在后面进行详细介绍。为了保证问卷调查的质量，在正式调查之前，对南京市 100 名居民进行小范围预调研，通过受访者对问卷题项的反馈，对问卷做了相应更改，最终形成正式调查问卷，从而增强问卷提问和答题选项的针对性。之所以选择江苏省南京市作为预调研地区，主要是因为江苏省是中国经济文化最发达的省份之一，其车辆保有量的增长速度非常快，截至 2014 年底，江苏省私人汽车保有量约为 665.6 万辆，较上年同期增长了 20%（高于全国 18.4%

的增速)。此外,江苏省南京市是国家确定的新能源汽车推广示范城市。

问卷第一部分为受访者对电动汽车激励政策的认知情况调查。此处的政策措施是基于前一章对所有政策按激励环节进行的划分。其中,调查消费者对不同政策的认知主要是将不同政策的主要内容列出,测试受访者对所列出的政策内容是否熟悉,采用李克特 5 级量表进行测量,1 分表示"非常不熟悉",2 分表示"比较不熟悉",3 分表示"一般",4 分表示"比较熟悉",5 分表示"非常熟悉"。考虑到问卷中所列出的政策措施并不是在所有城市都已经实施,问卷根据受访者所在城市专门设置了跳转选项。例如,合肥市并没有私家车限行政策,因而合肥市的受访者要跳过这一题,只有在实施限行政策的城市(如北京、上海、南京等)的受访者才可以填写。

问卷第二部分为受访者对电动汽车激励政策的偏好情况调查。这一部分主要基于联合分析法进行分析,这种方法主要是通过构建虚拟的情境,模拟消费者在特定情境下所做出的购买决策。在实际生活中,消费者在做出购买决策时需要综合考虑商品的各个属性,对不同商品进行比较,在仔细权衡后,选择满意的商品。联合分析法正是基于这一过程,首先,确定目标商品的若干属性和属性水平,以模拟现实中的商品;其次,设计虚拟场景,让受访者选择其认为最满意的商品;最后,利用数理统计方法核算受访者对不同属性和属性水平重要程度的判断,进而研究消费者的偏好程度。假如某产品的主要特征可以分解为一些属性,便可以通过联合分析法确定消费者最偏爱哪一属性。本部分的主要目的在于分析消费者对不同政策的偏好程度,这里所模拟的不再是商品,而是政策组合,将消费者置于不同的政策组合下,观察其购买决策,进而判断消费者对不同政策的偏好程度。根据之前的研究,所设置的属性数量以 4~5 个为宜,属性过多会增加受访者的答题难度,引起抵触情绪,降低数据质量;属性太少又会导致信息缺失,降低结果的可靠性[169]。根据这一准则,将之前划分的 4 个激励环节设置为属性,将不同激励环节所包含的政策设置为属性水平,具体可见表 6-1。

表 6-1 属性和属性水平选择

属性	属性水平
购车环节	无；购车补贴；税收优惠；保险费用优惠
上牌环节	无；不限购；上牌优惠；专属车牌
用车环节	无；便利通行；停车费优惠；免过路费；年检优惠
充电环节	无；完善公共充电设施；完善私人充电设施；充电费用优惠

在确定属性和属性水平后，需要将它们进行组合，形成一系列选择任务。如果直接进行随机组合，会有成千上万种政策组合，这显然无法直接呈现给受访者，因而有必要进行简化处理。本书选取正交实验设计方法进行处理，这是一种科学的简化方法，它是根据正交性挑选出部分最有代表性的组合，这些有代表性的组合具有"均匀分散，齐整可比"的特点。利用 SPSS 软件的正交实验设计功能，可以得到 25 个政策组合（示例见表 6-2）。在调查中，受访者需要依次对这些政策组合进行判断，判断自己在不同的政策组合下是否会购买电动汽车。这里采取李克特五级量表，让受访者进行打分，受访者对某一政策组合的评分越高，说明该组合对消费者的效用越高。

表 6-2 政策偏好数据收集示例

假设可以享受如下优惠政策，您是否会选择购买电动汽车：	
购车环节：	购车补贴
上牌环节：	专属车牌
用车环节：	年检优惠
充电环节：	充电费用优惠
□非常不可能购买　□不可能购买　□不确定　□可能购买　□非常可能购买	

问卷第三部分的基本信息包括性别、年龄、婚姻状况、受教育程度、月收入、家庭人口数、家庭汽车数量、家庭电动汽车数量、住宅类型、居住地类型、住宅附近是否有充电设施、家中是否有条件为电动汽车充电。

第二节 数据来源和样本特征

一 数据来源

正式调研选取北京、上海、南京、广州、杭州、合肥作为调查地点，选择上述城市有如下几个方面原因：第一，这些城市均为《关于继续开展新能源汽车推广应用工作的通知》中指定的推广示范城市，消费者有更多机会接触和了解电动汽车及相关激励政策；第二，所选城市均为所在省的省会城市，其车辆保有量均位居各省前列，可以推测这些城市私家车的潜在消费者也较多，因而会有更多的消费者关注电动汽车相关优惠政策；第三，这些城市在地域分布上具有代表性，能够有效反映我国东部城市的主要情况。

此次调查共回收了有效问卷1039份，其中北京、上海、南京、广州、杭州、合肥回收的问卷数量分别为178份、183份、169份、173份、159份和177份，调查于2017年10月初开始，至10月底完成。

二 样本特征

表6-3反映了此次调查的样本结构，主要涉及性别、年龄、婚姻状况、受教育程度、家庭人口数、家庭汽车数量、住宅类型、月收入、居住地类型、家庭电动汽车数量、住宅附近是否有充电设施、家中是否有条件为电动汽车充电。

表6-3 受访者人口统计学特征

特征	分类指标	比例（%）	特征	分类指标	比例（%）
性别	男	47.83	住宅类型	短期租房	1.9
	女	52.17		长期租房	15.76
年龄	18~25岁	9.01		自有产权房	79.89
	26~30岁	26.36		朋友或亲戚家	2.45

续表

特征	分类指标	比例（%）	特征	分类指标	比例（%）
年龄	31~40岁	30.39	月收入	2000元及以下	15.22
	41~50岁	22.01		2001~4000元	20.11
	50岁以上	12.23		4001~6000元	26.36
婚姻状况	未婚	38.32		6001~8000元	15.22
	已婚	59.78		8001~10000元	8.97
	离异或丧偶	1.9		10001~15000元	7.34
受教育程度	初中及以下	3.26		15001~20000元	4.62
	高中或中专	7.88		20000元以上	2.17
	大专	19.02	居住地类型	城市	73.37
	本科	41.85		郊区	19.57
	硕士及以上	27.99		农村	7.07
家庭人口数	1人	4.35	家庭电动汽车数量	0辆	88.04
	2人	8.97		1辆	9.24
	3人	49.46		2辆	2.45
	4人	22.83		3辆及以上	0.27
	5人及以上	14.4	住宅附近是否有充电设施	是	30.71
家庭汽车数量	0辆	33.15		否	69.29
	1辆	55.98	家中是否有条件为电动汽车充电	是	34.24
	2辆	10.05		否	65.76
	3辆及以上	0.82			

可以看到，47.83%的受访者为男性，52.17%的受访者为女性；受访者中31~40岁的人数最多，占总人数的30.39%；超过一半（59.78%）的受访者婚姻状况为已婚；大多数受访者拥有大专及以上学历，占总人数的88.86%；家庭人口数为3人的受访者比例最大（49.46%），其次为四口之家（22.83%）；有79.89%的受访者住宅类型为自有产权房，长期租房的受访者次之，占15.76%；受访者的月收入水平差距较大，其中月收入在4001~6000元的受访者人数最多，占26.36%；绝大部分受访者为城市居民（73.37%），郊区和农村受访者分别占19.57%和7.07%；约2/3的受访者家中有私家车，家中没有私家车的受访者占33.15%；绝大多数

受访者家中都没有电动汽车,只有11.96%的受访者家中有电动汽车;住宅附近有充电设施的受访者占30.71%;家中有条件为电动汽车充电的受访者占34.24%。

第三节 消费者对电动汽车激励政策的认知

一 消费者对电动汽车激励政策的总体认知

本部分主要是用频数统计展示受访者对不同电动汽车激励政策的认知情况,具体可见表6-4和图6-1。本部分的结果是使用李克特五级量表测量得到,因而分值越高表示消费者对这一政策的了解程度越高。此外,由1分和2分表示受访者对某一政策"非常不熟悉"和"比较不熟悉",本书将低于3分的界定为"劣性值";4分和5分表示对某一政策"比较熟悉"和"非常熟悉",本书将高于3分的界定为"优性值"。

表6-4 消费者对各类政策认知的均值、标准差、劣性值占比和优性值占比

环节	政策类型	均值（分）	标准差（分）	劣性值占比（%）	优性值占比（%）
购车环节（2.51分）	购车补贴	2.56	1.347	50.7	23.7
	税收优惠	2.64	1.388	50.7	28.6
	保险费用优惠	2.32	1.360	61.5	22.6
上牌环节（2.76分）	不限购	2.92	1.502	41.9	40.6
	专属车牌	2.77	1.540	49.6	37
	上牌优惠	2.6	1.404	51.2	28.9
用车环节（2.43分）	便利通行	2.55	1.417	52.3	28.1
	停车费优惠	2.44	1.378	57.7	25
	免过路费	2.37	1.392	61	25.3
	年检优惠	2.37	1.354	59.2	22.6
充电环节（2.53分）	充电费用优惠	2.57	1.42	52.6	28.6
	完善私人充电设施	2.43	1.359	57.8	25.1
	完善公共充电设施	2.6	1.4	51.7	29.4

总体来看，大部分政策的劣性值占比都在50%以上，这说明超过一半的消费者对这些政策不是很了解；除了不限购政策和专属车牌政策外，所有政策的优性值占比都低于30%，这说明仅有不到1/3的消费者比较了解这些激励政策。从单个激励政策来看，消费者的认知程度均值从高到低排序为：不限购政策（2.92分）＞专属车牌政策（2.77分）＞税收优惠政策（2.64分）＞完善公共充电设施政策（2.6分）/上牌优惠政策（2.6分）＞充电费用优惠政策（2.57分）＞购车补贴政策（2.56分）＞便利通行政策（2.55分）＞停车费优惠政策（2.44分）＞完善私人充电设施政策（2.43分）＞免过路费政策（2.37分）/年检优惠政策（2.37分）＞保险费用优惠政策（2.32分）。从政策激励环节来看，消费者的认知程度按照均值从高到低排序为：上牌环节（2.76分）＞充电环节（2.53分）＞购车环节（2.51分）＞用车环节（2.43分）。

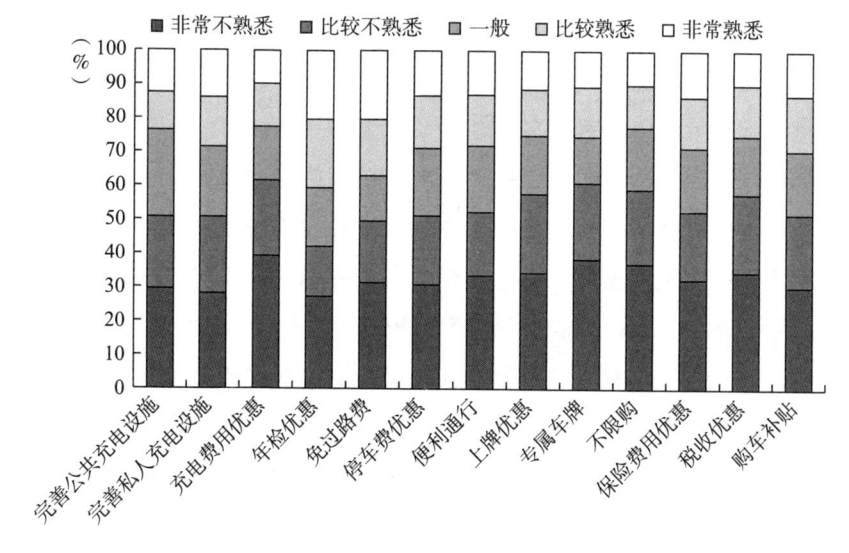

图 6-1　消费者对各类政策认知的频率分布

在4个环节中，消费者对上牌环节的激励政策更为了解，其中对不限购政策的了解程度最高，其均值为2.92分，优性值占比为40.6%，劣性值占比为41.9%；其次是专属车牌政策，其均值为2.77分，优性值占比为37%，劣性值占比为49.6%；最低的是上牌优惠政策，其均值为2.6分，优性值占比为28.9%，劣性值占比为51.2%。可以看到，消费者对不限购和专属车牌政策的了解程度差距不是很大，而对上牌优惠政策的了解程度较低。原因可能是，在所调查的机动车限购城市，不限购是电动汽车的明显优势，消费者选择电动汽车可以免去摇号排队和牌照拍卖过程，直接上牌或者比燃油车更容易地获得牌照，这也是地方政府和经销商用来宣传、吸引消费者的一个重要方面。此外，电动汽车专属车牌政策始于2016年12月，目前所调研的城市中已有很多电动汽车使用这种车牌，在日常生活中越来越多的消费者可以见到这种新型车牌，由此引起消费者对这一激励政策的深入了解。

在充电环节，消费者对完善公共充电设施政策的了解程度最高，其均值为2.6分，优性值占比为29.4%，劣性值占比为51.7%；对充电费用优惠政策的了解程度次之，其均值为2.57分，优性值占比为28.6%，劣性值占比为52.6%；对完善私人充电设施政策的了解程度最低，其均值为2.43分，优性值占比为25.1%，劣性值占比为57.8%。可见，消费者对完善公共充电设施和充电费用优惠政策的了解程度相对较高，而对完善私人充电设施政策的了解程度较低。原因可能在于我国自2009年启动"十城千辆"工程以来，一直大力推动充电基础设施的建设，且主要聚焦于公共领域的基础设施。随着城市中公共充电基础设施的增多，消费者对这一方面相关政策的了解程度也不断提高，而完善私人充电设施的政策大多是近几年才颁布的，消费者的了解程度比较有限。

在购车环节，消费者对税收优惠政策的了解程度最高，其均值为2.64分，优性值占比为28.6%，劣性值占比为50.7%；对购车补贴政策的了解程度次之，其均值为2.56分，优性值占比为23.7%，劣性值占比为50.7%；对保险费用优惠政策的了解程度最低，其均值为2.32分，优性值占比为22.6%，劣性值占比为61.5%。根据这些数据可以发现，消费者对于能够直接降低成本的购车补贴政策的了解程度并不是很高，而对税收优惠政策的了解程度最高。这可能是因为近年来政府逐渐取消了普通小排量燃油车（1.6升及以下）的购置税减免政策，而电动汽车的购置税减免政策却一直在实施，且减免车辆的范围不断扩大，两者之间的差距成为消费者较为关注的方面。此外，虽然购车补贴政策能够在很大程度上降低电动汽车的购买价格，但是相对于同级别的燃油车，其价格依然较高，导致消费者对相关政策不是很了解。另外，保险费用优惠政策能够节省的成本较为有限，且实施时间较短，因而消费者对其了解程度不高。

在用车环节，消费者对便利通行政策的了解程度最高，其均值为 2.55 分，优性值占比为 28.1%，劣性值占比为 52.3%；对停车费优惠政策的了解程度次之，其均值为 2.44 分，优性值占比为 25%，劣性值占比为 57.7%；对免过路费和年检优惠政策的了解程度最低，其均值都为 2.37 分，前者优性值占比为 25.3%，劣性值占比为 61%，后者优性值占比为 22.6%，劣性值占比为 59.2%。根据前一章政策回顾部分的介绍，便利通行政策包括不限行和允许在公交车道行驶等特权，这对于大城市特别是限行城市的消费者来说非常重要。如果消费者购买普通燃油车，在限行城市使用会非常不便，这些导致消费者较为了解此类政策。

二 消费者对电动汽车激励政策认知的差异性

（一）性别上的差异性

上一部分从总体上分析了消费者对不同激励政策的认知情况，本部分将进一步利用独立样本 T 检验和单因素方差分析探究不同人口统计学特征的消费者在这些政策的认知情况上有何差异。通过将消费者对各类政策的认知作为检验变量，将性别作为分组变量，就性别在消费者对各类政策的认知上是否存在显著性差异进行检验，表 6-5 为不同性别消费者政策认知的独立样本 T 检验结果。

表 6-5　不同性别消费者政策认知的独立样本 T 检验结果

		方差方程的 Levene 检验		均值方程的 T 检验		
		F	显著性	T	df	显著性（双侧）
购车补贴	方差相等	1.297	0.256	3.296	371	0.001
	方差不相等			3.300	370.279	0.001
税收优惠	方差相等	0.752	0.386	3.712	371	0.000
	方差不相等			3.714	369.284	0.000

续表

		方差方程的 Levene 检验		均值方程的 T 检验		
		F	显著性	T	df	显著性（双侧）
保险费用优惠	方差相等	0.036	0.850	1.872	371	0.062
	方差不相等			1.874	369.915	0.062
不限购	方差相等	1.802	0.180	5.712	371	0.000
	方差不相等			5.723	370.577	0.000
专属车牌	方差相等	0.671	0.413	4.331	371	0.000
	方差不相等			4.327	366.758	0.000
上牌优惠	方差相等	0.295	0.587	2.881	371	0.004
	方差不相等			2.884	369.558	0.004
便利通行	方差相等	0.124	0.725	2.980	371	0.003
	方差不相等			2.978	367.074	0.003
停车费优惠	方差相等	0.030	0.863	1.808	371	0.071
	方差不相等			1.809	369.550	0.071
免过路费	方差相等	0.123	0.726	0.765	371	0.445
	方差不相等			0.766	369.932	0.444
年检优惠	方差相等	1.420	0.234	1.250	371	0.212
	方差不相等			1.253	370.874	0.211
充电费用优惠	方差相等	0.487	0.486	1.712	371	0.088
	方差不相等			1.714	370.005	0.087
完善私人充电设施	方差相等	0.519	0.472	2.209	371	0.028
	方差不相等			2.215	370.889	0.027
完善公共充电设施	方差相等	3.094	0.079	2.166	371	0.031
	方差不相等			2.172	370.988	0.030

可以看到所有政策方差方程 Levene 检验的显著性值都大于 0.05，接受原假设"方差相等"，这说明不同性别消费者对各类政策认知的方差是齐性的，故需要进一步观测表格每一项政策第一行的双侧显著性值。可以看到购车补贴、税收优惠、不限购、专属车牌、上牌优惠、便利通行、完善私人充电设施和完善公共充电设施的双侧显著性值均小于 0.05，说明不同性别消费者对这些政策的认知在统计上有显著差异，即性别因素对消费者的政策认知影响显著。保险费用优惠、停车费优惠、免过路费、年检优

惠、充电费用优惠的双侧显著性值均大于 0.05，说明不同性别消费者对这些政策的认知在统计上无显著差异。

进一步比较不同性别消费者对各类政策认知的均值（见表 6-6），可以发现男性消费者对购车补贴、税收优惠、不限购、专属车牌、上牌优惠、便利通行、完善私人充电设施和完善公共充电设施政策的认知均值分别为 2.79 分、2.91 分、3.36 分、3.12 分、2.82 分、2.78 分、2.59 分和 2.77 分，均高于女性消费者，说明男性消费者对这些政策的了解程度更高。

表 6-6　不同性别消费者政策认知的组间均值比较

单位：分

政策类型	性别	均值	政策类型	性别	均值
购车补贴	男	2.79	上牌优惠	男	2.82
	女	2.34		女	2.40
税收优惠	男	2.91	便利通行	男	2.78
	女	2.38		女	2.35
不限购	男	3.36	完善私人充电设施	男	2.59
	女	2.51		女	2.28
专属车牌	男	3.12	完善公共充电设施	男	2.77
	女	2.44		女	2.46

（二）年龄上的差异性

通过将消费者对各类政策的认知作为检验变量，将年龄作为分组变量，就年龄在消费者对各类政策的认知上是否存在显著性差异进行了单因素方差分析，表 6-7 为年龄的单因素方差分析结果。

根据表 6-7 的结果，可以看到不同年龄段消费者对购车补贴、保险费用优惠和不限购政策认知的显著性值都小于 0.05，说明消费者对这些政策的认知程度有显著性差异，而对其他政策的认知没有显著性差异。表 6-8 进一步反映了不同年龄段的消费者对上述 3 类政策认知的均值，中年人（31~50 岁）对这 3 类政策的认知程度明显较高。其中 31~40 岁的消费者对购车补贴和不限购政策的了解程度最高，均值分别为 2.86 分和 3.32 分；

对保险费用优惠政策了解程度最高的为 41~50 岁的消费者，均值为 2.56 分。其他政策（包括税收优惠、专属车牌、上牌优惠、便利通行、停车费优惠、免过路费、年检优惠、充电费用优惠、完善私人充电设施和完善公共充电设施政策）的显著性值均大于 0.05，说明消费者对这些政策的认知在不同年龄段上没有显著性差异。

表 6-7 年龄的单因素方差分析结果

政策类型	F	显著性
购车补贴	4.402	0.000
税收优惠	2.117	0.051
保险费用优惠	3.163	0.005
不限购	2.857	0.010
专属车牌	1.317	0.248
上牌优惠	1.318	0.248
便利通行	1.626	0.139
停车费优惠	0.524	0.790
免过路费	0.510	0.801
年检优惠	1.097	0.363
充电费用优惠	0.581	0.746
完善私人充电设施	1.256	0.277
完善公共充电设施	0.477	0.826

表 6-8 不同年龄消费者政策认知的组间均值比较

单位：分

年龄段	购车补贴	保险费用优惠	不限购
18~25 岁	1.89	1.97	2.14
26~30 岁	2.53	2.20	3.00
31~40 岁	2.86	2.36	3.32
41~50 岁	2.83	2.56	3.05
50 岁以上	2.65	2.32	2.90

（三）婚姻状况上的差异性

采用和上一部分相同的方法，将消费者对各类政策的认知作为检验变量，将婚姻状况作为分组变量，就婚姻状况在消费者对各类政策的认知上是否存在显著性差异进行了单因素方差分析，表6-9为婚姻状况的单因素方差分析结果。

根据表6-9的结果，可以看到不同婚姻状况的消费者对购车补贴、税收优惠、保险费用优惠、便利通行和停车费优惠政策的认知存在显著性差异。进一步结合表6-10的组间均值比较，可以得出已婚的消费者对购车补贴政策的认知程度最高，均值为2.83分，其次为离异或丧偶的消费者，均值为2.43分。对于其他4项政策，认知程度最高的均为离异或丧偶的消费者，税收优惠、保险费用优惠、便利通行和停车费优惠政策的均值分别为3.14分、3.00分、3.29分和3.71分，已婚消费者对这些政策的了解程度次之，其均值分别为2.80分、2.45分、2.67分和2.48分。对于不限购、专属车牌、上牌优惠、免过路费、年检优惠、充电费用优惠、完善私人充电设施和完善公共充电设施政策来说，其显著性值均大于0.05，说明消费者对这些政策的认知在不同婚姻状况上没有显著性差异。

表6-9 婚姻状况的单因素方差分析结果

政策类型	F	显著性
购车补贴	11.887	0.000
税收优惠	5.005	0.007
保险费用优惠	4.669	0.010
不限购	2.525	0.081
专属车牌	0.506	0.603
上牌优惠	2.466	0.086
便利通行	3.134	0.045
停车费优惠	3.595	0.028
免过路费	1.118	0.328
年检优惠	2.284	0.103
充电费用优惠	0.794	0.453
完善私人充电设施	2.219	0.110
完善公共充电设施	0.774	0.462

表6-10　不同婚姻状况消费者政策认知的组间均值比较

单位：分

婚姻状况	购车补贴	税收优惠	保险费用优惠	便利通行	停车费优惠
未婚	2.15	2.36	2.06	2.35	2.33
已婚	2.83	2.80	2.45	2.67	2.48
离异或丧偶	2.43	3.14	3.00	3.29	3.71

（四）受教育程度上的差异性

采用单因素方差分析，将消费者对各类政策的认知作为检验变量，将受教育程度作为分组变量，就受教育程度在消费者对各类政策的认知上是否存在显著性差异进行了检验，表6-11为受教育程度的单因素方差分析结果。

根据表6-11，可以看到以受教育程度为分组变量，购车补贴、税收优惠、保险费用优惠、不限购、专属车牌、上牌优惠、便利通行、停车费优惠、免过路费、年检优惠、充电费用优惠、完善私人充电设施和完善公共充电设施政策的显著性值都大于0.05，这就说明不同受教育程度的消费者对所有政策的认知都没有显著性差异，即受教育程度对消费者对各类政策的认知程度没有显著性影响。

表6-11　受教育程度的单因素方差分析结果

政策类型	F	显著性
购车补贴	1.968	0.099
税收优惠	1.948	0.102
保险费用优惠	0.485	0.747
不限购	1.472	0.210
专属车牌	1.358	0.248
上牌优惠	0.856	0.491
便利通行	0.228	0.922
停车费优惠	0.512	0.727
免过路费	0.476	0.753
年检优惠	0.704	0.589
充电费用优惠	0.559	0.692
完善私人充电设施	0.568	0.686
完善公共充电设施	0.183	0.947

（五）月收入上的差异性

采用单因素方差分析，将消费者对各类政策的认知作为检验变量，将月收入作为分组变量，就月收入在消费者对各类政策的认知上是否存在显著性差异进行了检验，表6-12为月收入的单因素方差分析结果。

表6-12 月收入的单因素方差分析结果

政策类型	F	显著性
购车补贴	3.879	0.000
税收优惠	2.249	0.024
保险费用优惠	1.457	0.172
不限购	3.727	0.000
专属车牌	1.740	0.088
上牌优惠	1.124	0.346
便利通行	1.209	0.292
停车费优惠	0.600	0.778
免过路费	0.364	0.939
年检优惠	1.155	0.326
充电费用优惠	0.804	0.600
完善私人充电设施	0.597	0.781
完善公共充电设施	0.782	0.618

根据表6-12可以看到，购车补贴、税收优惠和不限购政策的显著性值都小于0.05，说明不同月收入的消费者对这3类政策的认知程度有显著性差异。结合表6-13的组间均值比较，可以发现对这3类政策了解程度较高的均为高收入消费者，其中对购车补贴和税收优惠政策了解程度最高的是月收入在15001~20000元的消费者，均值都为3.41分，对不限购政策了解程度最高的是月收入在10001~20000元的消费者，均值为3.59分。其他政策（包括保险费用优惠、专属车牌、上牌优惠、便利通行、停车费优惠、免过路费、年检优惠、充电费用优惠、完善私人充电设施和完善公共充电设施政策）的显著性值都大于0.05，说明消费者对这些政策的认知在不同收入水平上没有显著性差异。

表 6-13　不同月收入消费者政策认知的组间均值比较

单位：分

月收入	购车补贴	税收优惠	不限购
2000 元及以下	1.91	2.10	2.22
2001~4000 元	2.28	2.55	2.80
4001~6000 元	2.71	2.65	2.95
6001~8000 元	2.83	2.81	2.90
8001~10000 元	2.64	2.82	3.45
10001~15000 元	2.89	2.96	3.59
15001~20000 元	3.41	3.41	3.59
20000 元以上	2.62	2.50	3.25

（六）家庭人口数上的差异性

采用单因素方差分析，将消费者对各类政策的认知作为检验变量，将家庭人口数作为分组变量，就家庭人口数在消费者对各类政策的认知上是否存在显著性差异进行了检验，表 6-14 为家庭人口数的单因素方差分析结果。

根据表 6-14 的结果，购车补贴、税收优惠、保险费用优惠、不限购、便利通行、免过路费、年检优惠、充电费用优惠、完善私人充电设施、完善公共充电设施的显著性值小于 0.05，说明家庭规模不同的消费者对这些政策的认知有差异。进一步结合表 6-15 组间均值比较的结果，可以发现三口之家对税收优惠、便利通行、免过路费、年检优惠、充电费用优惠、完善私人充电设施的认知程度最高，两口之家的消费者对购车补贴、保险费用优惠、不限购和完善公共充电设施的认知程度最高。

表 6-14　家庭人口数的单因素方差分析结果

政策类型	F	显著性
购车补贴	3.879	0.004
税收优惠	3.872	0.004
保险费用优惠	2.640	0.034
不限购	3.037	0.017

续表

政策类型	F	显著性
专属车牌	1.991	0.095
上牌优惠	2.370	0.052
便利通行	2.484	0.043
停车费优惠	2.279	0.060
免过路费	4.160	0.003
年检优惠	4.512	0.001
充电费用优惠	3.440	0.009
完善私人充电设施	3.158	0.014
完善公共充电设施	2.987	0.019

表 6-15　不同家庭人口数消费者政策认知的组间均值比较

单位：分

政策类型	1人	2人	3人	4人	5人及以上
购车补贴	1.81	2.94	2.73	2.32	2.31
税收优惠	1.94	2.82	2.86	2.29	2.54
保险费用优惠	1.75	2.55	2.48	2.06	2.15
不限购	3.06	3.21	3.09	2.45	2.85
便利通行	2.44	2.70	2.75	2.30	2.22
免过路费	1.81	2.55	2.58	2.21	1.85
年检优惠	2.13	2.52	2.62	2.08	1.91
充电费用优惠	2.69	2.70	2.78	2.40	2.04
完善私人充电设施	2.38	2.42	2.65	2.13	2.11
完善公共充电设施	2.50	2.88	2.80	2.31	2.28

（七）家庭汽车数量上的差异性

采用单因素方差分析，将消费者对各类政策的认知作为检验变量，将家庭汽车数量作为分组变量，就家庭汽车数量在消费者对各类政策的认知上是否存在显著性差异进行了检验，表 6-16 为家庭汽车数量的单因素方差分析结果。

表 6-16 家庭汽车数量的单因素方差分析结果

政策类型	F	显著性
购车补贴	1.387	0.246
税收优惠	2.844	0.038
保险费用优惠	4.268	0.006
不限购	0.229	0.876
专属车牌	0.540	0.655
上牌优惠	1.956	0.120
便利通行	1.647	0.178
停车费优惠	2.127	0.096
免过路费	2.336	0.073
年检优惠	2.695	0.046
充电费用优惠	0.185	0.906
完善私人充电设施	0.492	0.688
完善公共充电设施	0.694	0.556

根据表 6-16 的结果，税收优惠、保险费用优惠和年检优惠政策的显著性值小于 0.05，说明家庭汽车数量不同的消费者对这 3 类政策的认知存在显著性差异。进一步结合表 6-17 中的组间均值比较，可以发现：家庭拥有 1 辆汽车的消费者对税收优惠和年检优惠政策的认知程度最高，其均值分别为 2.82 分和 2.53 分；家庭拥有 3 辆及以上汽车的消费者对保险费用优惠政策的认知程度最高，其均值为 2.67 分。其他政策（包括购车补贴、不限购、专属车牌、上牌优惠、便利通行、停车费优惠、免过路费、充电费用优惠、完善私人充电设施和完善公共充电设施政策）的显著性值均大于 0.05，说明不同家庭汽车数量的消费者对这些政策的认知没有显著性差异。

表 6-17 不同家庭汽车数量消费者的政策认知组间均值比较

单位：分

家庭汽车数量	税收优惠	保险费用优惠	年检优惠
0 辆	2.41	1.99	2.14
1 辆	2.82	2.52	2.53

续表

家庭汽车数量	税收优惠	保险费用优惠	年检优惠
2 辆	2.39	2.18	2.24
3 辆及以上	2.33	2.67	1.67

(八) 住宅类型上的差异性

采用单因素方差分析,将消费者对各类政策的认知作为检验变量,将住宅类型作为分组变量,就住宅类型在消费者对各类政策的认知上是否存在显著性差异进行了检验,表6-18为住宅类型的单因素方差分析结果。

根据表6-18可以看到,购车补贴、税收优惠、保险费用优惠、不限购、专属车牌、上牌优惠、便利通行、停车费优惠、免过路费、年检优惠、充电费用优惠、完善私人充电设施和完善公共充电设施政策的显著性值都大于0.05,说明不同住宅类型的消费者对所有政策的认知均没有显著性差异,即住宅类型对消费者的各类政策认知程度没有显著性影响。

表6-18 住宅类型的单因素方差分析结果

政策类型	F	显著性
购车补贴	0.751	0.522
税收优惠	0.637	0.592
保险费用优惠	0.309	0.819
不限购	0.623	0.601
专属车牌	0.352	0.788
上牌优惠	0.408	0.748
便利通行	0.494	0.687
停车费优惠	0.436	0.727
免过路费	0.196	0.899
年检优惠	0.080	0.971
充电费用优惠	0.570	0.635
完善私人充电设施	0.191	0.902
完善公共充电设施	0.592	0.620

（九）居住地类型上的差异性

采用单因素方差分析，将消费者对各类政策的认知作为检验变量，将居住地类型作为分组变量，就居住地类型在消费者对各类政策的认知上是否存在显著性差异进行了检验，表 6 – 19 为居住地类型的单因素方差分析结果。

表 6 – 19　居住地类型的单因素方差分析结果

政策类型	F	显著性
购车补贴	1.553	0.213
税收优惠	4.096	0.017
保险费用优惠	1.422	0.242
不限购	1.880	0.154
专属车牌	1.010	0.365
上牌优惠	0.431	0.650
便利通行	0.059	0.943
停车费优惠	0.333	0.717
免过路费	0.241	0.786
年检优惠	0.543	0.582
充电费用优惠	0.080	0.923
完善私人充电设施	0.488	0.615
完善公共充电设施	0.302	0.739

根据表 6 – 19 的结果，仅有税收优惠政策的显著性值小于 0.05，说明居住地类型不同的消费者对此类政策的认知存在显著性差异。进一步结合表 6 – 20 中的组间均值比较，可以发现居住在郊区的消费者对税收优惠政策的认知程度最高，其均值为 2.74 分。其他政策的显著性值均大于 0.05，说明消费者对其他政策的认知在不同居住地类型上没有显著性差异。

表 6 – 20　不同居住地类型消费者的政策认知组间均值比较

单位：分

政策类型	城市	郊区	农村
税收优惠政策	2.69	2.74	1.93

(十) 住宅附近是否有充电设施上的差异性

采用单因素方差分析，将消费者对各类政策的认知作为检验变量，将住宅附近是否有充电设施作为分组变量，就住宅附近是否有充电设施在消费者对各类政策的认知上是否存在显著性差异进行了检验，表6-21为住宅附近是否有充电设施的单因素方差分析结果。

根据表6-21的结果，所有政策的显著性值均小于0.05，说明住宅附近是否有充电设施对消费者的政策认知均有显著性影响。结合表6-22的组间均值比较，可以发现住宅附近有充电设施的消费者的政策认知程度均值更高，说明此类消费者对各类政策更为了解，其对各类政策的了解程度按均值高低排序如下：不限购 > 专属车牌 > 完善公共充电设施 > 税收优惠 > 上牌优惠 > 购车补贴 > 便利通行 > 充电费用优惠 > 停车费优惠 > 完善私人充电设施 > 免过路费 > 年检优惠 > 保险费用优惠。

表6-21 住宅附近是否有充电设施的单因素方差分析结果

政策类型	F	显著性
购车补贴	25.528	0.000
税收优惠	20.936	0.000
保险费用优惠	7.885	0.005
不限购	21.993	0.000
专属车牌	27.275	0.000
上牌优惠	21.803	0.000
便利通行	16.919	0.000
停车费优惠	17.279	0.000
免过路费	14.643	0.000
年检优惠	11.040	0.001
充电费用优惠	14.452	0.000
完善私人充电设施	14.082	0.000
完善公共充电设施	26.331	0.000

表 6-22　住宅附近是否有充电设施的政策认知组间均值比较

单位：分

政策类型	住宅附近有充电设施	住宅附近无充电设施
购车补贴	3.07	2.33
税收优惠	3.12	2.43
保险费用优惠	2.61	2.18
不限购	3.46	2.69
专属车牌	3.38	2.51
上牌优惠	3.11	2.39
便利通行	3.00	2.36
停车费优惠	2.88	2.25
免过路费	2.76	2.18
年检优惠	2.71	2.21
充电费用优惠	2.99	2.40
完善私人充电设施	2.82	2.26
完善公共充电设施	3.15	2.37

（十一）家中是否有条件为电动汽车充电上的差异性

采用单因素方差分析，将消费者对各类政策的认知作为检验变量，将家中是否有条件为电动汽车充电作为分组变量，就家中是否有条件为电动汽车充电在消费者对各类政策的认知上是否存在显著性差异进行了检验，表 6-23 为家中是否有条件为电动汽车充电的单因素方差分析结果。

表 6-23　家中是否有条件为电动汽车充电的单因素方差分析结果

政策类型	F	显著性
购车补贴	4.659	0.032
税收优惠	9.942	0.002
保险费用优惠	4.224	0.041
不限购	3.940	0.048
专属车牌	8.890	0.003
上牌优惠	10.325	0.001

续表

政策类型	F	显著性
便利通行	12.779	0.000
停车费优惠	12.262	0.001
免过路费	12.038	0.001
年检优惠	12.659	0.000
充电费用优惠	12.163	0.001
完善私人充电设施	12.622	0.000
完善公共充电设施	9.395	0.002

表6-24 家中是否有条件为电动汽车充电的政策认知组间均值比较

单位：分

政策类型	家中有条件为电动汽车充电	家中无条件为电动汽车充电
购车补贴	2.76	2.45
税收优惠	2.95	2.48
保险费用优惠	2.51	2.21
不限购	3.13	2.81
专属车牌	3.09	2.60
上牌优惠	2.92	2.44
便利通行	2.91	2.37
停车费优惠	2.78	2.27
免过路费	2.69	2.18
年检优惠	2.70	2.19
充电费用优惠	2.92	2.40
完善私人充电设施	2.76	2.25
完善公共充电设施	2.91	2.45

根据表6-23的结果，所有政策的显著性值均小于0.05，说明家中是否有条件为电动汽车充电对消费者的政策认知均有显著性影响。结合表6-24的组间均值比较，可以发现家中有条件为电动汽车充电的消费者的政策认知程度均值更高，说明此类消费者对各类政策更为了解。

第四节　消费者对电动汽车激励政策的偏好

一　联合分析法及实现过程介绍

消费者在了解各类电动汽车激励政策的过程中，会对不同政策产生特定的偏好，这种偏好不仅影响消费者如何看待和评价政府目前出台的政策，也会在很大程度上影响消费者最终的购买决定。在决定是否购买电动汽车前，消费者会仔细比较现有的各类激励政策，以便做出最终选择。因此，本章在利用描述性统计分析消费者对电动汽车激励政策认知情况的基础上，利用联合分析法分析和评估消费者对各类电动汽车激励政策的偏好情况。

联合分析法在本质上是一种多元统计方法，其通常被定义为一种通过观测受访者对多个决策属性组合的心理反应并对其进行评估的方法[171]。在本书中，受访者对某一政策组合的偏好评价，是由各政策激励环节中的不同激励政策组成的。效用值通常用来衡量受访者心里赋予每个激励环节中各政策的重要性，这些效用值是通过联合分析模型估计得出的，通常来说是依据受访者对不同政策组合的打分情况，分解为各政策的效用值[169]。联合分析模型可以用公式（6-1）表示如下：

$$Y = c + \sum_{i=1}^{n} \sum_{j=1}^{m} a_{ij} x_{ij} \qquad (6-1)$$

公式中 i 表示序号为 1 到 n 的政策激励环节；j 表示政策激励环节 i 有 m 项激励政策；x_{ij} 为虚拟变量，当激励环节 i 中的政策 j 存在于政策组合中时，取值 1，否则取值 0；a_{ij} 表示政策激励环节 i 中政策 j 的估计效用值；c 为截距项，表示受访者不选择某一政策组合的效用值；Y 表示受访者对某一个政策组合的评分。

通过上面的公式可以计算出每一项政策的效用值，进一步通过公式（6-2）还可以计算出每个政策激励环节的相对重要性 I_i，其中 Max (a_{ij}) 表示政策激励环节 i 中的最大效用值，Min (a_{ij}) 表示政策激励环节 i 中的最小效用值。

$$I_i = \{\text{Max}(a_{ij}) - \text{Min}(a_{ij})\} \tag{6-2}$$

第 i 个政策环节的相对重要性 W_i 可以通过公式（6-3）得到：

$$W_i = I_i / \sum_{i=1}^{n} I_i \tag{6-3}$$

通过上述步骤可以得到每个激励环节的相对重要性和每项政策的效用值，数值越大表示相对重要性/效用值越高。由于受访者的评分数据较多，通常使用统计软件（如 SPSS 和 SAS 等）进行分析。本书选择统计软件 SPSS，并基于其 conjoint 模块来进行分析。目前，SPSS 的 conjoint 模块还不能通过对话框的形式直接进行处理，只能通过编程的方式来实现。

在进行过上述拟合过程后，还要检查所得到结果的信度和效度，简单来说，信度就是所得结果的可信程度，信度越大说明所得结果的可信程度越高；效度就是所得结果的有效程度，换句话说，就是所得结果能在多大程度上准确反映测量对象[172]。在联合分析法中，一般利用估计模型的 Pearson 相关系数和 Kendall 相关系数来印证所得结果的信度和效度。Pearson 相关系数反映了模型拟合程度，通常应在 0.8 以上，否则说明模型拟合效果不佳；Kendall 相关系数反映了模型的内部效度，通常其显著性值应小于 0.05，否则说明模型预测能力不佳[173]。

二 消费者对电动汽车激励政策的总体偏好

表 6-25 为所有受访者对各类政策的重要性及效用值测度结果汇总。估计模型的 Pearson 相关系数为 0.988，大于 0.8，Kendall 相关系数为 0.878，且两者双尾检验的显著性值均小于 0.05，即两个系数的检验均非常显著，这就说明模型拟合情况较好，所得结果较为准确，可以较好地反映消费者在决定是否购买电动汽车时对不同政策的偏好。

从政策激励环节来看，参与调查的受访者最关注充电环节的激励政策，此环节的相对重要性水平为 30.132%；其次为用车环节的激励政策，其相对重要性水平为 27.831%；再次为上牌环节激励政策，其相对重要性水平为 26.415%；受访者最不关注的为购买环节的激励政策，其相对重要性水平为 22.176%。从各具体政策来看，效用值越高表示受访者对该政策的偏好程度越高。各政策按受访者偏好程度的高低排序如下：税收优惠（0.192）＞购车补贴（0.145）＞免过路费（0.14）＞充电费用优惠（0.137）＞完善私人充电设施（0.134）＞完善公共充电设施（0.09）＞专属车牌（0.083）＞便利通行（0.074）＞不限购（0.068）＞上牌优惠（0.039）＞停车费优惠（0.036）＞年检优惠（0.022）＞保险费用优惠（-0.063）。下面将从不同政策激励环节对各政策展开分析。

表 6-25 联合分析结果

政策激励环节	重要性（%）	政策类型	效用值
购买环节	22.176	购车补贴	0.145
		税收优惠	0.192
		保险费用优惠	-0.063
		无	-0.273
上牌环节	26.415	不限购	0.068
		专属车牌	0.083
		上牌优惠	0.039
		无	-0.191
用车环节	27.831	便利通行	0.074
		停车费优惠	0.036
		免过路费	0.140
		年检优惠	0.022
		无	-0.250
充电环节	30.132	充电费用优惠	0.137
		完善私人充电设施	0.134
		完善公共充电设施	0.090
		无	-0.361
Pearson's R = 0.988		Sig. = 0.000	
Kendall's tau = 0.878		Sig. = 0.000	

在充电环节，受访者对充电费用优惠政策的偏好程度最高，效用值为 0.137；其次为完善私人充电设施政策，效用值为 0.134；完善公共充电设施政策的效用值最低，为 0.09。此外，充电环节没有任何激励政策的效用值为 -0.361，说明这会对消费者的购买意愿造成较大的负向影响。目前，

消费者选择电动汽车在很大程度上是因为行驶成本低廉，而这与充电费用优惠政策有着紧密联系，因而消费者对这一政策的偏好程度较高。此外，与使用公共充电设施充电相比，在家里充电更为便捷、省心，消费者更倾向于在家里或居住的小区中充电，完善私人充电设施政策可以为消费者节省安装成本，这可以解释消费者对完善公共充电设施政策的偏好程度要远低于完善私人充电设施政策。

在用车环节，受访者对免过路费政策的偏好程度最高，其效用值为0.14；其次为便利通行政策，其效用值为0.074；再次为停车费优惠政策，效用值为0.036；受访者偏好程度最低的为年检优惠政策，其效用值为0.022。此环节无任何激励政策的效用值为－0.25，说明这会对消费者的购买意愿造成较大的负向影响。目前，非运营的私人小轿车6年内免检，且普通燃油车年检时也可以通过预约通道简化年检过程，减少排队时间，因而年检优惠对消费者购买电动汽车的吸引力较为有限。根据目前的停车费优惠政策，政府只是强制公共停车场给予电动汽车一定的停车优惠，而在社会停车场，消费者并不能享受类似优惠，这可能是消费者对停车费优惠政策偏好程度不高的原因。消费者对免过路费和便利通行政策偏好程度较高的原因可能在于：一方面，高速公路长期收费，免过路费政策可以为车主节省相当高的成本；另一方面，便利通行政策保障了车主日常使用电动汽车不会受到交通管制政策的影响，在很大程度上为其提供了便利。

在上牌环节，受访者对专属车牌的偏好程度最高，其效用值为0.083；与之相比，受访者对不限购政策的偏好程度较低，为0.068；偏好程度最低的是上牌优惠政策，其效用值为0.039。目前，电动汽车虽然享有补贴政策，但是涉及消费者一端的便利通行、停车费优惠等政策在实施过程中存在困难。专属车牌可以较好地区别电动汽车与传统燃油车，方便交管部门贯彻电动汽车的路权优势和优惠政策，保障消费者得到优惠。根据本书的结果，可以看到消费者对这一政策的偏好明显。此外，普通燃油车的车牌摇号和拍卖政策在很大程度上限制了消费者的购买，不限购政策在很多城市都是助推电动汽车保有量不断增长的主要力量，因而消费者对这一类政策也较为关注。

在购买环节，受访者对税收优惠政策的偏好程度最高，效用值为 0.192；其次为购车补贴政策，效用值为 0.145；保险费用优惠政策的效用值最低，为 -0.063。此外，购买环节没有任何激励政策的效用值为 -0.273，说明这会对消费者的购买意愿造成较大的负向影响。在以往的研究中，由于购车补贴能够为消费者节省大量购车成本，而被认为是对消费者影响最大的政策，本书的结果却显示消费者对购车补贴的偏好要低于税收优惠政策，原因可能在于电动汽车的购买价格较高，即便扣除了政府补贴，在大多数情况下其售价仍然高于同级别的燃油车。以国内最畅销的比亚迪插电式混合动力车型"秦"为例，其官方指导价为 20.98 万 ~ 21.98 万元，根据我国现行的财政补贴政策（地方补贴 3.4 万 ~ 3.6 万元，国家补贴 3.15 万元），其实际售价约为 14.23 万 ~ 15.43 万元。而同级别最畅销的燃油车，如大众朗逸、福特福克斯和丰田卡罗拉的售价基本在 10 万 ~ 16 万元。且近年来电动汽车的补贴一直在缩水，这可能也是消费者偏好程度不高的原因之一。目前，普通燃油车根据其售价和排量需要缴纳一定的车辆购置税和车船税，而电动汽车购置税和车船税的减免会在一定程度上吸引消费者。另外，车辆购置税的多少取决于售价，售价越高的汽车所要缴纳的购置税越高。对于电动汽车来说，需要根据其扣除政府补贴之前的价格来核算购置税，因而税收优惠政策能够为消费者节省大量的成本。

三 消费者对电动汽车激励政策偏好的差异性

上一部分内容是基于所有受访者所得到的总体结果，难以展示不同特征受访者的偏好，本部分将继续使用联合分析方法，基于不同的人口统计学特征，分析不同群体受访者对电动汽车激励政策的偏好，并比较其异同。

（一）性别上的差异性

与分析整个样本相类似，同样需要调用 SPSS 的 conjoint 模块，代码中只需要将 subject 语句替换为对应的人口统计学特征变量，就可以得到不同人口统计学特征的消费者的政策偏好结果。

通过表6-26和表6-27可以看出不同性别受访者政策偏好的差异情况。模型的 Pearson 和 Kendall 相关系数均小于0.05，说明模型拟合情况较好，结果较为准确。从政策激励环节来看，男性和女性受访者对各环节的重要性排序一致，他们均认为充电环节最为重要，其余依次为用车环节、购买环节和上牌环节。

表6-26　不同性别受访者重要性程度输出结果

单位：%

政策激励环节	男性受访者	女性受访者
购买环节	22.859	21.499
上牌环节	19.862	19.096
用车环节	28.182	27.483
充电环节	28.327	31.922

从具体激励政策来看，在购买环节，男性和女性消费者都最偏好税收优惠政策，偏好程度最低的是保险费用优惠政策。在上牌环节，男性和女性受访者最偏好的分别是不限购和专属车牌政策，对上牌优惠政策的偏好程度最低；在用车环节，两类受访者都最偏好免过路费政策，男性对其他3类政策的偏好程度依次为便利通行、年检优惠、停车费优惠政策，女性偏好程度较高的是年检优惠政策，其余依次为便利通行和停车费优惠政策；在充电环节，男性最偏好完善私人充电设施政策，而女性最偏好充电费用优惠政策。

表6-27　不同性别受访者效用值输出结果

政策激励环节	政策类型	男性	女性
购买环节	购车补贴	0.13	0.159
	税收优惠	0.203	0.180
	保险费用优惠	-0.045	-0.081
	无	-0.288	-0.259

续表

政策激励环节	政策类型	男性	女性
上牌环节	不限购	0.078	0.058
	专属车牌	0.047	0.119
	上牌优惠	0.030	0.049
	无	-0.155	-0.226
用车环节	便利通行	0.087	0.060
	停车费优惠	0.012	0.060
	免过路费	0.155	0.125
	年检优惠	0.051	0.113
	无	-0.255	-0.245
充电环节	充电费用优惠	0.097	0.177
	完善私人充电设施	0.113	0.156
	完善公共充电设施	0.099	0.081
	无	-0.309	-0.413
常数		3.386	3.531
Pearson's R		0.995	0.978
Pearson's R Sig.		0.000	0.000
Kendall's tau		0.967	0.867
Kendall's tau Sig.		0.000	0.000

(二) 年龄上的差异性

通过表6-28和表6-29可以看出不同年龄段受访者政策偏好的差异情况。模型的Pearson和Kendall相关系数均小于0.05，说明模型拟合情况较好，结果较为准确。从政策激励环节来看，大部分年龄段的受访者认为充电环节的激励政策最为重要，其中年龄在18~25岁、31~40岁和50岁以上的消费者认为各政策环节的相对重要性是一致的，均为充电环节＞用车环节＞购买环节＞上牌环节；41~50岁的受访者认为充电环节最为重要，其余依次为购买环节、用车环节和上牌环节。此外，26~30岁的受访者认为用车环节的相对重要性最高，为28.681%，其余依次为购买环节、充电环节和上牌环节。

表6-28 不同年龄受访者重要性程度输出结果

单位：%

政策激励环节	18~25岁	26~30岁	31~40岁	41~50岁	50岁以上
购买环节	22.377	27.328	20.609	27.297	20.782
上牌环节	19.079	19.644	18.769	20.603	19.362
用车环节	28.351	28.681	26.916	21.39	28.283
充电环节	30.194	23.128	33.707	30.71	31.574

表6-29 不同年龄受访者效用值输出结果

政策激励环节	政策类型	18~25岁	26~30岁	31~40岁	41~50岁	50岁以上
购买环节	购车补贴	0.193	0.156	0.089	0.148	0.030
	税收优惠	0.171	0.245	0.202	0.174	0.095
	保险费用优惠	-0.035	-0.066	-0.065	-0.065	-0.115
	无	-0.329	-0.335	-0.226	-0.258	-0.010
上牌环节	不限购	0.044	0.074	0.060	0.086	0.135
	专属车牌	0.104	0.104	0.113	0.076	-0.063
	上牌优惠	0.062	0.059	0.001	0.039	-0.076
	无	-0.210	-0.237	-0.173	-0.201	0.003
用车环节	便利通行	0.089	0.086	0.119	0.117	-0.194
	停车费优惠	0.051	0.065	-0.042	0.065	-0.036
	免过路费	0.141	0.104	0.220	0.049	0.319
	年检优惠	0.133	0.077	0.033	0.076	0.016
	无	-0.133	-0.255	-0.298	-0.232	-0.089
充电环节	充电费用优惠	0.160	0.132	0.214	0.117	0.030
	完善私人充电设施	0.152	0.138	0.131	0.086	0.148
	完善公共充电设施	0.141	0.022	0.107	0.096	0.135
	无	-0.452	-0.292	-0.452	-0.299	-0.313
常数		3.508	3.356	3.446	3.565	3.444
Pearson's R		0.988	0.990	0.994	0.965	0.960
Pearson's R Sig.		0.000	0.000	0.000	0.000	0.000
Kendall's tau		0.867	0.924	0.949	0.778	0.923
Kendall's tau Sig.		0.000	0.000	0.000	0.000	0.00

从具体激励政策来看,在购买环节,除了 18~25 岁的受访者最偏好购车补贴政策,其他年龄段的受访者都最关注税收优惠政策,最不受关注的是保险费用优惠政策;在上牌环节,40 岁及以下的消费者均最偏好专属车牌政策,而 40 岁以上的消费者最关注不限购政策;在用车环节,除了 41~50 岁的受访者认为便利通行政策最为重要,其他受访者均最偏好免过路费政策;在充电环节,可以看到 40 岁及以下的受访者最不关注完善公共充电设施政策。

(三) 婚姻状况上的差异性

通过表 6-30 和表 6-31 可以看出不同婚姻状况受访者政策偏好的差异情况。模型的 Pearson 和 Kendall 相关系数均小于 0.05,说明模型拟合情况较好,结果较为准确。从政策激励环节来看,未婚受访者认为用车环节的激励政策最重要,其余按相对重要性程度排序依次为充电环节、购买环节和上牌环节;已婚、离异或丧偶的受访者最关注充电环节的激励政策,已婚受访者对其余政策环节的偏好依次为用车环节 > 购买环节 > 上牌环节,离异或丧偶的消费者对其余政策环节的偏好依次为上牌环节 > 购买环节 > 用车环节。

表 6-30 不同婚姻状况受访者重要性程度输出结果

单位:%

政策激励环节	未婚	已婚	离异或丧偶
购买环节	22.266	22.238	15.728
上牌环节	19.653	19.263	29.871
用车环节	29.086	26.764	15.622
充电环节	28.996	30.99	38.783

从具体激励政策来看,在购买环节,未婚和已婚受访者对各政策的偏好程度排序一致,均为税收优惠 > 购车补贴 > 保险费用优惠,离异或丧偶受访者对购车补贴和保险费用优惠政策的偏好程度一致,而对税收优惠政策的偏好程度较低;在上牌环节,未婚和已婚受访者对各政策的偏好程度排序一致,均为专属车牌 > 不限购 > 上牌优惠,离异或丧偶受访者对上牌

优惠政策最为看重,其次是不限购政策,最不关注的是专属车牌政策;在用车环节,未婚和已婚受访者对各政策的偏好程度排序一致,均为免过路费>年检优惠>便利通行>停车费优惠,离异或丧偶受访者对便利通行和停车费优惠政策的偏好程度一致,其次为免过路费政策,最低的为年检优惠政策;在充电环节,已婚、离异或丧偶受访者对各政策的偏好程度排序一致,均为完善私人充电设施>充电费用优惠>完善公共充电设施。

表6-31 不同婚姻状况受访者效用值输出结果

政策激励环节	政策类型	未婚	已婚	离异或丧偶
购买环节	购车补贴	0.174	0.118	0.104
	税收优惠	0.199	0.191	-0.062
	保险费用优惠	-0.039	-0.089	0.104
	无	-0.334	-0.220	-0.146
上牌环节	不限购	0.090	0.049	0.021
	专属车牌	0.102	0.071	-0.146
	上牌优惠	0.039	0.034	0.271
	无	-0.231	-0.154	-0.146
用车环节	便利通行	0.088	0.060	0.104
	停车费优惠	0.049	0.023	0.104
	免过路费	0.132	0.150	0.021
	年检优惠	0.103	0.065	-0.021
	无	-0.269	-0.233	-0.229
充电环节	充电费用优惠	0.158	0.118	0.104
	完善私人充电设施	0.136	0.131	0.188
	完善公共充电设施	0.072	0.109	0.021
	无	-0.366	-0.358	-0.313
常数		3.410	3.503	3.479
Pearson's R		0.989	0.988	0.832
Pearson's R Sig.		0.000	0.000	0.000
Kendall's tau		0.917	0.862	0.878
Kendall's tau Sig.		0.000	0.000	0.000

(四) 受教育程度上的差异性

通过表6-32和表6-33可以看出不同受教育程度受访者政策偏好的差异情况。模型的Pearson和Kendall相关系数均小于0.05，说明模型拟合情况较好，结果较为准确。

表6-32 不同受教育程度受访者重要性程度输出结果

单位：%

政策激励环节	初中及以下	高中或中专	大专	本科	硕士及以上
购买环节	20.596	19.278	21.493	22.131	22.968
上牌环节	26.813	20.959	20.039	19.385	19.032
用车环节	17.468	32.289	26.625	26.821	29.427
充电环节	35.124	27.474	31.842	30.793	28.573

从政策激励环节来看，受教育程度为初中及以下、大专和本科的受访者均认为充电环节的激励政策最重要，而受教育程度为高中或中专、硕士及以上的受访者最看重用车环节的激励政策。此外，受教育程度在大专及以上的消费者均认为上牌环节激励政策的相对重要性最低，而受教育程度为高中或中专的消费者最不看重购买环节的激励政策，受教育程度为初中及以下的消费者认为用车环节的激励政策最不重要。

表6-33 不同受教育程度受访者效用值输出结果

环节	政策类型	初中及以下	高中或中专	大专	本科	硕士及以上
购买环节	购车补贴	0.107	0.063	0.111	0.153	0.160
	税收优惠	0.250	-0.074	0.153	0.214	0.206
	保险费用优惠	-0.179	-0.119	-0.035	-0.060	-0.063
	无	-0.179	0.131	-0.229	-0.308	-0.302
上牌环节	不限购	0.071	-0.028	0.062	0.071	0.078
	专属车牌	-0.036	-0.028	0.062	0.075	0.124
	上牌优惠	-0.036	0.017	0.021	0.042	0.051
	无	0.001	0.040	-0.146	-0.188	-0.253

续表

环节	政策类型	初中及以下	高中或中专	大专	本科	硕士及以上
用车环节	便利通行	0.286	0.017	0.035	0.082	0.070
	停车费优惠	-0.036	-0.142	0.007	0.036	0.075
	免过路费	-0.036	0.176	0.125	0.142	0.151
	年检优惠	0.001	0.040	0.024	0.102	0.090
	无	-0.214	-0.051	-0.167	-0.260	-0.297
充电环节	充电费用优惠	0.393	-0.028	0.104	0.132	0.157
	完善私人充电设施	-0.071	-0.028	0.194	0.142	0.135
	完善公共充电设施	-0.036	0.153	0.118	0.121	0.043
	无	-0.286	-0.097	-0.417	-0.395	-0.335
常数		3.357	3.483	3.694	3.405	3.438
Pearson's R		0.969	0.909	0.971	0.979	0.999
Pearson's R Sig.		0.000	0.000	0.000	0.000	0.000
Kendall's tau		0.851	0.858	0.866	0.895	0.996
Kendall's tau Sig.		0.000	0.000	0.000	0.000	0.000

从具体激励政策来看，在购买环节，除了受教育程度为高中或中专的受访者最关注购车补贴政策外，其他受教育程度的消费者均认为税收优惠政策最重要，所有分组的保险费用优惠政策效用值都为负；在上牌环节，大专以上的受访者最偏好专属车牌政策，其次为不限购政策，偏好程度最低的为上牌优惠政策，受教育程度为高中或中专的受访者最偏好上牌优惠政策，初中及以下的受访者最偏好不限购政策；在用车环节，初中以上的受访者最偏好免过路费政策，初中及以下的受访者最偏好便利通行政策；在充电环节，受教育程度为大专和本科的受访者最关注完善私人充电设施政策，初中及以下、硕士及以上的受访者最关注充电费用优惠政策。

（五）月收入上的差异性

通过表 6-34 和表 6-35 可以看出不同月收入的受访者政策偏好的差异情况。模型的 Pearson 和 Kendall 相关系数均小于 0.05，说明模型拟合效果较好，结果较为准确。

表 6-34　不同月收入受访者重要性程度输出结果

单位：%

政策激励环节	2000元及以下	2001~4000元	4001~6000元	6001~8000元	8001~10000元	10001~15000元	15001~20000元	20000元以上
购买环节	20.199	27.99	22.256	27.793	21.767	20.48	27.984	29.53
上牌环节	18.632	19.744	19.047	19.531	18.715	20.42	31.212	17.029
用车环节	29.987	22.783	28.056	22.954	28.631	24.31	18.742	30.974
充电环节	31.182	29.483	30.641	29.722	30.888	28.905	22.062	22.467

从政策激励环节来看，月收入在15000元及以下的受访者均认为充电环节的激励最为重要；月收入在15001~20000元的受访者认为上牌环节激励政策的相对重要性最高，其余依次为购买环节、充电环节和用车环节；月收入在20000元以上的受访者最看重用车环节的激励政策，购买环节次之，上牌环节最不重要。

从具体激励政策来看，在购买环节，可以看到所有分组的受访者都最不关注保险费用优惠政策，月收入在2001~4000元和10000元以上的受访者最偏好购车补贴政策，月收入在2000元及以下和4001~10000元的受访者最关注税收优惠政策；在上牌环节，月收入在4000元及以下、6001~8000元和15001~20000元的受访者最关注专属车牌政策，月收入在4001~6000元和10001~15000元的受访者最偏好不限购政策，月收入在20000元以上的受访者对不限购和上牌优惠政策的偏好程度一致，且都高于专属车牌政策；在用车环节，月收入在2001~10000元的消费者均认为免过路费政策最重要。

（六）家庭人口数上的差异性

通过表6-36和表6-37可以看出不同家庭人口数受访者政策偏好的差异情况。模型的Pearson和Kendall相关系数均小于0.05，说明模型拟合情况较好，结果较为准确。从政策激励环节来看，家庭人口数在3人及以上的受访者最关注充电环节的政策，对上牌环节的政策最不看重；两口之家认为购买环节的政策最重要，其他的按重要程度排序依次为充电环节、用车环节和上牌环节的政策；单身受访者则最看重用车环节的政策，重要

表 6-35 不同月收入受访者效用值输出结果

政策激励环节	政策类型	2000 元及以下	2001~4000 元	4001~6000 元	6001~8000 元	8001~10000 元	10001~15000 元	15001~20000 元	20000 元以上
购买环节	购车补贴	0.156	0.138	0.156	0.107	0.076	0.191	0.313	0.088
购买环节	税收优惠	0.222	0.121	0.157	0.253	0.315	0.176	0.153	-0.062
购买环节	保险费用优惠	-0.064	-0.106	-0.043	-0.034	-0.098	-0.059	-0.051	-0.113
购买环节	无	-0.314	-0.153	-0.270	-0.326	-0.293	-0.309	-0.415	0.087
上牌环节	不限购	0.064	0.004	0.084	0.070	0.087	0.147	0.062	0.087
上牌环节	专属车牌	0.120	0.068	0.022	0.143	0.120	0.029	0.176	-0.113
上牌环节	上牌优惠	0.043	0.051	0.034	0.034	0.001	0.059	0.062	0.087
上牌环节	无	-0.227	-0.124	-0.139	-0.247	-0.207	-0.235	-0.301	-0.062
用车环节	便利通行	0.191	-0.048	0.037	0.096	0.109	0.118	-0.051	0.187
用车环节	停车费优惠	-0.018	0.022	0.068	0.070	0.087	-0.044	0.040	-0.012
用车环节	免过路费	0.14	0.103	0.172	0.133	0.207	0.103	0.085	0.037
用车环节	年检优惠	0.11	0.089	0.105	0.029	0.082	0.051	0.119	-0.013
用车环节	无	-0.314	-0.077	-0.278	-0.299	-0.402	-0.176	-0.074	-0.212
充电环节	充电费用优惠	0.242	0.016	0.130	0.154	0.174	0.074	0.199	-0.013
充电环节	完善私人充电设施	0.196	0.086	0.088	0.143	0.217	0.265	-0.028	-0.012
充电环节	完善公共充电设施	0.028	0.109	0.141	0.096	0.076	0.059	0.062	0.037
充电环节	无	-0.467	-0.211	-0.359	-0.393	-0.467	-0.397	-0.233	-0.013

续表

政策激励环节	政策类型	2000元及以下	2001~4000元	4001~6000元	6001~8000元	8001~10000元	10001~15000元	15001~20000元	20000元以上
	常数	3.426	3.565	3.536	3.451	3.163	3.412	3.665	3.013
	Pearson's R	0.984	0.991	0.982	0.991	0.981	0.947	0.998	0.804
	Pearson's R Sig.	0.000	0.000	0.000	0.000	0.000	0.000	0.000	0.000
	Kendall's tau	0.946	0.886	0.933	0.845	0.924	0.749	0.991	0.647
	Kendall's tau Sig.	0.000	0.000	0.000	0.000	0.000	0.000	0.000	0.001

性程度次之的为充电环节的政策,再次为购买环节的政策,最低的为上牌环节的政策。

表6-36 不同家庭人口数受访者重要性程度输出结果

单位:%

政策激励环节	1人	2人	3人	4人	5人及以上
购买环节	21.157	29.363	21.757	21.192	28.206
上牌环节	21.087	17.466	19.995	19.801	17.76
用车环节	29.948	21.808	28.091	28.162	22.306
充电环节	27.808	27.016	30.157	30.846	31.729

从具体激励政策来看,在购买环节,可以看到家庭人口数在2人及以上的受访者均最偏好税收优惠政策,只有单身受访者认为购买补贴政策最重要,所有受访者都不太关注保险费用优惠政策;在上牌环节,家庭人口数在2~4人的受访者最偏好专属车牌政策,单身受访者最偏好上牌优惠政策,家庭人口数在5人及以上的受访者最偏好不限购政策;在用车环节,所有分组的免过路费政策的效用值都是最高的,说明受访者一致认为该政策最重要;在充电环节,单身者和三口之家最关注充电费用优惠政策,4人及以上的家庭认为完善私人充电设施的政策最重要,只有两口之家最关注完善公共充电设施的政策。

表6-37 不同家庭人口数受访者效用值输出结果

政策激励环节	政策类型	1人	2人	3人	4人	5人及以上
购买环节	购车补贴	0.179	0.149	0.131	0.134	0.194
	税收优惠	0.143	0.182	0.194	0.192	0.208
	保险费用优惠	-0.036	-0.133	-0.060	-0.063	-0.042
	无	-0.286	-0.198	-0.265	-0.263	-0.361
上牌环节	不限购	0.036	0.041	0.095	0.015	0.090
	专属车牌	0.054	0.095	0.095	0.118	-0.014
	上牌优惠	0.107	0.008	0.013	0.069	0.076
	无	-0.196	-0.144	-0.204	-0.202	-0.153

续表

政策激励环节	政策类型	1人	2人	3人	4人	5人及以上
用车环节	便利通行	0.001	-0.057	0.090	0.097	0.090
	停车费优惠	0.107	0.084	0.031	0.040	-0.007
	免过路费	0.161	0.204	0.123	0.147	0.139
	年检优惠	0.080	0.084	0.055	0.134	0.087
	无	-0.268	-0.231	-0.243	-0.284	-0.222
充电环节	充电费用优惠	0.161	0.128	0.147	0.134	0.104
	完善私人充电设施	0.054	0.073	0.141	0.147	0.160
	完善公共充电设施	0.071	0.139	0.072	0.085	0.139
	无	-0.286	-0.340	-0.359	-0.366	-0.403
常数		3.518	3.285	3.505	3.341	3.583
Pearson's R		0.991	0.956	0.988	0.994	0.981
Pearson's R Sig.		0.000	0.000	0.000	0.000	0.000
Kendall's tau		0.903	0.819	0.862	0.946	0.907
Kendall's tau Sig.		0.000	0.000	0.000	0.000	0.000

(七) 家庭汽车数量上的差异性

通过表6-38和表6-39可以看出家庭汽车数量不同的受访者政策偏好的差异情况。模型的Pearson和Kendall相关系数均小于0.05，说明模型拟合情况较好，结果较为准确。

表6-38 不同家庭汽车数量受访者重要性程度输出结果

单位：%

政策激励环节	0辆	1辆	2辆	3辆及以上
购买环节	22.892	21.789	21.983	22.559
上牌环节	20.322	19.088	18.378	31.886
用车环节	27.812	27.72	29.242	13.872
充电环节	28.974	30.722	30.398	31.684

从政策激励环节来看，家庭汽车数量在3辆及以上的受访者认为上牌环节的政策相对重要程度最高，其他依次为充电环节、购买环节和用车环

节的政策。其他分组受访者均认为充电环节的政策最重要，其次为用车环节和购买环节的政策，最不看重上牌环节的政策。

表 6-39 不同家庭汽车数量受访者效用值输出结果

政策激励环节	政策类型	0 辆	1 辆	2 辆	3 辆及以上
购买环节	购车补贴	0.115	0.168	0.106	0.167
	税收优惠	0.174	0.190	0.269	0.083
	保险费用优惠	-0.018	-0.087	-0.077	-0.083
	无	-0.271	-0.272	-0.298	-0.167
上牌环节	不限购	0.053	0.080	0.067	-0.083
	专属车牌	0.118	0.087	-0.010	-0.250
	上牌优惠	0.029	0.029	0.106	0.250
	无	-0.200	-0.196	-0.163	0.083
用车环节	便利通行	0.024	0.100	0.106	-0.083
	停车费优惠	0.024	0.044	0.038	0.000
	免过路费	0.126	0.151	0.115	0.167
	年检优惠	0.066	0.087	0.111	0.042
	无	-0.174	-0.296	-0.260	-0.083
充电环节	充电费用优惠	0.124	0.146	0.125	0.167
	完善私人充电设施	0.109	0.143	0.173	0.083
	完善公共充电设施	0.053	0.094	0.192	0.083
	无	-0.285	-0.383	-0.490	-0.333
常数		3.491	3.454	3.365	3.583
Pearson's R		0.981	0.992	0.965	0.992
Pearson's R Sig.		0.000	0.000	0.000	0.000
Kendall's tau		0.819	0.924	0.869	0.959
Kendall's tau Sig.		0.000	0.000	0.000	0.000

从具体激励政策来看，在购买环节，除了家庭汽车数量在 3 辆及以上的受访者最偏好购车补贴政策外，其余分组的受访者都最关注税收优惠政策，保险费用优惠政策是所有分组受访者最不看重的；在上牌环节，家庭汽车数量在 1 辆及以下的受访者认为专属车牌政策的效用值最高，其他分组的受访者则最偏好上牌优惠政策；在用车环节，所有分组的受访者均认

为免过路费政策的效用值最高,家中有 1 辆汽车的受访者认为便利通行的效用次之,而家中没有汽车和汽车数量在 2 辆及以上的受访者认为年检优惠政策次之;在充电环节,除了家庭汽车数量为 2 辆的受访者认为完善公共充电设施最重要外,其他分组的受访者均最偏好充电费用优惠政策。

(八) 住宅类型上的差异性

通过表 6-40 和表 6-41 可以看出不同住宅类型受访者政策偏好的差异情况。模型的 Pearson 和 Kendall 相关系数均小于 0.05,说明模型拟合情况较好,结果较为准确。

表 6-40 不同住宅类型受访者重要性程度输出结果

单位:%

政策激励环节	短期租房	长期租房	自有产权房	朋友或亲戚家
购买环节	23.74	28.186	21.844	29.054
上牌环节	14.501	20.004	19.535	18.363
用车环节	27.482	21.823	27.866	36.719
充电环节	34.278	27.764	30.755	15.863

表 6-41 不同住宅类型受访者效用值输出结果

政策激励环节	政策类型	短期租房	长期租房	自有产权房	朋友或亲戚家
购买环节	购车补贴	0.135	0.206	0.134	0.063
	税收优惠	0.219	0.144	0.201	0.213
	保险费用优惠	0.135	-0.061	-0.076	0.212
	无	-0.490	-0.289	-0.258	-0.488
上牌环节	不限购	0.094	0.100	0.060	0.062
	专属车牌	0.094	0.111	0.081	-0.088
	上牌优惠	0.010	0.067	0.031	0.162
	无	-0.198	-0.278	-0.173	-0.137
用车环节	便利通行	0.135	0.011	0.082	0.212
	停车费优惠	-0.156	0.117	0.023	0.113
	免过路费	0.177	0.133	0.142	0.062
	年检优惠	0.094	0.089	0.078	0.162
	无	-0.156	-0.261	-0.247	-0.387

续表

政策激励环节	政策类型	短期租房	长期租房	自有产权房	朋友或亲戚家
充电环节	充电费用优惠	0.344	0.178	0.124	0.062
	完善私人充电设施	0.260	0.089	0.143	0.013
	完善公共充电设施	0.010	0.061	0.099	0.062
	无	-0.615	-0.328	-0.366	-0.138
常数		3.823	3.433	3.457	3.338
Pearson's R		0.953	0.995	0.986	0.986
Pearson's R Sig.		0.000	0.000	0.000	0.000
Kendall's tau		0.849	0.909	0.879	0.951
Kendall's tau Sig.		0.000	0.000	0.000	0.000

从政策激励环节来看，短期租房和自有产权房的受访者最看重充电环节的激励政策，重要性程度次之的是用车环节的政策，再次是购买环节的政策，上牌环节的政策最不受这两类受访者关注；长期租房者最看重购买环节的政策，其余的依次为充电环节、用车环节和上牌环节的政策；住在朋友或亲戚家的受访者认为用车环节的政策相对重要性最高，其余的依次为购买环节、上牌环节和充电环节的政策。

从各具体激励政策来看，在购买环节，只有长期租房者最偏好购车补贴政策，其他分组受访者均最看重税收优惠政策；在上牌环节，住在朋友或亲戚家的受访者对上牌优惠政策最感兴趣，其他分组受访者则最看重专属车牌政策；在用车环节，住在朋友或亲戚家的受访者最偏好便利通行政策，其他分组受访者对免过路费政策最感兴趣；在充电环节，自有产权房者对完善私人充电设施政策的偏好程度最高，其他分组受访者认为充电费用优惠政策的效用更大。

（九）居住地类型上的差异性

通过表6-42和表6-43可以看出不同居住地类型受访者政策偏好的差异情况。模型的Pearson和Kendall相关系数均小于0.05，说明模型拟合效果较好，结果较为准确。从政策激励环节来看，所有受访者均认为充电环节激励政策的相对重要性程度最高，其次为用车环节的激励政策，再次为购买环节的激励政策，相对重要性最低的是上牌环节的激励政策。

表6-42　不同居住地类型受访者重要性程度输出结果

单位：%

政策激励环节	城市	郊区	农村
购买环节	21.861	22.518	23.785
上牌环节	19.763	19.046	18.271
用车环节	27.580	28.249	28.813
充电环节	30.252	30.187	29.132

从各具体激励政策来看，在购买环节，所有受访者均认为税收优惠政策的效用最大，其次为购车补贴政策；在上牌环节，城市和农村受访者最偏好专属车牌政策，郊区受访者则认为不限购政策最有吸引力；在用车环节，城市和郊区的受访者均认为免过路费政策的效用最大，而农村受访者则最关注便利通行政策；在充电环节，城市和农村受访者最关注充电费用优惠政策，而郊区受访者最关注完善私人充电设施政策。

表6-43　不同居住地类型受访者效用值输出结果

政策激励环节	政策类型	城市	郊区	农村
购买环节	购车补贴	0.135	0.165	0.173
	税收优惠	0.175	0.242	0.213
	保险费用优惠	-0.058	-0.071	-0.088
	无	-0.252	-0.335	-0.298
上牌环节	不限购	0.054	0.121	0.063
	专属车牌	0.089	0.040	0.132
	上牌优惠	0.046	0.049	-0.028
	无	-0.188	-0.210	-0.167
用车环节	便利通行	0.074	0.016	0.192
	停车费优惠	0.040	0.035	0.013
	免过路费	0.120	0.203	0.152
	年检优惠	0.089	0.066	0.062
	无	-0.234	-0.254	-0.357

续表

政策激励环节	政策类型	城市	郊区	农村
充电环节	充电费用优惠	0.131	0.141	0.172
	完善私人充电设施	0.131	0.169	0.083
	完善公共充电设施	0.097	0.102	0.012
	无	-0.359	-0.412	-0.268
常数		3.486	3.446	3.288
Pearson's R		0.99	0.978	0.993
Pearson's R Sig.		0.000	0.000	0.000
Kendall's tau		0.867	0.824	0.89
Kendall's tau Sig.		0.000	0.000	0.000

（十）住宅附近是否有充电设施上的差异性

通过表6-44和表6-45可以看出住宅附近是否有充电设施的受访者政策偏好差异情况。模型的 Pearson 和 Kendall 相关系数均小于0.05，说明模型拟合情况较好，结果较为准确。从政策激励环节来看，两个分组的受访者对各激励环节的重要性程度排序一致，均为充电环节＞用车环节＞购买环节＞上牌环节。

表6-44 住宅附近是否有充电设施的重要性程度输出结果

单位：%

政策激励环节	有	无
购买环节	21.822	22.333
上牌环节	20.613	18.975
用车环节	27.963	27.774
充电环节	29.602	30.366

从各具体激励政策来看，在购买环节，两个分组的受访者均认为税收优惠政策的效用大于购车补贴大于保险费用优惠；在上牌环节，两个分组的受访者均最关注专属车牌政策，住宅附近有充电设施的受访者认为效用次之的是上牌优惠政策，而住宅附近无充电设施的受访者则认为是不限购政策；在用车环节，两个分组的受访者对各政策的效用排序一致，均为免

过路费>年检优惠>便利通行>停车费优惠,且住宅附近有充电设施的受访者的效用值均高于另一组;在充电环节,住宅附近有充电设施的受访者认为完善私人充电设施最重要,而住宅附近无充电设施的受访者则认为充电费用优惠的效用最高。

表 6-45 住宅附近是否有充电设施的效用值输出结果

政策激励环节	政策类型	有	无
购买环节	购车补贴	0.138	0.148
	税收优惠	0.203	0.186
	保险费用优惠	-0.078	-0.057
	无	-0.263	-0.278
上牌环节	不限购	0.078	0.064
	专属车牌	0.094	0.079
	上牌优惠	0.081	0.021
	无	-0.253	-0.163
用车环节	便利通行	0.075	0.073
	停车费优惠	0.038	0.036
	免过路费	0.162	0.130
	年检优惠	0.089	0.079
	无	-0.275	-0.239
充电环节	充电费用优惠	0.131	0.140
	完善私人充电设施	0.206	0.102
	完善公共充电设施	0.059	0.104
	无	-0.397	-0.345
	常数	3.478	3.450
	Pearson's R	0.99	0.986
	Pearson's R Sig.	0.000	0.000
	Kendall's tau	0.929	0.883
	Kendall's tau Sig.	0.000	0.000

(十一)家中是否有条件为电动汽车充电上的差异性

通过表 6-46 和表 6-47 可以看出家中是否有条件为电动汽车充电的受访者政策偏好差异情况。模型的 Pearson 和 Kendall 相关系数均小于

0.05，说明模型拟合情况较好，结果较为准确。从政策激励环节来看，两个分组的受访者均认为充电环节的政策最重要，其次为用车环节的政策。

表6-46 家中是否有条件为电动汽车充电重要性程度输出结果

单位：%

政策激励环节	有	无
购买环节	21.256	22.590
上牌环节	21.370	18.626
用车环节	27.379	28.035
充电环节	29.995	30.194

从各具体激励政策来看，在购买环节，所有受访者的效用值排序一致，均认为税收优惠>购车补贴>保险费用优惠；在上牌环节，两个分组的各政策效用值排序一致，为专属车牌>不限购>上牌优惠，且家中有充电条件的分组的效用值均较高；在用车环节，两个分组免过路费政策的效用值均最高，其他政策按效用值排序，家中有充电条件的为便利通行>年检优惠>停车费优惠，家中无充电条件的为年检优惠>便利通行>停车费优惠；在充电环节，家中有充电条件的受访者认为完善私人充电设施政策的效用最高，而家中无充电条件的受访者则认为充电费用优惠政策效用最高。

表6-47 家中是否有条件为电动汽车充电效用值输出结果

政策激励环节	政策类型	有	无
购买环节	购车补贴	0.133	0.150
	税收优惠	0.223	0.177
	保险费用优惠	-0.079	-0.056
	无	-0.277	-0.271
上牌环节	不限购	0.087	0.059
	专属车牌	0.115	0.069
	上牌优惠	0.066	0.027
	无	-0.268	-0.156

续表

政策激励环节	政策类型	有	无
用车环节	便利通行	0.106	0.059
	停车费优惠	0.029	0.040
	免过路费	0.158	0.132
	年检优惠	0.070	0.087
	无	-0.292	-0.231
充电环节	充电费用优惠	0.146	0.133
	完善私人充电设施	0.238	0.087
	完善公共充电设施	0.038	0.114
	无	-0.422	-0.334
常数		3.487	3.446
Pearson's R		0.993	0.984
Pearson's R Sig.		0.000	0.000
Kendall's tau		0.924	0.874
Kendall's tau Sig.		0.000	0.000

第七章

电动汽车激励政策的消费者行为响应

第六章基于问卷调查所得到的数据，分析了消费者对各类电动汽车激励政策的认知和偏好情况。然而，在购买决定阶段，消费者往往会受到很多其他因素的影响，各类电动汽车激励政策对消费者实际购买行为的影响究竟如何有待进一步探讨。本章将利用统计数据，通过面板数据模型来回答这一问题。

第一节 变量选取和数据来源

一 变量选取

本部分将构建面板数据模型，利用 EViews 软件对 43 个有公开数据的电动汽车试点城市进行分析，这些城市包括：北京、上海、天津、重庆、长春、大连、杭州、济南、武汉、深圳、合肥、长沙、昆明、南昌、海口、郑州、厦门、苏州、唐山、广州、沈阳、成都、南通、咸阳、呼和浩特、廊坊、中山、盐城、东莞、乌鲁木齐、韶关、西安、南京、常州、青岛、太原、新乡、扬州、芜湖、潍坊、绍兴、宁波和保定。模型中各变量的关系如下：因变量为电动汽车市场占有率，自变量为各类电动汽车激励政策和社会经济因素。

表 7-1　各城市限购和行驶管制政策

城市	机动车限购政策	机动车限行政策
北京	车牌摇号	尾号限行
上海	车牌拍卖	/
广州	车牌摇号、拍卖结合制	/
深圳	车牌摇号、拍卖结合制	/
天津	车牌摇号、拍卖结合制	尾号限行
杭州	车牌摇号、拍卖结合制	尾号限行
济南	/	尾号限行
南昌	/	尾号限行
武汉	/	尾号限行
长春	/	尾号限行
成都	/	尾号限行

其中，车牌摇号、拍卖和限行是我国大城市交通部门常用的两种缓解交通压力的手段。考虑到目前这两项政策只在部分城市实施（见表 7-1），直接将电动汽车不限购和不限行政策设置为虚拟变量不符合实际情况。各变量的定义具体见表 7-2，下面将具体介绍各变量的选取依据。

表 7-2　变量定义与赋值

变量类型	序号	变量代号	定义与赋值
因变量	1	EV	各城市电动汽车市场占有率（连续变量）
自变量	2	LF	不限购政策（连续变量）
	3	UC	不限行政策（连续变量）
	4	PS	购车补贴（连续变量）
	5	EP	免购置税（虚拟变量，是取值1，否取值0）
	6	EU	免车船税（虚拟变量，是取值1，否取值0）
	7	EI	保险费用优惠（虚拟变量，是取值1，否取值0）
	8	IF	上牌优惠（虚拟变量，是取值1，否取值0）
	9	SL	专属车牌（虚拟变量，是取值1，否取值0）
	10	DR	便利通行（虚拟变量，是取值1，否取值0）
	11	PF	停车费优惠（虚拟变量，是取值1，否取值0）

续表

变量类型	序号	变量代号	定义与赋值
自变量	12	RF	免过路费（虚拟变量，是取值1，否取值0）
	13	CF	年检优惠（虚拟变量，是取值1，否取值0）
	14	RC	完善公共充电设施（虚拟变量，是取值1，否取值0）
	15	RP	完善私人充电设施（虚拟变量，是取值1，否取值0）
	16	CD	充电费用优惠（虚拟变量，是取值1，否取值0）
	17	PZ	人口规模（连续变量）
	18	DI	人均可支配收入（连续变量）
	19	CN	每百万平方公里充电桩数量（连续变量）
	20	OP	汽油价格（连续变量）

（一）不限购政策

目前各城市所实施的限购政策可以归结为两类：摇号和拍卖。在实施车牌摇号制度的城市，车牌相当于随机免费（或只需缴纳很少的费用）发放给消费者；而在实施车牌拍卖制度的城市，只有出价最高者才能获得牌照。在多数城市（如广州、深圳、天津、杭州），上述两种限购方式并存，消费者可以选择上述两者方式中的任何一种来获取牌照；北京和上海的限购政策与其他城市存在较大差异，北京目前只能通过摇号的方式来获取牌照，而上海只能通过拍卖的方式来获取牌照。可以看到，车牌拍卖的成本较为直观，可以直接用拍卖价格来衡量；而对于采用摇号方式获取牌照的消费者来说，时间是最大的成本，考虑到时间成本难以衡量，且部分研究发现时间成本对于大多数消费者的影响并不显著，因而本书只考虑车牌拍卖成本对消费者的影响。这里主要是用不同城市车牌竞拍价格的均值来衡量，不实施牌照拍卖制度的城市竞拍价格取值为0。同时，考虑到北京只可通过摇号获得牌照，因而在分析电动汽车不限购政策的影响时，将剔除北京市这一样本。

（二）不限行政策

目前各城市的限行政策，主要包括尾号限行、固定路段限行、分时限行和景区限行等。机动车限行政策对消费者的影响，主要表现在限行时间上。为了定量衡量限行政策的成本,将限行成本假定为消费者在限行时间段内租车所需的费用。基于这一假设,燃油车的限行成本可以用公式(7-1)表示:

$$PCR_t = 365 \times \frac{k_t}{7} \times Q_t \qquad (7-1)$$

其中,PRC_t 为各城市燃油车一年的限行成本,k_t 为该城市一周中限行的天数,Q_t 为燃油车一天的租车价格,假定每天为 200 元,也就是说燃油车一年的限行成本等于一年中限行的天数与租车费用的乘积,未实施限行的城市限行成本为 0。此外,目前很多城市只对部分路段和区域进行限制,其对消费者的影响程度有限,因而在分析限行政策影响时需要剔除实施此类政策的城市,具体为杭州、济南、南昌、武汉、长春和成都 6 个城市。

(三) 其他激励政策

其他各类电动汽车激励政策包括购车补贴、免购置税、免车船税、保险费用优惠、上牌优惠、专属车牌、停车费优惠、免过路费、年检优惠、完善公共充电设施、完善私人充电设施和充电费用优惠。其中,购车补贴为连续变量,为国家、省和市三级补贴的总和;其他政策变量均为虚拟变量,取值 1 表示该城市实施这一政策,取值 0 表示未实施。

(四) 社会经济因素

消费者在决定是否购买电动汽车时除了会受到各类激励政策的影响,还会受到所在城市规模、经济发展水平、当地充电桩密度等因素的影响[102,174,175],因而有必要将这些因素纳入模型中,提高其解释力。本书所选择的社会经济因素包括人口规模、人均可支配收入、每百万平方公里充电桩数量和汽油价格。人口规模通常用来反映城市规模的大小,且根据之前的研究,新兴技术产品(如电动汽车)通常率先在大城市流通[126],因而有必要考虑这一因素;人均可支配收入直接反映了当地居民的消费能力,由于汽车对于多数家庭来说都是大宗商品,且电动汽车相对于同级别燃油车售价较高[127],因而居民的消费能力对其是否选择购买电动汽车有重要影响;电动汽车的续航里程通常较短,大多在 150~200 公里,"充电难"一直是阻碍消费者选择电动汽车的重要因素[176],因而充电桩数量是否充足也会对消费者选择电动汽车造成影响,考虑到各城市规模存在一定差异,充电桩绝对数量的多少并不能准确反映各城市充电桩的密集程度,因而选择每百万平方公里充电桩数量来替代;相对于燃油车,电动汽车的行驶成本较低,由于电力价格一般比较稳定,因而汽油价格的高低决定了消费者使用电动汽车所能节省的成本[88,177],这也是一个重要影响因素。

二 数据来源

本部分研究是基于2010~2016年43个电动汽车试点城市的面板数据。之所以选择2010年作为时间起点,主要是因为电动汽车在私人消费者领域的大规模推广始于2010年四部委发布《私人购买新能源汽车试点财政补助资金管理暂行办法》。数据主要来源于政府门户网站和相关统计年鉴。具体来说,各城市电动汽车保有量和充电桩数量均来源于《节能与新能源汽车年鉴》(2011~2017年);牌照竞拍费用主要是通过各地的小汽车指标管理系统搜集的;限行天数主要是通过查阅各城市交通管理局网站上交通管制相关政策得到的;各城市的购车补贴主要是参考国家和各地新能源汽车推广应用财政补贴实施细则或类似文件,将不同续航里程电动汽车的补贴取均值,作为当地的购车补贴;其他各类政策主要是通过各城市的政府门户网站,查阅其与电动汽车或新能源汽车相关的政策文件来进行确定;汽油价格来源于中国石油企业协会网站所公布的数据;人口规模和人均可支配收入均来源于国家统计局网站、中国统计年鉴和各地方的城市统计年鉴。

第二节 面板数据模型及其一般性检验介绍

一 面板数据模型介绍

面板数据,也称为时间序列截面数据或混合数据,其模型通常可以用如下形式表达:

$$y_n = \alpha_n + x_n \beta_n + u_n, \quad n = 1, 2, \cdots, N \tag{7-2}$$

在公式（7-2）中，因变量 y_n 为 $T×1$ 维向量，自变量 x_n 为 $T×k$ 维向量，α_n 为常数项，系数 β_n 为 $k×1$ 维向量，α_n 和 β_n 取决于不同样本个体的影响，扰动项 u_n 是 $T×1$ 维向量。面板数据是时间序列数据和横截面数据的集合，从横截面来看，每个变量都有观测值；从纵剖面来看，每一期都有观测值。面板数据相对于时间序列数据和截面数据能够涵盖更多的信息，在一定程度上提高了变量的自由度，进而使得估计参数更为可靠。因而，目前面板数据在经济学和管理学领域获得广泛应用。

二 面板数据模型一般性检验

在构建面板数据模型之前，需要经过一系列的检验保证估计结果较为准确。首先，按照面板数据模型的构建步骤，在对数据进行回归之前需要进行单位根检验以判断其平稳性。其次，如果单位根检验的结果显示变量之间为同阶单整，还需要进行协整检验；如果是非同阶单整，则需要对序列进行转换。再次，面板数据模型一般有三种形式，即变系数模型、变截距模型和不变参数模型，因而需要根据 F 检验来确定选择何种模型，进而根据 Hausman 检验来确定是选择随机效应还是固定效应模型。下面将逐一介绍这些步骤。

（一）单位根检验

李子奈等认为一些非平稳的经济时间序列往往表现出共同的变化趋势，而这些序列自身不一定有直接关系，如果直接对其进行回归，即使模型拟合程度较高，其结果也没有实质性意义，这种情况通常被称为伪回归或虚假回归[178]。为了避免这种情况，保证估计结果的可靠有效，需要首先对各面板序列的平稳性进行检验。

面板单位根检验的常用方法主要有 LLC、IPS、Breintung、ADF-Fisher 和 PP-Fisher 5 种，其中 LLC 和 Breintung 适用于"同根"情形，IPS、ADF-Fisher 和 PP-Fisher 适用于"不同根"情形[179]。一般采用两种面板数据单位根检验方法，即相同根单位根检验 LLC 和不同根单位根检验 ADF-Fisher，如果两种检验均拒绝存在单位根的原假设则认为此序列是平稳的，反之则不平稳。单位根检验一般从水平序列开始检验，如果该序列存在单位根，则需要对该序列进行一阶差分后继续检验,若仍存在单位根,则进行二阶差分后检验,以此类推,直至序列平稳。

(二) 协整检验

协整检验通常用来判断各序列之间的长期均衡关系,即判断各非平稳序列的某种线性组合是否平稳。如果平稳则认为这些序列之间存在长期均衡关系,在此基础上可以对原方程进行回归,此时的回归结果较为精确。如果各变量是非同阶单整,即部分平稳部分不平稳,这时不能进行协整检验,也不能直接对原序列进行回归,此时需要进行序列变换,即对原序列进行差分或取对数使之变为同阶,进而进行回归。面板数据的协整检验方法可以分为两大类:一类是建立在 Engle 和 Granger 二步法检验基础上的面板协整检验,具体方法主要有 Pedroni 检验和 Kao 检验;另一类是建立在 Johansen 协整检验基础上的面板协整检验。其中,Kao 检验方法的原假设是没有协整关系,并且利用静态面板回归的残差来构建统计量;Johansen 检验是基于向量自回归的似然检验的面板协整检验方法[180]。通过了协整检验,说明变量之间存在着长期稳定的均衡关系,其方程回归残差是平稳的。可以在此基础上直接对原方程进行回归,此时的回归结果较精确。

(三) 模型选择检验

在协整检验完成后,一项非常重要的任务就是要判别使用何种回归模型。首先,需要利用 F 检验来判断是建立混合模型还是个体固定效应模型,假设如下。

H_0:模型中不同个体的截距相同。

H_1:模型中不同个体的截距不同。

F 统计量需要通过如下公式计算得出:

$$F = \frac{(SSE_r - SSE_u)/(N-1)}{SSE_u/(NT-N-k)} \sim F[(N-1),(NT-N-k)] \quad (7-3)$$

公式 (7-3) 中 SSE_r 表示混合估计模型的残差平方和,SSE_u 表示个体固定效应模型的残差平方和,N 为样本个体数,k 为解释变量对应参数的个数,T 为时间序列的最大长度。在计算 F 统计量后,需要查找临界值以做出判定:如果计算得出的 F 小于给定置信度下的相应临界值,则接受原假设，即模型应选择混合估计模型，不必继续检验；如果 F 大于给定置信度下的临界值，则拒绝原假设，说明选择个体固定效应模型比混合模型更合适。此外，还需要利用 Hausman 检验来判断是选择个体固定效应回归模型还是个体随机效应回归模型，其假设如下。

H_0：个体效应与回归变量无关。

H_1：个体效应与回归变量相关。

根据 Hausman 检验的结果，如果接受原假设，则应该选择个体随机效应回归模型；如果拒绝原假设，则应该选择个体固定效应回归模型。通过上述步骤，可以得出最佳回归模型。

第三节　不限购政策对消费者电动汽车购买行为的影响

此部分主要分析不限购政策的影响，由于北京实施机动车摇号政策的成本难以衡量，因而使用其余 42 个城市的数据来进行面板回归。本部分及后续两节在模型检验和回归之前均对模型中的连续变量取对数，以消除异方差性，变量 EV、LF、UC、PS、PZ、DI、CN、OP 取对数后分别以 LNEV、LNLF、LNUC、LNPS、LNPZ、LNDI、LNCN、LNOP 来进行表示。

一　单位根检验

表 7-3 为变量 LNEV、LNPS、LNLF、LNPZ、LNDI、LNCN 和 LNOP 面板单位根检验结果。其中，表格左侧为各变量原序列的检验结果，可以看到变量 LNLF 和 LNOP 均未通过 LLC 和 ADF-Fisher 检验，表明其为非平稳序列。变量 LNEV、LNPS、LNPZ、LNDI 和 LNCN 虽然通过了 LLC 检验，但都未通过 ADF-Fisher 检验。如前所述，LLC 和 ADF-Fisher 检验只要有一个未通过，就认为变量是非平稳的。可以看到所有变量的原序列都是非平稳的，因而上述变量均为非平稳序列。按照单位根检验的步骤，需要对这些变量进行差分，检验差分后的序列是否平稳。表 7-3 右侧为各变量一阶差分后的检验结果，可以看到所有差分后的变量均变为平稳序列。

表7-3 *LNEV*、*LNPS*、*LNLF*、*LNPZ*、*LNDI*、*LNCN* 和 *LNOP* 单位根检验结果

变量	统计量名	统计量值	p值	变量	统计量名	统计量值	p值
LNEV	LLC	-10.0643	0.0000	△*LNEV*	LLC	-24.4408	0.0000
	ADF-Fisher	24.6813	0.6451		ADF-Fisher	46.4284	0.0157
LNPS	LLC	-7.54089	0.0000	△*LNPS*	LLC	-6.10987	0.0000
	ADF-Fisher	19.3742	0.8862		ADF-Fisher	55.9530	0.0002
LNLF	LLC	1.27033	0.8980	△*LNLF*	LLC	-15.5799	0.0000
	ADF-Fisher	7.36841	1.0000		ADF-Fisher	47.4475	0.0123
LNPZ	LLC	-12.1266	0.0000	△*LNPZ*	LLC	-56.0942	0.0000
	ADF-Fisher	39.3552	0.0754		ADF-Fisher	62.1588	0.0002
LNDI	LLC	-2.91755	0.0018	△*LNDI*	LLC	-5.07119	0.0000
	ADF-Fisher	25.2315	0.6152		ADF-Fisher	47.1063	0.0133
LNCN	LLC	-6.45294	0.0000	△*LNCN*	LLC	-3.10705	0.0009
	ADF-Fisher	17.3406	0.9416		ADF-Fisher	42.0799	0.0426
LNOP	LLC	-1.11007	0.1335	△*LNOP*	LLC	-30.0894	0.0000
	ADF-Fisher	9.62040	0.9995		ADF-Fisher	58.2264	0.0007

二 协整检验

根据单位根检验的结果，各变量均为一阶单整，即是同阶的，因而需要进行协整检验以保证各变量之间存在长期稳定关系。表7-4为变量 *LNEV*、*LNPS*、*LNLF*、*LNPZ*、*LNDI*、*LNCN* 和 *LNOP* 协整检验结果。可以看到基于 Kao 检验方法的 ADF 统计量值为 -3.156975，伴随概率小于0.05，表明各变量之间有长期均衡稳定关系。而基于 Pedroni 检验方法的各统计量结果不一致，部分通过了检验，部分未通过检验。根据 Pedroni 的研究，在样本较小的情况下，Panel ADF 和 Group ADF 统计量的检验效果较其他统计量更佳，在各个统计量检验结果不一致的情况下，需要以这两个统计量的检验结果为准。可以看到，表7-4中 Panel ADF 和 Group ADF 统计量的伴随概率均小于0.05，同样说明各变量之间有长期均衡稳定关系。综上，根据这两种方法的检验结果，可以认为各变量之间存在协整关系，可以进一步构建面板数据模型分析各变量之间的关系。

表7-4 *LNEV*、*LNPS*、*LNLF*、*LNPZ*、*LNDI*、*LNCN* 和 *LNOP* 协整检验结果

检验方法	统计量名	统计量值	p 值
Pedroni 检验	Panel v-Statistic	-1.524503	0.9363
	Panel rho-Statistic	1.416058	0.9216
	Panel PP-Statistic	-6.024834	0.0000
	Panel ADF-Statistic	-3.992260	0.0000
	Group rho-Statistic	3.166752	0.9992
	Group PP-Statistic	-9.224313	0.0000
	Group ADF-Statistic	-3.538950	0.0002
Kao 检验	ADF	-3.156975	0.0008

三 模型选择检验

根据前面对 F 检验的介绍，首先需要计算 F 统计量。基于 EViews 软件，通过构建不同形式的模型，可以得到固定效应回归模型的残差平方和 SSE_u 为 17.287，混合估计模型的残差平方和 SSE_r 为 64.639。根据公式 (7-3)，可得 F 统计量值为 1.252。通过查询 F 检验临界值表，$F_{0.05}(41, 192) = 1.46$。因为 F 统计量值小于临界值，因而接受原假设，即选择混合估计模型更合适。

四 面板数据模型回归结果

混合估计模型的结果如表 7-5 所示，可以看到模型调整后 R^2 为 0.667，且 F 统计量的伴随概率小于 0.05，说明模型的拟合效果较好。从各变量来看，对消费者购买电动汽车造成显著影响的因素有购车补贴、免购置税、不限购、专属车牌、每百万平方公里充电桩数量和汽油价格。各变量按系数大小依次为不限购、专属车牌、购车补贴、汽油价格、免购置税和每百万平方公里充电桩数量。其中，不限购政策的估计系数为 1.558，由于不限购政策是用车牌拍卖成本来衡量的，也就是说车牌拍卖成本每上升 1%，各城市电动汽车市场占有率会提升 1.558%，这也说明不限购政策会促进电动汽车市场占有率的提升。专属车牌政策为虚拟变量，其系数为 0.547，也就是说该项政策实施，会使得各城市电动汽车市场占有率提升

0.547%。购车补贴政策的估计系数为 0.435，也就是说购车补贴每提高 1%，各城市电动汽车市场占有率会提升 0.435%。汽油价格的估计系数为 0.391，说明各城市电动汽车市场占有率和汽油价格正相关，即汽油价格每上涨 1%，各城市电动汽车市场占有率提升 0.391%。免购置税为虚拟变量，其估计系数为 0.24，即该项政策实施会使得电动汽车市场占有率提升 0.24%。最后，每百万平方公里充电桩数量的估计系数为 0.191，说明它和电动汽车市场占有率为同向变动关系，其数量每增加 1%，电动汽车市场占有率提升 0.191%。

表 7-5　42 个城市面板数据回归结果

变量	系数	p 值
C	24.378	0.106
LNPS	0.435	0.000
EP	0.240	0.000
EU	-0.069	0.947
EI	0.901	0.689
LNLF	1.558	0.049
IF	0.441	0.784
SL	0.547	0.026
DR	0.066	0.959
PF	-0.317	0.807
RF	2.289	0.329
CF	0.972	0.679
RC	1.451	0.242
RP	-0.242	0.878
CD	0.619	0.101
LNPZ	-0.851	0.073
LNDI	-1.711	0.224
LNCN	0.191	0.042
LNOP	0.391	0.026
调整后 R^2		0.667
概率（F-statistic）		0.000

目前，在机动车限购城市，电动汽车的指标单独配置激励政策对其推广应用具有重要作用。根据《新能源汽车产业发展报告（2017）》的调查研究结果，在北京和上海，如果没有指标单独配置激励政策，超过70%的消费者将不会选择购买电动汽车，25%的上海消费者和10%的北京消费者将暂缓买车，也就是说不限购政策在一定程度上吸引了部分未对机动车有刚性需求的消费者购买电动汽车。本书基于多个限购城市进行分析，研究认为不限购政策对消费者购买电动汽车有显著的正向影响。

第四节　不限行政策对消费者电动汽车购买行为的影响

本部分主要分析不限行政策的影响，由于杭州、济南、南昌、武汉、长春和成都这6个城市限行政策的影响较小，限行成本难以衡量，故在回归时剔除了这6个城市，用其余37个城市的数据进行面板回归。

一　单位根检验

表7-6为 *LNEV*、*LNPS*、*LNUC*、*LNPZ*、*LNDI*、*LNCN* 和 *LNOP* 面板单位根检验结果。其中，变量 *LNUC* 未通过 LLC 和 ADF-Fisher 检验，其他变量虽然通过了 LLC 检验，但都未通过 ADF-Fisher 检验。如前所述，这些变量均为非平稳序列，需要进一步对其进行差分，检验差分后序列的平稳性。根据表7-6右侧的结果，可以看到各变量一阶差分后的序列均通过了 LLC 和 ADF-Fisher 检验，说明其为平稳序列。

表7-6　*LNEV*、*LNPS*、*LNUC*、*LNPZ*、*LNDI*、*LNCN* 和 *LNOP* 单位根检验结果

变量	统计量名	统计量值	p值	变量	统计量名	统计量值	p值
LNEV	LLC	-9.78356	0.0000	△*LNEV*	LLC	-24.1137	0.0000
	ADF-Fisher	23.1837	0.5090		ADF-Fisher	43.0706	0.0098
LNPS	LLC	-7.11631	0.0000	△*LNPS*	LLC	-5.90982	0.0000
	ADF-Fisher	16.4340	0.8718		ADF-Fisher	49.7392	0.0002

续表

变量	统计量名	统计量值	p值	变量	统计量名	统计量值	p值
LNUC	LLC	1.34645	0.9109	△LNUC	LLC	-15.4367	0.0000
	ADF-Fisher	6.16522	0.9999		ADF-Fisher	43.9917	0.0076
LNPZ	LLC	-10.6575	0.0000	△LNPZ	LLC	-32.2023	0.0000
	ADF-Fisher	27.6561	0.1178		ADF-Fisher	58.1191	0.0001
LNDI	LLC	-5.16695	0.0000	△LNDI	LLC	-4.46124	0.0000
	ADF-Fisher	24.2129	0.4495		ADF-Fisher	38.3534	0.0319
LNCN	LLC	-9.28361	0.0000	△LNCN	LLC	-4.39605	0.0000
	ADF-Fisher	24.3141	0.4438		ADF-Fisher	39.2417	0.0258
LNOP	LLC	-7.76542	0.0000	△LNOP	LLC	-44.0130	0.0000
	ADF-Fisher	18.7421	0.8471		ADF-Fisher	41.4886	0.0147

二 协整检验

由于各序列为同阶单整，因而需要进行协整检验以保证各变量之间存在长期稳定关系。表7-7为变量 LNEV、LNPS、LNUC、LNPZ、LNDI、LNCN 和 LNOP 的协整检验结果。可以看到基于 Kao 检验方法的 ADF 统计量值为 -2.935181，伴随概率小于0.05，表明各变量之间有长期均衡稳定关系。而基于 Pedroni 检验方法的各统计量结果不一致，部分通过了检验，部分未通过检验。由于 Panel ADF 和 Group ADF 伴随概率均小于0.05，可以认为各变量之间有长期均衡稳定关系。综上，根据这两种方法的检验结果，各变量之间存在协整关系，可以进一步构建面板数据模型来进行分析。

表7-7 LNEV、LNPS、LNUC、LNPZ、LNDI、LNCN 和 LNOP 协整检验结果

检验方法	统计量名	统计量值	p值
Pedroni 检验	Panel v-Statistic	-2.031019	0.9789
	Panel rho-Statistic	1.743062	0.9593
	Panel PP-Statistic	-1.645832	0.0499
	Panel ADF-Statistic	-4.048501	0.0000
	Group rho-Statistic	3.721112	0.9999

续表

检验方法	统计量名	统计量值	p 值
Pedroni 检验	Group PP-Statistic	-3.836787	0.0001
	Group ADF-Statistic	-9.668765	0.0000
Kao 检验	ADF	-2.935181	0.0017

三 模型选择检验

基于 Eviews 软件，通过构建不同形式的模型，可以得到固定效应回归模型的残差平方 SSE_u 为 16.3675，混合估计模型的残差平方和 SSE_r 为 19.8287。根据公式（7-3），可得 F 统计量值为 0.981。通过查询 F 检验临界值表，$F_{0.05}(36, 167) = 1.59$。因为 F 统计量值小于临界值，因而接受原假设，即选择混合估计模型更为合适。

四 面板数据模型回归结果

混合估计模型的结果如表 7-8 所示，可以看到模型调整后 R^2 为 0.669，且 F 统计量的伴随概率小于 0.05，说明模型的拟合效果较好。从各变量来看，对消费者购买电动汽车造成显著影响的因素有购车补贴、免购置税、不限行、每百万平方公里充电桩数量和汽油价格。其中，影响最大的为不限行政策，其系数为 1.131。由于该变量是用限行成本来衡量，也就是说限行成本每提高 1%，各城市电动汽车市场占有率会提高 1.131%，即不限行政策会促进消费者购买电动汽车。每百万平方公里充电桩数量的影响次之，其估计系数为 0.881，也就是说充电桩数量每增加 1%，各城市电动汽车市场占有率会提高 0.881%。免购置税、购车补贴和汽油价格的估计系数分别为 0.596、0.491 和 0.425，说明这三者对电动汽车市场占有率的影响均为正向，也就是说免购置税的实施会导致电动汽车市场占有率提高 0.596%，购车补贴和汽油价格每增加 1%，会导致电动汽车市场占有率分别提高 0.491% 和 0.425%。

表 7-8　37 个城市面板数据回归结果

变量	系数	p 值
C	14.929	0.333
LNPS	0.491	0.000
EP	0.596	0.001
EU	0.185	0.887
EI	0.228	0.939
LNUC	1.131	0.038
IF	0.592	0.722
SL	2.189	0.187
DR	0.221	0.899
PF	-0.195	0.892
RF	2.774	0.299
CF	0.239	0.922
RC	0.508	0.052
RP	0.027	0.989
CD	0.729	0.364
LNPZ	-0.607	0.196
LNDI	-0.975	0.505
LNCN	0.881	0.037
LNOP	0.425	0.001
调整后 R^2		0.669
概率（F-statistic）		0.000

根据《新能源汽车产业发展报告（2017）》的调查研究结果，如果北京取消不限行政策，有近一半的消费者将不会考虑选择电动汽车，约 8% 的消费者会暂缓购买电动汽车，可以看到这两者的比例低于不限购政策对消费者的影响。本部分基于多个限行城市的分析结果与之类似，虽然不限行政策也能推动消费者选择电动汽车，但其激励效用小于不限购政策。此外，回归模型同样验证了购车补贴、免购置税、充电桩数量和汽油价格会促进消费者购买电动汽车。

第五节 其他激励政策对消费者电动汽车购买行为的影响

此部分以所有城市为样本进行面板回归，剔除不限行和不限购这两项政策，主要分析其他激励政策的影响，相关检验和回归结果如下。

一 单位根检验

表7-9为 LNEV、LNPS、LNPZ、LNDI、LNCN 和 LNOP 单位根检验结果。其中，变量 LNPS 未通过 LLC 和 ADF-Fisher 检验，其他变量虽然通过了 LLC 检验，但都未通过 ADF-Fisher 检验。这表明所有变量的水平序列均非平稳，需要进一步对其进行差分，检验差分后序列的平稳性。根据表7-9右侧的结果，可以看到各变量一阶差分后的序列均通过了 LLC 和 ADF-Fisher 检验，说明一阶差分后的各序列为平稳序列。

表7-9 LNEV、LNPS、LNPZ、LNDI、LNCN 和 LNOP 单位根检验结果

变量	统计量名	统计量值	p值	变量	统计量名	统计量值	p值
LNEV	LLC	-9.78356	0.0000	△LNEV	LLC	-24.1137	0.0000
	ADF-Fisher	23.1837	0.5090		ADF-Fisher	43.0706	0.0098
LNPS	LLC	-1.21957	0.1113	△LNPS	LLC	-5.90982	0.0000
	ADF-Fisher	7.00983	0.9997		ADF-Fisher	49.7392	0.0002
LNPZ	LLC	-48.3796	0.0000	△LNPZ	LLC	-35.8519	0.0000
	ADF-Fisher	43.0473	0.0580		ADF-Fisher	62.1588	0.0005
LNDI	LLC	-5.16695	0.0000	△LNDI	LLC	-4.46124	0.0000
	ADF-Fisher	24.2129	0.4495		ADF-Fisher	38.3534	0.0319
LNCN	LLC	-4.22203	0.0000	△LNCN	LLC	-18.7205	0.0000
	ADF-Fisher	10.4792	0.9151		ADF-Fisher	31.2698	0.0268
LNOP	LLC	-7.84938	0.0000	△LNOP	LLC	-4.98801	0.0000
	ADF-Fisher	16.0859	0.8850		ADF-Fisher	64.6080	0.0000

二 协整检验

由于各序列为同阶单整，因而需要进行协整检验以保证各变量之间存在长期稳定关系。表 7-10 为变量 LNEV、LNPS、LNPZ、LNDI、LNCN 和 LNOP 协整检验结果。

表 7-10　LNEV、LNPS、LNPZ、LNDI、LNCN 和 LNOP 协整检验结果

检验方法	统计量名	统计量值	p 值
Pedroni 检验	Panel v-Statistic	0.786674	0.2157
	Panel rho-Statistic	0.522689	0.6994
	Panel PP-Statistic	-2.777716	0.0027
	Panel ADF-Statistic	-2.534207	0.0056
	Group rho-Statistic	2.579748	0.9951
	Group PP-Statistic	-5.932882	0.0000
	Group ADF-Statistic	-10.97541	0.0000
Kao 检验	ADF	-3.316824	0.0005

可以看到基于 Kao 检验方法的 ADF 统计量值为 -3.316824，伴随概率小于 0.05，表明各变量之间有长期均衡稳定关系。而基于 Pedroni 检验方法的各统计量结果不一致，部分通过了检验，部分未通过检验。由于 Panel ADF 和 Group ADF 伴随概率均小于 0.05，可以认为各变量之间有长期均衡稳定关系。综上，根据这两种方法的检验结果，各变量之间存在协整关系，可以进一步构建面板数据模型来进行分析。

三 模型选择检验

基于 EViews 软件，通过构建不同形式的模型，可以得到固定效应回归模型的残差平方 SSE_u 为 16.3675，混合估计模型的残差平方和 SSE_r 为 19.8287。根据公式（7-3），可得 F 统计量值为 1.118。通过查询 F 检验临界值表，$F_{0.05}(42, 193) = 1.53$。因为 F 统计量值小于临界值，因而接受原假设，即选择混合估计模型更为合适。

四 面板数据模型回归结果

混合估计模型的结果如表 7-11 所示,可以看到模型调整后 R^2 为 0.656,且 F 统计量的伴随概率小于 0.05,说明模型的拟合效果较好。

表 7-11 43 个城市面板数据回归结果

变量	系数	p 值
C	5.841	0.637
LNPS	0.435	0.000
EP	0.881	0.001
EU	-0.312	0.767
EI	1.244	0.584
IF	0.931	0.548
SL	2.007	0.029
DR	0.029	0.982
PF	-0.186	0.874
RF	2.447	0.181
CF	0.805	0.736
RC	0.428	0.621
RP	0.895	0.036
CD	-0.682	0.665
LNPZ	0.185	0.044
LNDI	0.064	0.956
LNCN	0.189	0.037
LNOP	0.113	0.046
调整后 R^2		0.656
概率（F-statistic）		0.000

注：p 值小于 0.05 表示显著,大于 0.05 则不显著。

从各变量来看,对消费者购买电动汽车造成显著影响的因素有购车补贴、免购置税、专属车牌、完善私人充电设施、人口规模、每百万平方公里充电桩数量和汽油价格。其中,电动汽车专属车牌政策的影响最大,其估计系数为 2.007,也就是说其实施会使得电动汽车市场占有率提升

2.007%。完善私人充电设施政策的影响次之，其估计系数为0.895，这说明完善私人充电设施政策对电动汽车市场占有率有显著的正向影响。其他影响因素按估计系数大小排序依次为免购置税、购车补贴、每百万平方公里充电桩数量、人口规模和汽油价格。其中，免购置税政策为虚拟变量，即该政策实施会使得电动汽车市场占有率提升0.881%；而人口规模、购车补贴、每百万平方公里充电桩数量和汽油价格每增加1%，会导致电动汽车市场占有率分别提升0.185%、0.435%、0.189%和0.113%。

根据模型回归的结果，可以看到购车补贴和免购置税会促进消费者购买电动汽车。由于这两者与电动汽车的销售价格密切相关，因而会对消费者有较大的影响。根据《新能源汽车产业发展报告（2017）》的调查研究结果，如果补贴取消，60%的消费者将不再选择购买电动汽车。专属车牌和完善私人充电设施也会对消费者产生积极影响。如果没有自用充电设施，消费者在电动汽车的使用过程中会非常不便。除了需要预估好行驶距离，还要了解目的地是否有充电设施，而自用充电设施在很大程度上为消费者提供了便利。此外，各城市人口规模、充电桩数量和汽油价格的增加也会促进电动汽车市场占有率的提高。

最后，结合消费者心理响应部分的研究内容，可以发现部分消费者偏好程度较高的政策如税收优惠、购车补贴和专属车牌政策也会对其实际购买行为产生积极影响，但是其他消费者较为偏好的政策，如免过路费、充电费用优惠和完善私人充电设施等政策对消费者的影响不显著，这就说明消费者对各类政策的偏好程度与实际购买行为之间并不一致。这些结果也在一定程度上说明有必要正确认识消费者的政策认知和偏好以及政策对他们实际购买行为影响之间的关系，把握其中的规律性，这可以为后续电动汽车激励政策的调整和完善提供借鉴，调整目前消费者政策需求和供给之间的错配，帮助政策制定者制定更有利于满足消费者政策需求的激励政策。

第八章
电动汽车激励政策体系优化设计和实验模拟

前两章研究了消费者对电动汽车激励政策的认知和偏好情况，同时分析了各类政策对消费者实际购车行为的影响。可以看到，虽然现有激励政策体系较为健全，涉及消费者购买、上牌、使用和充电等各个环节，但大多是为消费者提供直接或间接经济激励，以促进消费者购买。也就是说，虽然现有激励政策种类繁多，但都是基于经济动机来刺激消费者，手段较为单一，对消费者的影响可能比较有限。本章将在现有激励政策体系的基础上对其进行优化，提出一个包含现有激励政策、环境税和排放权交易三类政策的综合框架体系，旨在从多个角度促进消费者购买电动汽车。此外，考虑到公共政策的实施具有难以逆转性，不适政策的实行会带来较大负面影响，本章还将基于选择实验方法所得到的数据，通过离散选择模型对这一框架体系进行验证，以期从微观层面为推广电动汽车提供新的思路，为进一步丰富电动汽车相关激励政策做出贡献。

第一节 电动汽车激励政策体系优化设计

目前，电动汽车存在销售价格高、续航里程短、充电时间长、配套设施不完善等一系列问题。为此，国家出台了一系列政策以弥补电动汽车的劣势，使其与普通燃油车相比能够形成一定的市场竞争力。其中，私人需求侧相关激励政策一直聚焦于降低消费者的购买成本（如购车补贴政策和免购置税政策）；在机动车限购城市，电动汽车不限购政策也是吸引消费者的一大因素。近年来，伴随着购车补贴不断退坡，扶持政策也逐渐涉及"方便使用"，使得电动汽车在路权、通行、停车、保险、充电、售后等方面享受优惠（如不限行、公交车道行使权、免费停车、免过路费等），突出电动汽车在使用环节的优势。但是就目前实际情况来看，电动汽车市场占有率不高，存在着"政策热、市场冷"的尴尬局面。考虑到电动汽车技术水平在短期内难以实现质的突破，亟待制定更有效的政策体系以实现电动汽车的大规模推广应用。

电动汽车作为一项新兴技术产品，其主要优点表现在两个方面：第一，经济节省。这主要表现在电动汽车的用车成本上，电力价格相对于汽油价格更低，且电动汽车可以利用低谷电进一步节省用车成本[4]。举例来说，目前家用燃油车每百公里油耗大约为 8 升，油价按照 7 元/升的标准核算，每百公里行驶成本约为 56 元。电费计算相对来说差异较大，因为这涉及在哪里充电，如果在家里充电，成本大约仅需 0.5 元/度，如果在公共充电站充电则费用较高，部分地区费用达到 2 元/度（含电费和服务费）。电动汽车每百公里耗电量约为 15 度，如果消费者在家充电，每百公里成本仅有约 7.5 元，即使选择在公共充电站充电每百公里成本也只有 30 元。第二，节能环保，将发电厂发电和电动机运转过程中的能量损耗考虑在内，家用电动汽车每百公里所消耗的电能约为 7 千克标准煤，传统燃油汽车的能耗约为 10 千克标准煤，在城市拥堵环境中或者当地电源结构以清洁能源为主的情况下，电动汽车的节能优势会进一步放大[181]。根据前面的分析，目前激励政策已经涉及降低消费者的使用成本，但是鲜有政策从放大电动汽车节能环保优势的角度来进行考虑。同时，这也是国家大力支持电动汽车的主要原因。因而，如何从消费者的角度，基于电动汽车节能环保的优点，构建能够调动消费者积极性的政策机制将是本部分政策优化的核心内容。

随着全球变暖的加剧，在未来每排放一部分二氧化碳就会在一定程度上使得气候恶化，全球变暖带来的潜在极端气候事件会使整个社会付出高昂的成本。相比于普通燃油车，电动汽车节能、环保和减排的优势从经济学角度来说具有明显的正外部效应。能够享受电动汽车所带来环境效益的并不仅仅是电动汽车使用者,而且是整个人类社会。因而有必要出台相关政策将燃油车的外部成本内部化,促进更多的消费者购买电动汽车,实现环境的可持续发展。征收庇古税是福利经济学家庇古所提出的控制环境污染这种负外部性行为的一种经济手段,也就是将环境外部成本内部化,其在实践中常用的手段包括3类:提供补贴、征收环境税和排放权交易[182]。补贴主要是指对环保型企业或节能环保产品的消费者,政府通常采用减免税、贴息或专项资金等方式进行补贴。根据补贴环节不同,一般分为鼓励投资补贴、清洁生产补贴和消费补贴3类。环境税既可以在生产环节也可以在消费环节征收。在生产环节征收环境税的优势是便于对污染源进行识别,监管难度较小;在消费环节征收环境税则有利于引导消费者日常行为的改变。环境税的劣势在于无法直接限定污染总量,有可能导致"交税即可污染"的现象出现。但是,总的来看,该税种可以通过利益机制达到引导企业或消费者减排的目的。排放权交易主要是政府或相关部门设定污染排放的总体目标,在建立一定规则的基础上将排放量分配给企业或消费者,并准许企业(或消费者)之间自由交易排放量。该排放量限制了每个企业(或消费者)的最大排污量,超出规定的排放量可以从政府指定的市场上购买,未超出规定的排放量可以将其出售以获取收益。由于本部分仅考虑各类政策对消费者的影响,因而均只考虑这3类政策在消费者个体层面的实施情况。这3类方法都可以通过经济手段来刺激消费者,从个体心理角度来说,环境税和排放权交易还会通过环境手段提升其环保意识,进而改变其行为[182,183]。由于消费者将不同消费行为所需的排放权额度划分到不同的心理账户中,因而排放权交易还会通过心理账户对消费者的行为产生影响[182]。这3类政策的具体影响机制见图8-1,三者的影响效应具有一定的差异,下面具体来进行介绍。

一 经济激励

根据前面的介绍,可以将我国目前各类电动汽车激励政策理解为直接或间接的补贴。在这些政策的作用下,电动汽车的购买和使用成本都有一定程度的下降,使用便利性也有很大的提升,这些都会提高消费者购买电

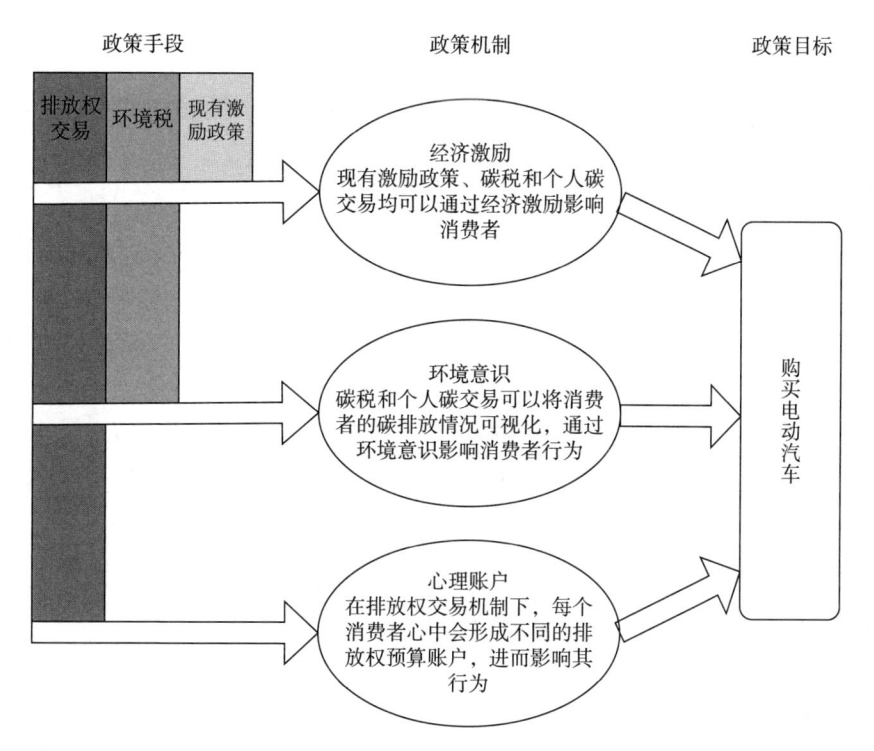

图 8-1　电动汽车激励政策体系优化设计

动汽车的意愿。然而，目前尚未对普通燃油车征收以保护环境为目的的环境税或生态税等类似税种。对于私人消费者来说，征收环境税会使得燃油车使用者缴纳一定的税费，而由于电动汽车污染相对较小，其使用者所需缴纳的税费相对较少，也就是说环境税可以帮助电动汽车消费者节省支出。排放权交易与补贴以及环境税相比，其同样能从经济层面激励消费者。这主要是因为每个消费者所分配到的排放权额度是一致的，如果消费者经常选购节能环保型商品，所需的排放权额度较少，其可以将剩余的排放权进行出售，换成一定的收益；如果消费者经常购买高能耗或高污染的商品，所需的排放权额度较多，在超过其拥有的排放权额度后，需要额外购买排放权以保证其正常消费需求，也就是说此类消费者需要支付一定的成本。

二 环境意识

亲环境行为（如购买电动汽车）通常会受到一系列心理因素的影响，如经历、态度、情感、价值观和感知行为控制等。在这些因素中，环境意识也是促进个体行为改变的重要因素。与目前现行的激励政策相比，从消费者个体心理的角度来说，环境税可以提升消费者的环境意识。这主要是因为消费者在购买商品的过程中，除了知晓该商品的价格，也会知道消费该商品所要付出的环境代价，因而其也会受到这一层面的影响。同时，与环境税类似，在排放权交易政策体系下，消费者能够在日常消费过程中了解每项活动所消耗的排放权，即他会了解到各项消费行为对环境造成污染的程度。这种信息同样会通过环境意识来影响其实际行为。虽然已有研究认为信息类政策也会产生类似效果，但仅能通过环境意识对个体产生影响，难以兼顾经济激励和环境意识这两个方面。

三 心理账户

除了经济和心理动机，排放权交易与补贴和环境税政策相比还会从心理账户方面对消费者造成影响。Capstick 和 Lewis 的研究结果表明，在排放权交易实施过程中心理账户扮演着重要角色[184]。所谓心理账户，它是芝加哥大学行为经济家 Thaler 提出的概念，其认为人们在心中无意识地把资源分配到不同的账户进行管理，不同的心理账户有不同的记账方式和心理运算规则[185]。这种心理记账方式和运算规则与经济学和数学运算方式都不相同，因此经常会以非预期方式影响决策，使个体决策违背最简单的理性经济法则[186]。例如，消费者会根据自己的收入状况给日常学习、餐饮和旅游活动制定不同的预算标准，这实际上就是将消费者手中所有财富资源配置到不同的账户中去。尽管这种做法对于消费者来说是比较明智的，但是其违背了经济学中的可替代性假设，也就是说消费者分配到不同账户的资源具有不可替代性[187]。

在排放权交易机制实施的情况下，由于每个消费者持有的排放权额度是固定的，消费者需要在不同消费活动之间进行权衡和比较。例如，一个消费者如果经常驾驶私家车出行，那他就需要控制在家庭能源消费以及搭乘其他交通工具出行方面所要消耗的排放权。因而在这一政策下，个人或者家庭会将所拥有的排放权额度按照其需求分配到不同账户中去，即会产生一种有别于收入分配的新型排放权心理账户。Capstick 和 Lewis 提供的一些初始研究数据表明在模拟排放权交易实施的情境下这种心理账户可能存在[184]。排放权交易除了通过经济手段刺激消费者，还可能会唤醒消费者的环境意识，改变其心理账户配置，因而学者们普遍认为这种政策机制比补贴和环境税能产生更大的溢出效应，比如消费者实施某项亲环境行为可能会导致其进一步实施其他亲环境行为。也就是说，刺激亲环境动机可能会鼓励人们实施一些节能环保行为，而心理账户可能会进一步促进消费者其他行为的改变。

第二节 选择实验法和离散选择模型

现有关于消费者电动汽车购买意愿的研究中，有两种常见的数据调查方法，它们分别是显示性偏好和陈述性偏好方法，前者简称 RP（Revealed Preference）方法，后者简称 SP（Stated Preference）方法。RP 方法的最大特点在于调查内容是已经发生过的事情，而 SP 方法的最大特点在于调查内容是尚未发生的事情。由于电动汽车使用者较少，难以获得关于消费者实际购买行为的真实数据，因而大量研究运用 SP 方法，通过所收集到的假想性数据来对各种影响因素进行分析[59]。SP 方法主要包括 3 类：条件价值法、联合分析法和选择实验法[188]。其中，由于选择实验法所构建的情境更接近于真实购买环境[189]，且其基本原理符合随机效用理论，具有成熟的微观理论基础，因而被更多学者应用于消费者对不同产品的选择研究中[190]。

选择实验法认为某种产品的效用取决于该产品的各种属性特征，所有产品之间的差异都可以通过其具有的某些属性及其水平进行描述，其中某一属性水平的改变可能导致消费者对该产品偏好发生变化[191]。因此，采用选择实验法实质上就是让受访者在一系列由虚拟市场模拟出的物品中，选择效用最大者。在开展选择实验时，首先要给受访者提供一个假设情境，受访者在假设情境下从每个选择集中选出他认为最优的备选方案，每个选择集由若干个备选方案和一个对照方案组成，每个方案都由若干属性及其不同水平组成，在选择实验中受访者需要做一系列类似的选择[192]。根据本章的研究内容和目的，设定受访者要在不同情境下选择购买燃油车或者电动汽车。在消费者购车决策过程中，在一定的预算限制下，消费者需要综合考虑汽车的多个属性，结合自身需求对属性进行权衡，不同的需求产生不同的选择偏好，着重考虑一些属性而忽视其他属性，表现为消费者属性效用，即对某个属性的偏好程度[193]。在已有关于电动汽车购买意愿的研究中，分析了各种政策因素，如免购置税、免费停车、公交车道行使权、政府补贴对消费者购买电动汽车的影响[74,194]。从目前掌握的文献来看，已有研究运用选择实验法分析了碳税和个人碳交易对家庭能源消费和交通出行行为的影响[195,196]，但还没有研究涉及两者对消费者电动汽车购买行为的影响。此外，现有使用选择实验法的研究更多的是针对欧美[47,194,197]、韩国[198]和日本[199]的消费者展开，少有研究使用该方法对中国消费者选择电动汽车的行为进行分析，本章研究也将弥补这方面的缺陷。

根据随机效用理论，受访者从选择集中选出最佳电动汽车产品的过程就是追求效用最大化的过程。受访者的效用函数包括确定项和随机误差项，其中确定项是可观测的属性因素，随机误差项是那些不可观测的属性因素[189]，消费者从不同电动汽车产品中选择某一产品所能得到的效用函数如下：

$$U_{nik} = V_{nik} + \varepsilon_{nik} \quad (8-1)$$

公式（8-1）中 U_{nik} 为受访者 n 在 k 情境下选择电动汽车产品 i 的效用，V_{nik} 为确定项，ε_{nik} 为随机误差项。受访者 n 选择电动汽车 i 的概率 P_{nik} 可表示为：

$$P_{nik} = P(U_{nik} > U_{njk}, \forall j \in S, i \neq j) = P(V_{nik} - V_{njk} > \varepsilon_{njk} - \varepsilon_{nik}, \forall j \in S, i \neq j) \quad (8-2)$$

公式（8-2）中 P 为概率；U_{nik}、V_{nik} 与 ε_{nik} 表示的意义同公式（8-1）；

U_{njk}、V_{njk} 与 ε_{njk} 分别为受访者 n 在 k 情境下选择电动汽车 j 的效用、确定项和随机误差项；S 为所有可能的电动汽车产品组合方案。

当随机项 ε_{nik} 服从极值 I 类型分布时，即：

$$F(\varepsilon_{nik}) = \exp(-e^{-\varepsilon_{nik}}) \tag{8-3}$$

公式（8-3）就是条件 Logit 模型的表达形式，受访者 n 在 k 情境下选择第 i 个电动汽车产品的概率可用如下公式表示：

$$P_{nik} = \frac{\exp(V_{nik})}{\sum_j \exp(V_{njk})}, j = 1 \sim J \tag{8-4}$$

公式（8-4）中，V_{nik} 为电动汽车各属性水平的线性函数，$V_{njk} = \beta_n X_{njk}$，其中 β_n 表示消费者 n 的分值效用向量，X_{njk} 表示第 j 个电动汽车的属性向量，总计有 J 个可供选择的电动汽车产品。

如果直接应用条件 Logit 模型，受访者通常被假定为是同质的，即模型中的随机项被假定为相同且独立分布。然而在现实中，消费者个体存在显著差异，对不同产品的认知程度也不同，这与条件 Logit 模型所设定的条件不完全相符。因而运用条件 Logit 模型所得到的估计结果可能会存在一定偏差。而在混合 Logit 模型中，消费者的偏好可以是异质性的，即不同消费者的偏好可以不一致[200]，因而混合 Logit 模型通常被认为是研究具有不同偏好的消费者各类决策行为的有效方法。本书将构建混合 Logit 模型，并利用选择实验所得到的数据展开分析，具体步骤如下。

混合 Logit 模型与条件 Logit 模型的主要不同之处表现在前者各属性不同水平的系数均服从某种既定的分布，而不是确定的。通过对公式（8-4）进行积分，可将消费者 n 在 k 情形下选择第 i 个电动汽车轮廓的概率表示为：

$$\bar{P}_{nik} = \int \frac{\exp(V_{nik})}{\sum_j \exp(V_{njk})} f(\beta_n) \, d\beta_n \tag{8-5}$$

公式（8-5）中，$f(\beta)$ 是参数 β 的概率密度函数。采用如下步骤，首先从分布 $f(\beta_n)$ 中抽取参数 β_n，然后根据所得到的 β_n 计算 P_{nik}，最后重复这两个步骤 N 次后，对所得到的 P_{nik} 取均值，可以得到模拟的无条件概率：

$$\bar{P}_{nik} = \frac{1}{N}\sum_{n=1}^{N}\bar{P}_{nik} \tag{8-6}$$

根据所得到的无条件概率，即公式 (8-6)，可以进一步得出模拟的对数似然函数，并最大化该似然函数进行系数估计，模拟的对数似然函数可表示为：

$$LL = \sum_{n}\sum_{i}c_{nik}\log(\bar{P}_{nik}) \tag{8-7}$$

公式 (8-7) 中，如果受访者 n 选择第 i 个电动汽车，则 $c_{nik}=1$；如果受访者 n 选择其他产品，则 $c_{nik}=0$。

第三节 实验情境设置

考虑到环境税和排放权交易主要涉及家庭能源消费和交通出行方面所产生的碳排放，因而可能会对消费者日常交通工具的选择造成影响，如是否选择购买更低碳减排的电动汽车。为了验证环境税和排放权交易这两类政策工具的效果，将构建选择实验进行验证，同时和现有电动汽车激励政策的效果进行对比。这里将选择目前最具有代表性的两项政策来进行分析，其中环境税主要是考虑碳税政策，而排放权交易主要是考虑个人碳交易政策。

碳税主要是针对二氧化碳排放量征收的税。具体来说，它主要依据不同能源产品含碳量比例的高低来征税，购买含碳量越高的能源产品所需缴纳的碳税越多[201]，反之，购买含碳量越低的能源产品所需缴纳的碳税越少，例如购买同样单位燃煤所需缴纳的碳税要高于燃油[202]。这也就意味着在碳税实施的情况下，高碳消费者需要缴纳的碳税将多于低碳消费者。碳税源于英国经济学家庇古于 1920 年出版的《福利经济学》一书，故碳税又叫庇古税。由于对早期环境恶化和气候变化问题缺乏重视，一直到 20 世纪 60 年代末庇古所提出的这一重要概念才在世界范围内引起广泛关注。目前，世界范围内已经有很多国家和地区开始实施碳税。在美国，唯一征收碳税的地方是科罗拉多州的玻尔得市，该市面向所有的消费者，主要依据每个消费者的用电量来收取此项税费。加拿大魁北克省也已经开始对石油、天然气和煤炭征税。该省纳税对象主要是中间商——能源和石油公司，而不是消费者。尽管碳税是面向供应链上的高端用户征收，但纳税企业还是可以通过提高能源收费价格将成本部分转嫁到消费者身上[203]。在北欧一些国家，碳税已被广泛接受，丹麦、芬兰、荷兰、挪威、波兰和瑞典等国家均已经开始推行不同的碳税政策[204]。

碳交易作为一种促进全球二氧化碳减排的市场政策机制，被众多学者所关注。然而现有研究主要集中在企业层面的碳交易，多从企业角度考虑减排问题，对消费者层面缺乏考虑，忽视了消费领域对能源消费和碳排放的推动作用[205]。由于"能源反弹效应"和"杰文斯悖论"的存在，单纯从企业层面出发，依靠技术进步、能源利用效率的提升难以达到节能减排目标，还需要从消费领域着手，深入挖掘居民生活消费领域所蕴含的减排潜力，通过建立一种市场机制来引导消费者转变生活方式、实现低碳消费[206]。20世纪90年代中期，Fleming首先提出个人碳交易的概念，其认为政府部门应该设定一个合理的碳减排目标，然后将其合理分配给每个消费者，让每一个消费者获得一定的碳排放权，通过市场交易机制促使消费者主动参与到减排活动中[207]。Parag和Strickland的研究认为个人碳交易其实是对上游企业碳交易的补充和完善，其将规制的重点从企业转向了个体消费者，是一种对下游消费者的总量管制与交易机制（Cap and Trade）[183]。Betz等认为在个人碳交易机制下存在较多的参与主体，每个参与主体每年都可以获得一定的碳配额，并将其储存于个人的碳账户中，碳配额的获取可以是政府免费发放，也可以是政府低价出售[208]。参与主体在购买电力、汽油等产品时，除了需要支付相应的价款外，还要从个人碳账户中提取相应的碳配额进行支付。在一定意义上，个人碳配额有点类似于补充货币（Complement Currency）[201]。总的来说，个人碳交易是一种基于市场机制来控制碳排放量的环境规制政策。在个人碳交易机制下，每个成年人都将获得相同数量、可交易的碳排放权，也称为个人碳配额（类似于补充货币），这些碳配额用以覆盖家庭能源消耗产生的直接碳排放以及私人交通等产生的碳排放量[209]。此外，消费者可以在政府主导下的交易平台实现碳配额的自由交易，高碳消费者可以支付一定的费用购买额外的碳配额以满足其消费需求，低碳消费者由于消费能力有限，可以将多余的碳配额出售以获取额外的经济收入[210]。目前已有一些国家和地区开始尝试将碳交易从企业层面拓展到消费者层面。如2009年韩国开始在全国家庭和店铺等非生产性单位，全面开展旨在减少温室气体排放的"二氧化碳储值卡"计划。根据这一计划，活动参与者将根据使用的水、电、煤气等节约量，换算成对应的二氧化碳排放量，从而获得相应点数的奖励。储值额可以作为现金使用，也可以用来缴纳物业管理费，或兑换垃圾袋、交通卡、停车券等。2010年澳大利亚在诺福克岛给当地居民发放"碳信用卡"，居民在支付电费、油气费和购买食物时，均需使用这张卡记录碳消耗量。节约使用的居民可以把未消费完的信用值换成现金，提前消费完的居民需要额外购买信用值。在中国也有类似的尝试，如2015年广东省出台的碳普惠制度将城市居民节水节电、垃圾分类、公交出行所产生的碳减排量进行量化，在进行一系列换算后给居民奖励相应的"碳币"，居民可凭"碳币"换取产品、服务等商业激励，如乘坐公交费用减免、超市购物优惠等。可以看到，这些政策机制与个人碳交易很类似，其基本理念在很大程度上来源于个人碳交易，都是为了促进家庭和居民消费结构、消费习惯的转变，引导其形成低碳消费模式[211]。

目前，我国尚未实施碳税和个人碳交易这两项政策，因而无法从现实中获取数据进行分析。因此，将基于选择试验法，分别构建两个虚拟情境，即碳税或个人碳交易，然后将消费者分别置于这两个不同的虚拟情境中，观察其做出的选择行为。由于本书主要涉及居民个体日常生活消费问题，特别是交通出行行为，因而需要对碳税和个人碳交易进行重新界定。在实验中，碳税指"选择不同出行方式所需缴纳的碳税"，具体内涵如下：在碳税机制下，政府或相关部门会按照年度减排目标以及不同交通工具的特性来设定碳税缴纳的标准，按照碳排放量的高低，一般来说，私家车出行所要缴纳的碳税大于公共交通工具，搭乘公共交通工具所要缴纳的碳税大于步行和自行车骑行。实验中的个人碳交易指的是"交通出行领域个人碳交易"，具体内涵如下：在居民交通出行个人碳交易机制中，政府或相关部门按照年度减排目标设定交通出行领域碳排放总量的上限，每个成年人每年都将免费获取相同数量的、可交易的碳排放权，即个人碳配额，用以覆盖个人交通出行所产生的碳排放量[212]。消费者在购买用于交通出行的电力、汽油等能源产品时，除了需要支付相应的价款外，还要从个人碳账户提取相应的碳配额进行支付。个人碳交易具体运行机制可见图 8-2。

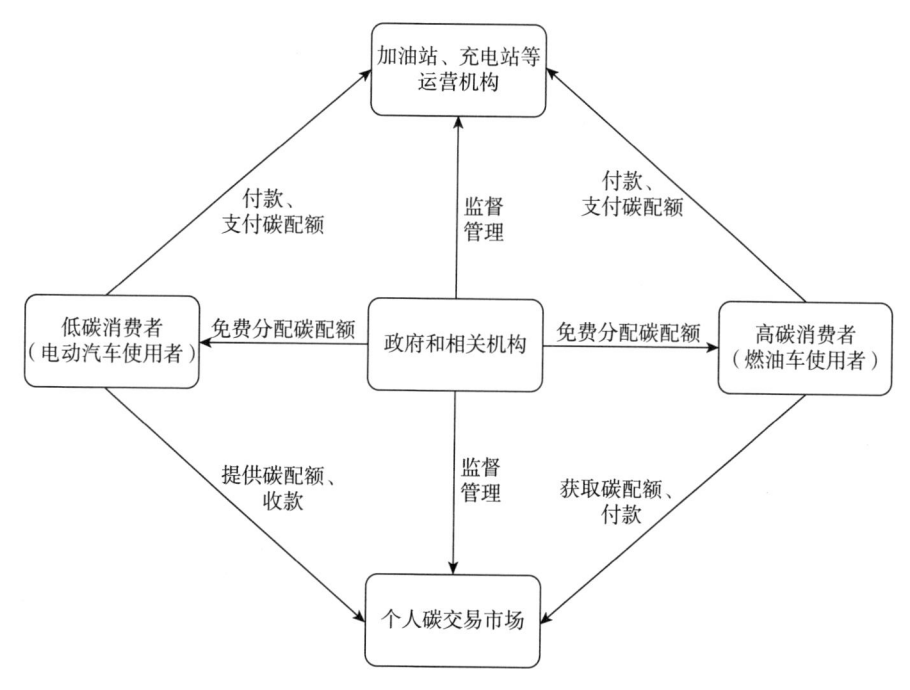

图 8-2　个人碳交易体系的运作模式

在日常出行频次和距离不变的情况下，由于燃油汽车碳排放量较高，在碳税政策下使用者需要缴纳较多的碳税，而电动汽车使用者所要缴纳的碳税则较少，甚至有可能无须缴纳碳税。同理，在个人碳交易机制下，燃油车使用者可能需要支付较多的费用购买超额碳配额，以满足其出行需求；而电动汽车使用者由于消费的碳配额较少，其用来购买超额碳配额所需的费用较少，也有可能不需要额外购买碳配额，并将多余的碳配额出售以获取一定的经济收入[213]。具体来说，假设碳税征收的阈值为每年 500 升汽油所产生的碳排放量。如果个体消费超过了这一阈值，需要按照超额的数量来缴纳碳税；如果所消费的碳配额未超过阈值，则无须缴纳碳税。

对于个人碳交易来说,如果个体消费超过了这一阈值,则需要缴纳一定的费用来购买额外的碳配额以保证其消费需求;如果未超过阈值,不仅不用缴纳额外的费用,还可以将未用完的碳配额进行出售,将其转换成一定的收益。在构建这两个政策情境后,本实验的主要目的在于观察受访者是否会放弃燃油车,而去选择电动汽车。后面将继续介绍实验中所涉及的属性和属性水平。

第四节 实验属性和属性水平设置

选择实验中所涉及的属性和属性水平可见表 8-1。选择实验中属性的设置一般遵循 3 个原则:第一,所设置的属性需要能够反映目标产品的主要特点,故将电动汽车的购车价格、续航里程和充电时间纳入实验中;第二,所设置的属性数量不宜过多,一般在 10 个以内为宜,属性数量过多会导致实验任务过于复杂,不利于实验任务的开展,可以看到最终实验中选择了 8 项属性(碳税和个人碳交易分别与其他 7 项属性进行组合);第三,实验中所设置的属性需要与实验目的相结合,因而除了将电动汽车性能属性纳入选择实验,还涵盖了 4 项对消费者电动汽车购买行为影响较大的激励政策,以及碳税和个人碳交易这两项政策[59,194]。后面将具体介绍各属性对应水平的设定。

表 8-1 属性与属性水平设计

属性	属性水平
购车价格(与燃油车相比)	+2 万元;+4 万元;+6 万元;+8 万元
续航里程	150 公里;200 公里;250 公里;300 公里
充电时间	6 小时;8 小时;10 小时;12 小时
免购置税	是;否
不限购	是;否
不限行	是;否
充电费用优惠	是;否
碳税	75 元/年;225 元/年;375 元/年;525 元/年
个人碳交易	75 元/年;225 元/年;375 元/年;525 元/年

一 碳税和个人碳交易

这里将详细介绍碳税和个人碳交易这两个属性及其水平的设定。Parag 等的研究表明碳税和个人碳交易主要是通过经济激励推动消费者行为改变[182]，故在设置这两项政策的属性水平时未考虑其他方面，主要考察在两种政策机制下使用电动汽车的相对收益对消费者的影响，本书对这两个属性相关水平的设定主要是基于相关文献。

对于碳税来说，需要确定碳税征收的阈值，具体过程如下。首先，本书参考 Raux 等的研究，将碳税征收的阈值设定为消费者目前碳排放量的60%，这里主要是用目前燃油车所消耗的汽油量衡量碳排放量[196]。根据工信部发布的《乘用车燃料消耗量限值》和《乘用车燃料消耗量评价方法及指标》，2016年乘用车每百公里平均油耗达到6.7升，本书将此作为燃油车的平均油耗水平。同时，中国汽车工业协会的调查报告显示，中国消费者每年驾驶私家车的平均出行里程为1.5万公里。基于这两个数据，可以计算出燃油车消费者每年的汽油消耗量约为1000升汽油，按照60%的比例进行折算，假定碳税征收的阈值相当于使用600升汽油所产生的碳排放量。其次，参考 Raux 等对碳价水平的设定：1元/升、3元/升、5元/升和7元/升汽油[196]。在设定的碳税阈值和碳价标准下，如果消费者选择电动汽车出行，按照平均每百公里15度电量计算，每年耗电2250度。根据每度电所需支付的碳配额是汽油的30%，使用电动汽车一年所产生的碳排放量相当于消耗675升汽油所产生的碳排放量。由于这一数值高于碳税征收的阈值，因而电动汽车使用者需要缴纳碳税，按照设定的4类碳价，分别需要缴纳75元、225元、375元和525元的碳税。对于燃油车使用者来说，其消耗量超过阈值的部分同样需要缴纳碳税，按照设定的4类碳价，分别需要缴纳400元、1200元、2000元和2800元的碳税。个人碳交易各属性水平的设定与碳税相类似，即在确定每个消费者所能分配到的初始碳配额数量和碳价的基础上，进一步计算出所能获得的收益水平，具体过程如下。首先，初始碳配额的设定与碳税征收的阈值保持一致，即假定每位成年消费者每年在交通出行方面拥有的初始碳配额量相当于使用600升汽油所产生的碳排放量。其次，碳价同样设定为 1 元/升、3 元/升、5 元/升和 7 元/升汽油，且假定每度电所需支付的碳配额为汽油的 30%。这样可以计算出使用电动汽车一年所产生的碳排放量相当于消耗 675 升汽油所产生的碳排放量，电动汽车使用者需要额外购买 75 单位碳配额以保证其用车需求。根据所设定的碳价水平，电动汽车使用者每年需要额外花费 75 元、225 元、375 元和 525 元。对于燃油车使用者来说，其超过初始碳配额的部分，按照所设定的 4 类碳价，分别需要额外花费 400 元、1200 元、2000 元和 2800 元。

二 其他激励政策

除了碳税和个人碳交易政策，还需要将现有电动汽车激励政策纳入选择实验中。在前几章分析的基础上，从各个激励环节选取对消费者影响较大的若干政策，在购车环节方面选择免购置税政策，在上牌环节方面选择不限购政策，在用车环节方面选择不限行政策，在充电环节方面选择充电费用优惠政策。实验中未考虑补贴政策的原因在于所设置的属性中包含了购车价格，如果将购车价格和补贴同时纳入实验会增加受访者答题的难度。同时，现有很多研究也未将购车价格和补贴同时纳入选择实验中，而是采用扣除补贴后的购车价格。本书借鉴这种做法，未将补贴政策单独呈现，而是通过扣除补贴后的购车价格来衡量其效果。

三 车辆性能因素

尽管本实验的主要目的是反映碳税、个人碳交易和现有激励政策对消费者购车选择行为的影响，但是根据选择实验的设计原理，所设计的属性除了要与实验目的一致，还需要包含若干能够反映目标商品特点的主要属性。参考现有使用选择实验法分析电动汽车选择偏好的研究（见表 8-2），可以看到购车价格、续航里程、充电时间、充电设施、碳排放量和燃料成本常被作为选择实验中的属性来分析消费者对电动汽车的偏好。其中，购车价格、续航里程和充电时间这 3 个属性出现的频率较高，结合文献综述部分的回顾，多数研究认为这 3 个属性的影响要高于其他电动汽车性能属性，因而本书将这 3 个属性纳入选择实验中。由于电动汽车制造成本较高，其售价通常远远高于同级别的燃油车，参考目前中国市场上电动汽车的售价，扣除现有电动汽车的购车补贴后，将电动汽车的售价设置为与燃油车相比贵 2 万元、4 万元、6 万元和 8 万元。此外，根据表 8-3 中所列出的中国目前在售的电动汽车充电时间及续航里程，本书将电动汽车的续航里程设置为 150 公里、200 公里、250 公里和 300 公里，将充电时间设置为 6 小时、8 小时、10 小时和 12 小时。

表 8-2 现有研究中所涉及的电动汽车主要属性

	购买价格	续航能力	充电时间	充电设施	碳排放量	燃料成本
Achtnicht（2012）[197]	√			√	√	√
Achtnicht 等（2012）[214]	√			√	√	√
Axsen 等（2013）[71]	√	√	√			
Batley 等（2004）[193]	√		√	√		√
Caulfield 等（2010）[115]		√			√	√
Daziano（2013）[215]	√					
Eggers（2011）[216]	√	√				
Hackbarth 和 Madlener（2013）[43]	√	√	√	√	√	√
Hackbarth 和 Madlener（2016）[47]	√	√	√	√	√	√
Helveston 等（2015）[74]	√					
Hess 等（2012）[217]	√	√		√		
Hidrue 等（2011）[42]	√	√	√		√	
Hoen 和 Koetse（2014）[64]	√	√	√			
van Rijnsoever 等（2013）[218]	√	√		√		
Ito 等（2013）[199]	√	√				
Link 等（2012）[219]	√				√	
Mabit 和 Fosgerau（2011）[220]	√					
Parsons 等（2014）[194]	√	√	√		√	
Potoglou 和 Kanaroglou（2007）[221]	√			√		√
Ziegler（2012）[222]	√			√	√	√

表 8 – 3　中国在售的电动汽车充电时间及续航里程

车型	续航里程（公里）	充电时间（小时）
北汽 E150EV	160	8
江淮和悦 IEV	200	8
众泰云 100	155	6～8
启辰 E30	180	8
奇瑞 EQ	200	8～10
腾势	250	5
比亚迪 E6	300	10 以上
荣威 E50	180	6～8
众泰知豆 E20	120	6
长安 E30	160	8

第五节　实验方案设计

本部分主要介绍实验问卷设计的过程。根据前文的介绍，分别设置了碳税和个人碳交易这两种政策实施的情境，因而需要给受访者设计两份问卷。两份问卷均分为两个部分，第一部分为选择实验的内容。对表 8 – 1 中所设定的属性及其水平进行随机组合，可以得到成千上万个备选方案，如果将这些备选方案全部呈现在受访者面前，势必会造成受访者回答难度增加或导致其不配合调查，这会直接影响到调查数据的真实性和问卷的有效性，且难以实现[223]。在实际调研中，有必要先减少备选方案数量，遴选出具有代表性的备选方案呈现给受访者[224]，因此要将所有属性水平构成的备选方案做降维处理。本书采用正交实验设计进行降维，将不同属性水平进行结合，产生一系列具有代表性的备选方案，将具有代表性的备选方案纳入实验任务中。通过 SPSS 软件的正交实验设计功能，每个政策情境下均得到 32 个备选方案。现有研究发现受访者在辨别 15～20 个选择集后会产生疲劳[225]。为了避免出现策略型偏差，一般做法是在一个选择集中包含两个备选方案。此外，一个选择集中还需要包含一个对照方案，因而需要把所得到的 32 个备选方案随机配对。基于 Java 语言所编制的随机两两配对程序（具体程序见图 8 – 3），可以得到 16 个备选方案组合，每个组合搭配一个对照方案就构成了一个实验任务（任务样例见表8-4和表8-5）。

```java
import java.util.*;
public class getPair{
    public static void main(String[]args){
        Map<Integer,List<Integer>> map = new HashMap<Integer,List<Integer>>();
        for(int i =1;i <=16;i ++){
            List<Integer> listTmp = new ArrayList<Integer>();
            map.put(i,listTmp);
        }
        for(int i =1;i <=32;i ++){
            while(true){
                Random random = new Random();
                Integer ran = random.nextInt(16) +1;
                if(map.get(ran).size() <2){
                    map.get(ran).add(i);
                    break;
                }
            }
        }
        System.out.println(map);
    }
}
```

图8-3　随机两两配对程序

可以看到，每个选择集均由两个不同的电动汽车和一个燃油车组成，消费者需要在其中做出选择。其中，燃油车在实验中是作为对照方案出现，因而其各属性水平在每个选择集中均固定不变，其续航里程和加油时间按照现实中的平均水平确定为800公里和5分钟。此外，燃油车在碳税和个人碳交易下所要交纳的费用取不同碳价水平下的均值，均为每年1600元。在两种政策情境下，除了碳税和个人碳交易这两个属性不一致外，其他属性均保持一致。在实验中，会告诉受访者所设计的电动汽车与燃油车在其他属性上类似，如外观、空间、安全性等，以消除这些非关键因素对实验的干扰。受访者仅需要仔细观察所列出的这些属性，比较各个实验任务中不同属性对应水平的差异，根据自身需求，选出效用最大者。问卷第二部分内容为受访者的性别、年龄、受教育程度、收入、家庭人口、居住地类型和其他基本人口统计特征信息。

表 8-4 碳税情境下实验任务示例

属性	电动汽车 1	电动汽车 2	燃油车
购车价格（扣除补贴后与燃油车相比）	+4 万元	+2 万元	不增加
续航里程	200 公里	200 公里	800 公里
充电时间	10 小时	12 小时	加油 5 分钟
免购置税	否	否	否
不限购	否	是	否
不限行	否	是	否
充电费用优惠	是	是	否
所需缴纳的碳税	75 元/年	225 元/年	1600 元/年
您的选择（请在□内打√）	□	□	□

表 8-5 个人碳交易情境下实验任务示例

属性	电动汽车 1	电动汽车 2	燃油车
购车价格（扣除补贴后与燃油车相比）	+4 万元	+2 万元	不增加
续航里程	200 公里	200 公里	800 公里
充电时间	10 小时	12 小时	加油 5 分钟
免购置税	否	否	否
不限购	否	是	否
不限行	否	是	否
充电费用优惠	是	是	否
个人碳交易政策下需要支付的成本	75 元/年	225 元/年	1600 元/年
您的选择（请在□内打√）	□	□	□

为了让受访者更好地理解碳税和个人碳交易的概念，在实验前需要对这两个政策的概念进行解释，对碳税政策的解释如下："假设现在有一种被称为碳税的政策即将实施，国家将根据居民日常生活消费所产生的碳排放量制定碳税起征点和相关征收机制。如果您经常购买高排放量的产品（如石油和煤炭），当这些产品所含的碳排放量超过了规定的起征点后，您需要向国家缴纳额外的碳税；如果您经常购买低碳减排的产品，只要您消费产品的碳排放量未超过起征点，就无须缴纳碳税。"对于私家车使用者来说，在碳税政策下由于选择的车型不同，其可能需要付出一定的代价，因而还需要告诉受访者："如果您使用燃油车出行，由于汽油的含碳量较高，您每年可能需要支付较多的碳税；如果您使用电动汽车，由于电力的

含碳量较低,您可能只需要缴纳较少的碳税或无须缴纳。"相类似,对个人碳交易的解释如下:"假设现在有一种被称为个体碳交易的政策即将实施,在这一政策机制下,您每年将获得和别人相同数量的、可交易的碳配额(类似于货币)。您在购买电力、汽油等能源产品时,除了需要支付相应的价款外,还必须支付相应的碳配额,且购买含碳量越高的能源产品所需支付的碳配额越多(如汽油＞电力)。"对于私家车使用者来说,在个人碳交易机制下,由于选择的交通工具不同,可能会获得一定的收益或付出一定的代价,因而还需要告诉受访者:"如果您使用燃油汽车出行,将消费较多的碳配额,您每年可能需要额外支付一定的费用购买超额碳配额;如果您使用电动汽车,不仅所需碳配额较少,还可以出售剩余的碳配额以换取一定收入。"

第六节　数据来源和样本特征

本书选取江苏省南京市作为实验地点。之所以选择南京市,是因为它是《关于继续开展新能源汽车推广应用工作的通知》中指定的新能源汽车推广示范城市,消费者对电动汽车的了解程度相对较高;其次,江苏省是中国经济最发达的省份之一,其车辆保有量的增长速度非常快,截至2014年底,江苏省私人汽车保有量约为665.6万辆,较上年同期增长了20%(高于全国18.4%的增速),可以推测南京市私家车的潜在消费者也较多。因此,选择南京市的消费者进行调查较为合适。调查场地主要选择汽车4S店,由经过训练的调查员面对面进行调查。选择汽车4S店的原因在于:首先,4S店的顾客大多准备购买汽车或者有购车打算,对燃油车和电动汽车有一定了解[119];其次,4S店顾客的人口统计特征较具有代表性,涉及不同性别、年龄、受教育程度的消费者[170]。

在调查过程中,发放一些小礼物鼓励受访者认真填写问卷,如汽车钥匙扣、除味炭包、手机支架等。两种调查问卷均发放了300份,碳税情境问卷回收了263份,其中有效问卷237份;个人碳交易情境问卷回收了254份,其中有效问卷221份。调查于2016年5月初开始至5月底完成。

表 8-6 反映了调查问卷的样本结构。可以看到两份问卷的样本结构比较接近，其中一半以上的受访者为男性；受访者中年龄在 31~35 岁的人数最多，占总人数的比例约为 30%；受教育程度为本科的受访者数量最多，所占比例接近 40%，受教育程度在高中及以下或者硕士及以上的受访者数量相对较少，均不足 20%；受访者的家庭收入水平差距较大，其中年收入在 10 万~20 万元的人数最多（约占 30%），人数次之的为年收入在 20 万~30 万元的家庭（占 24%），家庭年收入在 40 万元以上的数量最少（占比低于 15%）；家庭人口数为 3 人的受访者比例最大，占受访者总人数的一半左右，家庭人口数在 5 人及以上的受访者占比最低（不到 10%）；来自城市的受访者占比最高（达到或超过 40%），来自郊区的受访者占比次之（约为 35%），来自农村的受访者占比最低（低于 30%）。

表 8-6 受访者人口统计学特征

统计特征	分类指标	碳税（$n=237$）		个人碳交易（$n=221$）	
		样本数（个）	比例（%）	样本数（个）	比例（%）
性别	男	130	55	117	53
	女	107	45	104	47
年龄	18~25 岁	24	10	20	9
	26~30 岁	64	27	55	25
	31~35 岁	69	29	68	31
	36~45 岁	50	21	54	24
	46~55 岁	21	9	13	6
	55 岁以上	9	4	11	5
受教育程度	高中及以下	43	18	42	19
	大专	59	25	69	31
	本科	90	38	79	36
	硕士及以上	45	19	31	14
家庭年收入	小于 10 万元	52	22	51	23
	10 万~20 万元	69	29	57	26
	20 万~30 万元	57	24	53	24
	30 万~40 万元	32	14	31	14
	40 万元以上	27	12	29	13

续表

统计特征	分类指标	碳税（$n=237$）		个人碳交易（$n=221$）	
		样本数（个）	比例（%）	样本数（个）	比例（%）
家庭人口数	2人及以下	24	10	27	12
	3人	116	49	115	52
	4人	76	32	66	30
	5人及以上	21	9	13	6
居住地类型	城市	107	45	88	40
	郊区	83	35	71	32
	农村	47	20	62	28

第七节　实验结果

一　实验结果

本书利用 Stata 计量软件对获得的数据进行拟合回归。为了保证模型的有效性，将构建3种模型进行对比，最终遴选出最优模型。其中，模型一为基础模型，只考虑选择实验中涉及的属性及其属性水平，未考虑人口统计特征的影响；模型二在模型一的基础上引入性别、年龄、受教育程度、家庭年收入和环境意识，测度人口统计特征对受访者购车选择行为的影响；模型三在模型二的基础上还引入了碳税、个人碳交易分别与年龄、受教育程度、家庭年收入和环境意识的交叉项，测度人口统计特征在碳税或个人碳交易情景下对消费者选择购买电动汽车的影响。表8-7和表8-8展示了3个不同 Logit 模型的估计结果，可以看到模型二在引入人口统计特征变量后提升了模型整体的拟合度，模型三在考虑交叉项后的似然函数值更是进一步增加，两种情境下分别达到 -794.3755 和 -857.0798，这说明模型三更适合分析所得到的数据。因而，下面将主要阐述基于第三类模型所得到的结果。

表 8 – 7　碳税情境下模型估计结果

变量	模型一	模型二	模型三
购车价格	- 0.1363 **	- 0.1129 **	- 0.1211 **
续航里程	0.2904	0.2809 *	0.2811 **
充电时间	- 0.2603 *	- 0.2617 *	- 0.2708 *
免购置税	0.1979 *	0.2431 **	0.3019 **
不限购	0.6814 **	0.6091 **	0.5534 **
不限行	0.2783 **	0.2975 **	0.3657 **
充电费用优惠	0.4007 *	0.4673 *	0.3561 *
碳税	- 0.1348 **	- 0.1116 **	- 0.3841 **
性别	/	0.1741 *	0.1916 *
年龄	/	- 0.0886	- 0.0415
受教育程度	/	0.0097 *	0.1068 *
家庭年收入	/	- 0.2325 **	- 0.5424 **
环境意识	/	0.3929 **	0.1814 **
碳税 × 年龄	/	/	- 0.0102 **
碳税 × 受教育程度	/	/	0.0994
碳税 × 家庭年收入	/	/	0.3132 *
碳税 × 环境意识	/	/	0.3521 *
Log likelihood	- 849.2601	- 816.1649	- 794.3755

注：* 表示在5%的水平上显著，** 表示在1%的水平上显著。

基于碳税情境下所得数据的估计结果，可以看到选择实验中所涉及的属性均对消费者的购车选择行为产生显著影响，且大部分属性的影响为正向。其中，不限购政策的影响最大，其他属性按估计系数绝对值大小排序依次为：碳税、不限行、充电费用优惠、免购置税、续航里程、充电时间、购车价格。需要注意购车价格和碳税的符号为负符合现实意义，即当购车价格下降或使用电动汽车所要缴纳的碳税降低时才能带来消费者选择电动汽车效用的增加。纳入模型的人口统计特征中，除了年龄，其余四个变量的影响均显著。其中，性别、学历和环境意识的影响为正向，也就是说男性、学历水平更高、环境意识更强的消费者更倾向于选择电动汽车；家庭年收入的影响为负向，说明家庭年收入较低的消费者认为选择电动汽车的效用更高。最后，碳税与年龄的交叉效应为负向，这说明在碳税政策下年轻消费者更倾向于选择电动汽车；碳税与家庭年收入和环境意识的交叉效应均为正向，这表明家庭年收入水平较高和环境意识较强的消费者在碳税政策实施的情况下更偏好电动汽车。

表8-8 个人碳交易情境下模型估计结果

变量	模型一	模型二	模型三
购车价格	-0.1333**	-0.1102**	-0.1138**
续航里程	0.2012**	0.2018**	0.2267**
充电时间	-0.2228	-0.2192*	-0.2155*
免购置税	0.1823*	0.1959**	0.2932**
不限购	0.5626**	0.5528**	0.4118**
不限行	0.3415*	0.3576*	0.2528*
充电费用优惠	0.2627	0.2316	0.2764*
个人碳交易	-0.4231**	-0.5602**	-0.3919**
性别	/	0.1142*	0.1324
年龄	/	-0.0904	-0.1259
受教育程度	/	0.0702*	0.0688*
家庭年收入	/	-0.0324**	-0.0612
环境意识	/	0.4051	0.1925**
个人碳交易×年龄	/	/	-0.2718**
个人碳交易×受教育程度	/	/	0.1093*
个人碳交易×家庭年收入	/	/	-0.6013
个人碳交易×环境意识	/	/	0.5342**
Log likelihood	-873.9897	-865.8385	-857.0798

注：*表示在5%的水平上显著，**表示在1%的水平上显著。

基于个人碳交易情境下所得数据的估计结果，可以看到选择实验中所涉及的属性均对消费者的购车选择行为产生了显著影响，且大部分属性的影响为正向。其中，不限购政策的影响仍最大，其他按估计系数绝对值大小排序依次为：个人碳交易、免购置税、充电费用优惠、不限行、续航里程、充电时间、购车价格。这里购车价格和个人碳交易的符号为负，即当购车价格下降或在个人碳交易政策下使用电动汽车所要缴纳的费用降低时才能带来消费者效用的增加,这符合现实意义。纳入模型中的人口统计特征,只有受教育程度和环境意识的影响显著且为正向,这说明受教育程度越高、环境意识越强的消费者越倾向于选择电动汽车。最后,个人碳交易与年龄的交叉效应为负,这说明在个人碳交易政策下年轻消费者更倾向于选择电动汽车;个人碳交易与受教育程度和环境意识的交叉效应均为正,这表明受教育程度较高和环境意识较强的消费者在个人碳交易政策实施的情况下更偏好电动汽车。

二 结果讨论

本部分研究的主要目的在于探究现有激励政策、以碳税为代表的环境税类政策和以个人碳交易为代表的排放权交易类政策对消费者电动汽车采用行为的影响。基于模型估计的结果,可以看到碳税和个人碳交易对消费者的购车选择均会造成显著的正向影响,这与 Parag 等[182]、Parag 和 Strickland[183]及 Raux 等[196]的研究结果相似,他们的结果表明这两类政策可以有效减少居民的家庭能源消耗和私家车出行频次,进而达到降低碳排放量的目标。根据本章所设定的政策框架,3 类政策均可以在经济层面鼓励消费者购买电动汽车。在实验中这 3 类政策属性水平的设置主要也是基于这方面的考虑,可以看到选择实验的结果支持这一设想。根据 Parag 和 Strickland 的研究,碳税和个人碳交易除了通过经济层面影响消费者,还会从消费者心理和社会影响两个层面对个体行为造成影响[183]。碳税和个人碳交易对消费者的影响要远高于现有激励政策,这在一定程度上说明这两项政策的影响不仅是通过经济层面,还会通过政策框架中的其他两个层面对消费者产生影响。可能的原因在于碳税和个人碳交易给碳排放量赋予了实际价值,使得碳排放量"可视化",如低碳排放给个人带来利益时,消费者会清醒地意识到他们的行动对减少全球碳排放量的贡献,这会提升消费者的环境意识。另外,在两种政策机制下,社会整体环境意识的提高会导致相关法律法规、市场制度、组织制度等发生一定的变化,这会改变以往的社会关系,个人行为在受到身边重要的人或组织影响时会受到碳税或碳配额的约束[211,226]。因而环境税类和排放权交易类政策会对消费者产生更强的影响,特别是具有较强环保意识的消费者,两组模型中环境意识分别和碳税、个人碳交易的交叉项显著且为正向也验证了这一结果。最后,个人碳交易的正向影响要高于碳税政策。虽然本书未能给出直接的证据来说明其中的原因,但是在个人碳交易机制下,碳配额作为一种稀缺资源,消费者会按照自己的消费需求把它分配到不同的心理账户中,这会导致消费者在做出选择时受到碳配额心理账户的约束,进而改变其实际行为。Bristow等的研究发现在个人碳交易机制下消费者的确会因为碳配额心理账户的约束而减少能源消耗[201]。本书未能从定量的角度来解释心理账户在这一过程中所发挥的作用,主要原因在于心理账户难以利用问卷调查方法来测量,后续研究中可以考虑采用其他方法来进行检验,如设置个人碳配额不断减少的情境,观察在各个情景下消费者行为的变化并进行比较。

  总体来看,与其他政策相比,碳税和个人碳交易对消费者购车选择的影响低于不限购政策,高于免购置税、不限行和充电费用优惠政策的影响。虽然鲜有文献涉及碳税和个人碳交易对消费者购买电动汽车的影响,但碳税和个人碳交易与部分已有政策存在相似之处。首先,碳税是消费者在用车过程中根据使用情况进行缴纳,个人碳交易是基于个人所持有的碳配额进行交易,这就意味着在这两种政策下消费者购车时并不会直接获得收益,而是在后期使用过程中获得(相对于燃油车来说节省成本)。其次,由于碳税和个人所持有的碳配额均为定期结算,这就意味着使用电动汽车的消费者不能一次性获得全部收益,而是分期获得。根据 Ko 和 Hahn[59]及 Bjerkan 等[52]的研究,他们认为能够直接减少消费者前期购买成本的政策,如政府补贴是增强消费者购买意愿最强力的措施,且一次性补贴政策比分期补贴政策更有效。这些研究结果可以在一定程度上解释不限购政策对消费者的影响要高于碳税和个人碳交易,因为在限购政策下消费者购买燃油车需要支付高额的牌照拍卖成本。对于免购置税、不限行和充电费用优惠这3类政策,虽然它们对消费者购车选择的影响为正向,但影响力度较小。这与已有研究结论基本类似,很多研究都验证了这3类政策是促进消费者购买电动汽车的积极因素[39,43,51,74],但对消费者的影响有限[64],同时这些政策措施只对特定人群有效[77]。一方面,伴随着电动汽车产销量的不断增加,大规模补贴难以为继,电动汽车产业出现过于依赖补贴的趋势;另一方面,政府补贴存在设项多、补贴面过宽、程序不严谨等缺陷,导致部分电动汽车企业出现"骗补"现象。而碳税和个人碳交易利用市场机制可以在一定程度上避免上述问题的出现,同时还可以起到鼓励消费者购买电动汽车的作用,因而可以考虑在交通出行领域引入这两项政策。此外,碳税和个人碳交易不应独立实施,还应考虑与免购置税、不限行和充电费用优惠等政策搭配,以起到互补作用,从而进一步鼓励消费者选购电动汽车。

除了碳税、个人碳交易以及其他各类政策外,消费者的购车选择行为还会受到电动汽车自身性能属性的影响。选择实验中主要涉及了购车价格、续航里程和充电时间这3个属性,可以看到虽然它们的影响均显著,但低于多数激励政策的影响。这些结果表明虽然碳税、个人碳交易以及其他激励政策可以在很大程度上吸引消费者,但不能完全抵消或超过电动汽车性能属性对消费者的影响。这可以通过Hoen和Koetse的研究结论进行解释[64],其认为政府的各种激励政策虽然能在一定程度上推动消费者购买电动汽车,但是力度并不足以消除消费者对电动汽车的疑虑,弥补电动汽车的缺点。因而,仅仅依靠各种激励政策不足以实现电动汽车的大规模推广应用,电动汽车自身性能技术水平也亟待提高。本书的结果还印证了现有研究中电动汽车各性能属性对消费者的影响。目前,购车价格、续航里程和充电时间被认为是阻碍消费者购买电动汽车的主要因素[42,45,62,69,177],本书的结果与上述这些研究结果基本一致。

第九章
研究结论、政策建议与研究展望

第一节 主要研究结论

本书首先回顾和验证了电动汽车消费行为的影响因素,深入分析了不同因素间的相关关系,探讨了各因素对电动汽车消费行为的作用路径及其差异性。其次,在梳理国内电动汽车激励政策的基础上,从政策颁布年度、发布主体、政策形式、政策激励环节等方面进行量化统计,分析其在过去 10 年间的总体发展过程及变化规律,探究了各类激励政策在不同时期的具体内容及特点。在此基础上,通过问卷调查法测度了消费者对各类激励政策的了解程度,基于消费者对不同政策组合的打分情况,利用联合分析法刻画消费者对不同政策的偏好,并探究了消费者认知和偏好情况在不同人口统计特征上的差异。利用宏观统计数据,通过建立面板数据模型分别刻画电动汽车不限购政策、不限行政策和其他激励政策对消费者实际购买行为的影响。提出一个包含现有激励政策、环境税和排放权交易三类政策的全新政策框架,旨在从经济激励、环境意识和心理账户 3 个方面调动消费者的积极性,促进其购买电动汽车。将这一框架体系中的各类政策内化为电动汽车属性,借助选择实验法,通过设计相应的实验情境和实验任务,模拟了各类政策对消费者的影响。研究结论具体包括如下几个方面。

一 关于电动汽车消费行为影响因素的研究结论

（一）回归分析结论

第一，认知因素中的电动汽车产品知识与环境认知度对电动汽车购买意愿有显著影响，而节能环保知识对电动汽车购买意愿的影响不大。消费者对环境越关注，对电动汽车了解越多，其购买意愿越强；而拥有节能环保知识的消费者更愿意选择其他途径来进行节能。第二，消费者购买态度、感知效力和绿色消费观对电动汽车购买意愿有显著影响。态度作为主观变量，对电动汽车购买意愿的影响最为直接，即消费者购买电动汽车的态度越积极、对电动汽车越感兴趣，则其最终购买的可能性越大；感知效力反映了购买电动汽车给消费者带来的心理效用，感知效用越高，说明消费者越相信电动汽车能够带来巨大的环境效用，能够很好地改善环境，故其购买意愿更强。第三，参考群体和社会规范对电动汽车购买意愿的影响作用显著。消费者在选择是否购买电动汽车时，会受到身边的朋友、家人、专业人士以及社会氛围的影响，因此消费者的参考群体对电动汽车的评价越高，消费者选择跟从购买的可能性就越大，与此类似，如果购买电动汽车已经成为一种社会风气，那么消费者选择电动汽车的意愿也会大大增强。第四，情境因素对消费者电动汽车购买意愿有显著影响。本书验证了宣传引导政策和经济激励政策均会对购买意愿产生正向影响；政策普及力度也是影响消费者购买意愿的一个重要因素；同时，消费者对电动汽车属性越看重，其购买意愿就越强。

（二）差异性分析结论

第一，在个体特征层面，消费者电动汽车购买意愿在性别、年龄、月收入和受教育程度上存在显著差异，在职业上不存在显著差异。研究结果显示，女性、中年人群、月收入中等、受教育程度较高的消费者，其购买电动汽车的意愿较强，而年龄在60岁以上、月收入较低、受教育程度较低的消费者购买意愿较低。第二，在家庭特征层面，不同家庭人口数的消费者在购买意愿上存在显著差异，而不同居住模式和家庭结构消费者的购买意愿不存在显著差异。其中，家庭人口数少和家庭没有车的消费者购买电动汽车的意愿较强。第三，在价值观层面，不同类型价值观的消费者在电动汽车购买意愿上存在显著差异，其中生态型价值观消费者的购买意愿较高，其次是利他型价值观消费者，利己型消费者的购买意愿最弱。第四，在可接受价格层面，消费者普遍接受的电动汽车价格区间为 11 万~15 万元，同时消费者可接受的电动汽车价格越高，其购买意愿越强。

（三）前因变量路径分析结论

前因变量的作用机理归纳为认知—态度—意愿的递进模型，研究结果表明，各因素的影响路径共有 9 条：路径 1，购买态度→购买意愿；路径 2，参考群体→购买意愿；路径 3，社会规范→购买意愿；路径 4，绿色消费观→购买意愿；路径 5，环境认知度→购买态度→购买意愿；路径 6，感知效力→购买态度→购买意愿；路径 7，电动汽车产品知识→购买意愿；路径 8，感知效力→购买意愿；路径 9，电动汽车产品知识→购买态度→购买意愿。

（四）家庭人口统计学变量多群组分析结论

性别、家庭人口数、年龄、受教育程度、月收入这 5 个因素在前因变量的影响路径上存在显著差异，具体表现在以下 5 个方面。第一，女性相比于男性对电动汽车有更积极的购买态度和绿色消费观，同时更易受参考群体的影响。第二，家庭人口数少的消费者对电动汽车有着更积极的购买态度与更强的感知效力，而家庭人口数多的消费者由于家庭规模较大、对汽车的承载量要求较高，因此对电动汽车的偏好较弱。第三，受教育程度较低的消费者普遍存在较积极的购买态度与较弱的感知效力，同时掌握的电动汽车产品知识也较少。第四，中年群体的购买态度、感知效力以及电动汽车产品知识对购买意愿的正向影响更为显著。第五，月收入在消费者购买意愿作用路径上也体现出两极化差异，高收入家庭的购买态度较消极，而低收入消费者的感知效力较弱，因此高收入和低收入家庭的购买意愿都较弱，中等收入群体的各个路径正向作用最强。

（五）情境因素调节作用分析结论

第一，购买态度受到宣传引导、经济激励和政策普及的共同调节作用,也就是说宣传引导政策越充分,经济激励越大,政策普及越广泛,消费者购买态度就越积极。第二,参考群体对购买意愿的影响仅受到宣传引导的调节作用,加强宣传引导在一定程度上能够推动消费者选择电动汽车。第三,宣传引导、政策普及与经济激励的加强有利于社会形成购买电动汽车的风气,进而促进电动汽车的普及。第四,宣传引导和政策普及均能通过绿色消费观增强来影响消费者的电动汽车购买意愿,而经济激励的作用则不明显。第五,消费者关注的电动汽车属性主要分为3类,即安全性因子、成本因子、性能保障因子,把握电动汽车的上述属性能够提高消费者购买电动汽车的意愿。

(六) 电动汽车购买意愿各影响因素作用机理结论

第一,前因变量遵循认知—态度—意愿的作用规律,直接或间接影响电动汽车购买意愿。第二,情境因素通过调节不同的作用路径影响电动汽车的购买意愿。宣传引导调节购买态度→购买意愿、参考群体→购买意愿、社会规范→购买意愿、绿色消费观→购买意愿的影响效应;经济激励调节购买态度→购买意愿、社会规范→购买意愿的影响效应;政策普及调节社会规范→购买意愿、绿色消费观→购买意愿的影响效应。第三,不同家庭人口统计学变量的消费者在电动汽车购买意愿的影响路径上存在差异。

二 关于电动汽车激励政策文本量化和发展沿革的研究结论

从我国电动汽车激励政策的颁布年度来看,我国电动汽车的推广应用始于2009年的"十城千辆"工程,鼓励私人消费者购买电动汽车的相关政策始于2010年颁布的《关于开展私人购买新能源汽车补贴试点的通知》,但在2013年之前类似政策的出台数量都很少。在2012年"十城千辆"工程结束后,政府开始逐渐聚焦于私人消费领域的推广工作,出台的相关政策数量大幅增加。从政策发布的权力主体来看,各部委联合出台的政策最多,其次是国务院和国家发改委,各部委单独出台的政策数量最少。从政策形式来看,以"通知"形式出现的政策数量最多,占总数的一半以上,数量次之的为"意见",其他政策形式如"法律"、"细则"、"公告"、"方案"和"指南"出现的频次较低。从政策激励方式来看，在电动汽车推广初期（2012年之前），政府主要使用货币型政策激励方式，从2013年开始，政府开始综合使用货币型和非货币型激励政策。从政策激励环节来看，我国政府一直以来都很重视购买环节的激励政策，在这一环节，购车补贴、免征购置税和免征车船税一直是政府的主要激励措施；政府从2013年逐渐开始重视上牌环节的激励政策；在使用环节，国家出台的政策一直较为稳定，变化幅度不大；充电环节激励政策数量的变化幅度较大，从2013年开始迅速增加，2016年比2013年更是翻了一番。

从购车环节的激励政策来看，国家层面电动汽车补贴政策的特点可总结为：补贴额度在初期较高，且2009~2013年期间未发生变化，从2014年开始补贴额度逐渐下降，且下降速度逐渐加快，预计2020年将退出电动汽车市场；补贴门槛逐渐提高，补贴起初是以电池容量为衡量标准，逐渐转变为以续航里程为标准，随后的标准不仅提高了续航里程要求，同时还对电池能量密度等技术指标进行了规定；补贴范围逐渐扩大，从开始的几十个电动汽车试点城市转变为普惠制。地方层面电动汽车补贴政策的变化趋势与国家层面基本相同，区别在于各地方政府有自己的产品目录，只有进入该目录的车型才能享受地方补贴。电动汽车免征购置税和车船税政策分别始于2011年和2015年，消费者购买的车型需在政府指定的目录中才可以享受税收优惠，近年来政府不断出台新的车型目录，已将市面上在售的多数电动汽车涵盖在内。保险费用优惠政策只有部分试点城市的消费者才可以享受，且只免除购车后首次交强险费用。

从上牌环节的激励政策来看，消费者在机动车限购城市购买电动汽车可以享受上牌优惠政策，在2016年之前，不同城市采取了各类豁免措施，如单独摇号、直接上牌和额外上牌指标等；在2016年之后，存在一定限制性质的措施（如单独摇号和额外上牌指标）均被取消，取而代之的均为直接上牌政策。在上牌过程中，部分城市还为电动汽车设立了绿色通道，同时免收上牌费用。从2016年开始，国家在上海、南京、无锡、济南、深圳5个城市试点电动汽车专属车牌，并于2018年开始在全国范围内进行推广。

从用车环节的激励政策来看，消费者在驾驶电动汽车的过程中可以享受一些通行便利，如不受尾号限行、高峰期限行和景区限行等政策的限制，且在部分城市，电动汽车还可以享受在公交车道行驶的特权。电动汽车在城市道路停车位和公共停车场停车可以在一定时段内享受免费待遇，在社会停车场可以享受一定的费用优惠。在部分地区，如石家庄，驾驶电动汽车在省内高速公路及其他收费公路行驶免收过路费。此外，一些地方政府为电动汽车年检设立了绿色通道，保证其优先年检，并免收年检费用。

从充电环节的激励政策来看，完善充电基础设施一直是国家和地方政府工作的重心之一，目前国家采取充电站（桩）适度先行的建设战略，预计到2020年，将新增超过1.2万个集中式充换电站和480万个分散式充电桩。除了在公共领域大力支持充电基础设施建设，为了鼓励消费者在自有车位自建充电桩，很多地方政府对于消费者在购买电动汽车后，在自用车位安装建设充电桩给予一定的补贴。在充电费用方面，政府目前实行扶持性电价政策，消费者在家里或小区内给电动汽车充电按照居民用电价格中的合表用户电价进行收费；在党政机关、企事业单位和社会公共停车场中设置的充电设施用电，按照一般工商业及其他类用电价格进行收费；消费者在公共或经营性充电场所进行充电，除了要缴纳电费，还需要缴纳充电服务费，各地收费标准存在一定差异。

三 关于消费者对电动汽车激励政策心理行为响应的研究结论

对电动汽车激励政策比较了解的消费者只有不到1/3，有一半以上的消费者不太了解这些政策。从政策激励环节来看，消费者的认知程度从高到低排序为：上牌环节＞充电环节＞购车环节＞用车环节。从单个激励政策来看，消费者的认知程度从高到低排序为：不限购政策＞专属车牌政策＞税收优惠政策＞完善公共充电设施政策/上牌优惠政策＞充电费用优惠政策＞购车补贴政策＞便利通行政策＞停车费优惠政策＞完善私人充电设施政策＞免过路费政策/年检优惠政策＞保险费用优惠政策。从消费者人口统计特征来看，男性、中年（30~50岁）、离异或丧偶、月收入水平较高、三口之家、有私家车、住在郊区、住宅附近有充电设施、家中有充电条件的消费者对电动汽车激励政策的了解程度更高，不同受教育程度和住宅类型的消费者对这些政策的了解程度没有显著性差异。

消费者最关注充电环节的激励政策，其次为用车环节，再次为上牌环节，最不关注购买环节的激励政策。从各具体政策来看，按消费者偏好程度高低排序如下：税收优惠＞购车补贴＞免过路费＞充电费用优惠＞完善私人充电设施＞完善公共充电设施＞专属车牌＞便利通行＞不限购＞上牌优惠＞停车费优惠＞年检优惠＞保险费用优惠。从消费者人口统计特征来看，年龄在26～30岁、未婚、月收入在2万元以上、受教育程度为高中（或中专）和硕士及以上、单身、住在朋友/亲戚家里的消费者更偏好用车环节的激励政策；两口之家和长期租房的消费者更偏好购买环节的激励政策；月收入在1.5万～2万元和家中有3辆及以上汽车的消费者更偏好上牌环节的激励政策；其他消费者最偏好充电环节的激励政策。

不限购和不限行政策的实施均会显著促进消费者购买电动汽车，且这两项政策的影响效力高于其他政策。购车补贴、免购置税、专属车牌和完善私人充电设施政策的实施也会对消费者购买电动汽车产生积极影响。上述各类政策按对消费者实际购买行为的影响大小排序如下：不限购＞不限行＞专属车牌＞完善私人充电设施＞免购置税＞购车补贴。此外，各城市人口规模的扩大、充电桩数量的增加和汽油价格的提高也会促进更多消费者选择购买电动汽车。

四　关于电动汽车激励政策体系优化的研究结论

本书构建了一个包含现有激励政策、环境税和排放权交易的综合框架体系，旨在突破现有政策仅通过经济激励来引导消费者购买电动汽车的单一模式，达到从多个角度促进消费者行为改变的目的。环境税通过对排放量超标的消费者征收一定比例的税费，排放权交易通过排放权交易市场的个体交易，均可以为低碳环保消费者节省一定成本，让高碳消费者付出一定的代价，从而为消费者的节能环保行为提供经济激励。除此之外，环境税和排放权交易还能够将碳排放量可视化，唤醒消费者的环境意识，从心理层面引导其改变购车选择行为。排放权交易机制更是能够建立一套有别于传统货币交易系统的排放权交易体系,在这一机制下,消费者会产生排放权心理账户,为每项日常活动分配一定的排放权,在这种约束下消费者会改变自己的行为,以避免高排放行为所需付出的额外成本。

选取碳税和个人碳交易作为环境税和排放权交易的代表,采用选择实验法,将二者内化为电动汽车的属性,构建相应的实验情境和实验任务,模拟了这两类政策对消费者的影响。结果表明以碳税为代表的环境税政策和以个人碳交易为代表的排放权交易政策均会对消费者电动汽车购买行为产生显著的正向影响,其中个人碳交易的影响略高于碳税政策。与其他政策相比,碳税和个人碳交易对消费者购车选择的影响低于不限购政策,高于免购置税、不限行和充电费用优惠政策。此外,实验中电动汽车的购车价格、续航里程和充电时间这3个属性也会对消费者选择行为造成显著影响。

第二节　政策建议

基于上述研究结论,将从优化现有电动汽车激励政策、提高消费者对电动汽车激励政策的认知水平、充分考虑消费者需求和完善现有政策的顶层设计4个方面提出政策建议,具体如下。

一　优化现有电动汽车激励政策,为消费者提供更多优惠

第一,扩大补贴范围。目前,无论是国家政府还是各省市区政府都重点对电动汽车的购买环节进行补贴。就我国当前情况而言,政府在电动汽车购买环节提供的补贴力度已不逊于美国、法国[15],但我国电动汽车的市场接受程度十分有限,这在很大程度上与我国的补贴政策本身有关。根据本书的介绍,我国国家层面的补贴政策已经由重点补贴试点城市转变为普惠制,消费者所购买的电动汽车只要在中央政府指定的车型目录中,在任何地区都可以享受国家补贴。需要注意的是中央政府指定的车型目录囊括了绝大多数国产车型,但未包含进口电动汽车。地方补贴则与国家补贴存在很大区别,即便消费者购买的车型可以享受国家补贴,也并不一定能享

受地方补贴。消费者只有购买当地政府指定车型目录中的电动汽车才能同时享受这两份补贴。而地方政府推荐目录中的车型比较有限,其大多优先选择本地或者在本地建厂企业所生产的车型,导致消费者选择有限。

第二,建立健全多样化补贴机制。电动汽车的售价在剔除国家、地方补贴后,与同级别的燃油车相比并没有明显的价格优势。从2016年开始国家政府对电动汽车的补贴将逐年退坡,预计到2020年底全部取消。虽然此举是为了加速缺乏竞争力的汽车制造厂商逐渐退出电动汽车行业,但对于消费者来说无疑是一种损失,会降低其购车意愿。在电动汽车尚未实现市场化发展的阶段,销量规模与政府补贴力度具有很大关联性[227]。对比挪威、荷兰、法国和德国等西方发达国家的电动汽车市场,可以发现政府在车辆购买和使用环节提供的优惠和权益越多,消费者购买电动汽车的积极性越高。荷兰政府自2014年开始对电动汽车征收流通税,当年荷兰电动汽车市场就出现了明显下滑,这体现了电动汽车市场对政策的高度依赖[98]。因此,在国家补贴逐年下降的大背景下,各地方政府应根据当地电动汽车发展情况制定补贴政策,如在电动汽车推广程度较低的地区,可以考虑地方补贴暂不退坡,并考虑其他类型的补贴方式来降低消费者的购车成本,如集体团购补贴、动力电池回收补贴、燃油汽车换购补贴等。

第三,丰富使用端相关激励政策。在电动汽车购车补贴不断退坡的大背景下,政府未来可以在使用端出台更多政策以保障电动汽车的吸引力。具体来说,在日常出行方面,未来可以逐步出台专用车道使用权、低排放区域不限行、雾霾天通行权等诸多措施保障电动汽车的交通优先权;在停车方面,可以出台政策划定电动汽车专用停车位,比如部分停车场划定15%~20%的车位给电动汽车,且不允许燃油车停放,对停放在电动汽车专用车位上的燃油车给予一定惩罚;在过路费优惠方面,可以划定一两个示范区,在一段时间内让电动汽车享有免过路费的权利,由点及面,逐步拓展到各省及全国范围。此外,还应逐步完善电动汽车专属车牌在用车过程中的便利性,要彻底解决换装电动汽车专属号牌之后保险信息需要更改、进出停车场无法识别、高速ETC无法使用等问题,同时要改进道路交通技术监控系统,完善号牌自动识别系统,保证相关交通管理设施能够准确识别电动汽车的身份，从而为差异化交通管理提供更好的载体，以保证电动汽车在行驶和停车等过程中切实享受相关优惠政策。

二 提高消费者对电动汽车激励政策的认知水平

在提高消费者对电动汽车激励政策的认知水平方面，政府应拓展渠道，加强对电动汽车相关知识的宣传和教育，通过多方面经验（知识、教育、亲身经历等）积累让消费者更多地了解电动汽车相关激励政策，具体来说可以从如下几个方面实现。

第一，加强和改进公共宣传工作，政府每出台一项激励政策，都可以通过广播、电视、报刊、网络平台、微信等多种方式积极进行宣传，以消费者能够理解和接受的形式予以发布，让广大消费者和社会各界对每项政策都有一个全面、清晰的了解。例如，为了明确国家和地方政府总体补贴情况，各地方政府可以定期出台相关文件，将国家和地方的补贴额度按不同车型进行整合和归并，适时公布，方便消费者了解各类车型现行的补贴额度；通过相关宣传引导消费者合理利用电网谷期时段充电，从而使充电费用优惠政策更好地发挥作用。

第二，建立和完善消费者需求表达机制，增强消费者与政策之间的"互动"，提高消费者对政策的关注度和参与度，使得各类激励政策的支持方向更贴近消费者自身需求。只有政府提供了贴近消费者需要的激励政策，才能激发出消费者的购买意愿。对于重点政策，必要时可以邀请新闻媒体进行跟踪报道，让消费者及时了解此类政策所带来的优惠，扩大此类政策的影响。

第三，鼓励电动汽车企业建立体验中心，其不仅可以提供免费咨询、展车、新车销售等常规服务，还可以通过公众开放日等主题活动，邀请车主、媒体、消费者和学生等各类群体到体验中心，通过参观、讲解、互动和试乘试驾，让他们在了解和体验电动汽车的同时，对目前购买和使用电动汽车所能享受的各类国家和地方优惠政策进行了解。

第四，政府还可以联合电力部门、车辆运营单位、充电桩厂商等单位，通过电动汽车共享的方式，具体如开展电动汽车个人租赁业务，让更多消费者在短租、长租、分时租赁等多样化模式下真实体验电动汽车各类优惠政策所带来的便利。

三　充分考虑消费者政策需求，发挥其在未来政策变革中的作用

政府不断出台相关激励政策的目的在于促进消费者购买电动汽车，因而，政府未来除了要继续提升消费者的政策认知外，还要以消费者的政策需求为引领，不断适应和满足消费者的新需求，真正激发我国电动汽车市场的潜力。具体来说，可以从如下几个方面实现。

第一，保证购置税优惠政策实施的持续性，树立消费者信心。随着购车补贴的退坡，购置税优惠政策成为消费者在选择购买电动汽车时的一大亮点。与传统燃油车相比，电动汽车售价偏高，免征购置税可降低消费者的购置成本。目前，车辆购置税为汽车售价（含税价）的8.547%，以消费者购买一辆售价20万元的电动汽车为例，其可获得约1.7万元的税费减免。根据本书研究结果，可以看到消费者对这一政策的偏好程度较高，同时这一政策的实施确实能够促进消费者购买电动汽车。一方面，政府未来应考虑延长这一政策的实施，在保证政策持续性的同时，利用免税优势吸引消费者；另一方面，应及时更新购置税优惠车型目录，保证消费者在购买过程中有更多可供选择的车型，满足消费者多样化需求。

第二，积极推广电动汽车专属车牌，提升其在使用过程中的便利性。对于消费者而言，电动汽车专属车牌的推行将建立一种积极导向。当前中国各类电动汽车保有量已经超过100万辆，但仍远远不及传统燃油汽车的数量。对于电动汽车，多数消费者仍然抱有一种退而求其次的态度。随着电动汽车专属车牌越来越多，道路上醒目的"绿色车牌"犹如移动的"广告"，这在一定程度上会被认为是一种身份地位的象征。通过电动汽车专属车牌，驾驶者和使用者可以向周围的人传递"节约能源资源、爱护环境、减少碳排放""对社会负责""关注他人"等信息，这对普及电动汽车会起到很好的传播作用，电动汽车使用者也会因此建立起更强的自信心和荣誉感。因而，一方面，政府未来应在全国范围内积极推广电动汽车专属车牌，发挥其宣传引领作用；另一方面，应尽快升级交通管理系统，落

实专属车牌在交通管理上所能享受的优惠。

　　第三，促进和完善电动汽车基础设施相关政策。从目前政策导向来看，规划建设的大多是公共充电设施，对于居民小区相关设施的建设较为缺乏。因此，政府应在现行政策基础上，进一步把充电设施建设拓展到居民住宅小区。这在 Skippon 和 Garwood 的研究中被验证，其结果表明消费者愿意付出适当的费用为家中安装和升级自用充电桩，但费用不宜过高[61]。具体而言，政府可以考虑给有需要的家庭提供一定财政支持，也可以制定政策加强车企与金融资本、电网公司的合作，拓宽多元融资渠道，鼓励社会资本参与，通过政府和社会资本合作模式完善充电基础设施的建设和运营管理，发挥各自优势，大力建设社会公共和小区私人充电设施，加快完善电动汽车的使用环境。此外，在继续普及公共领域充电设施的过程中，政府还可以考虑从如下几个方面来开展：一是制定相关政策鼓励各地较大的商场、饭店、步行街、加油站等运营方主动投资建设充电设施，此举一方面可以吸引使用电动汽车的消费者，另一方面还可以起到示范宣传的作用；二是建立充电桩认证制度，不通过认证的充电设施（尤其是公共充电设施）不能享受相关的财政补贴，以加强充电设施的兼容性，打破目前城市充电设施不能公用的尴尬局面；三是在考虑安全性的情况下，鼓励充电加油一体化服务设施的建设。目前公共充电设施的充电费用普遍高于家用电价，而政府规划建设的充电设施大部分属于公共领域。因此，在目前电动汽车的推广阶段，政府应出台相关政策进一步降低消费者利用公共充电设施充电的成本，至少不超过在私人场所的充电费用，以吸引公众使用；也可以暂时免除在公共充电设施充电的费用，然后根据电动汽车推广数量分阶段逐步提高。

　　第四，合理限制燃油车，避免过度倒逼消费者选择购买电动汽车。目前很多消费者受制于机动车限购和限行政策，而不得不选择电动汽车。这在本书的结果中也有所反映，即消费者对电动汽车不限行和不限购政策的偏好程度并不高，但在实际购买时这两项政策会在很大程度上影响消费者的购车选择。也就是说，虽然消费者通常会觉得这些限制政策损害了他们原有的利益，违背了以人为本的交通发展理念，但他们仍然要服从这些政策的管制，且这些政策的效用远高于消费者所偏好的政策。随着居民生活水平的提高和城镇化进程的加速，未来这些交通限制政策仍然会发挥重要作用，但不应该作为电动汽车发展的推动力量。未来电动汽车的发展不能仅依赖于这些限制政策的倒逼效应，而且需要通过一些政策来正面引导消费者。例如，电动汽车的一大优势就是其低廉的运行成本，但多数消费者更关注购买价格，并不了解电动汽车究竟可以节省多少费用。从长期来说，Dumortier 等认为消费者为电动汽车支付的购置溢价能够在很大程度上或者完全被电动汽车较低的运行成本所抵消[68]。因而，除了目前小尺度的成本信息（如每公里成本或每百公里成本）宣传外，政府在未来的信息宣传过程中还可以考虑通过大尺度信息（如 1 年或 3 年的运行成本）让消费者了解电动汽车在长期可以节省的成本，或者为消费者提供电动汽车的全生命周期成本标识。此外，电动汽车的另一大优点便是减少尾气排放，有利于保护环境，目前政府和企业在推广过程中多从利他诉求的角度进行宣传，如"使用电动汽车可以为社会节能减排做贡献"，未来政策还可以从利己的信息诉求角度进行宣传，如"使用电动汽车可以为自己的健康贡献一分力量"等。

第五，针对不同群体制定差异化激励政策。政府所发挥的作用应该是满足消费者需求，让消费者放心消费，并树立其消费信心。根据本书研究结果，不同特征消费者对各类激励政策的偏好存在一定差异。在此基础上可以通过许多政策去引导，建议对不同群体采取差别性鼓励政策。例如，针对有车家庭，政府可以出台相关政策鼓励此类家庭将电动汽车作为第二辆车的首选，考虑到此类家庭更偏好充电费用优惠政策，可以考虑给予更高的充电费用补贴。这样在短距离出行时，此类家庭可以电动汽车为主，而当远距离出行时，可以使用原有的燃油汽车。

四 完善电动汽车激励政策顶层设计，多方位对消费者进行引导

在电动汽车后补贴时代，政府在制定相关政策的过程中，政策指向除了要由供给侧转向使用侧，为消费者提供更多便利外，还应从顶层进行优

化设计，摆脱现有政策仅能通过经济激励提升消费者购买意愿的现状。因此，一方面，可以考虑从经济激励这个角度出台更多政策，为消费者提供持续优惠；另一方面，还应考虑出台相关政策，从环境意识和心理账户两个方面对消费者进行引导，建立和完善"三位一体"的政策格局。例如，可以考虑本书所研究的环境税和排放权交易政策，这些政策能够提升电动汽车的使用价值，让消费者在使用中获利（或节省成本），逐步引导、鼓励消费者购买电动汽车，这在一定程度上也可以弥补购车补贴下降或消失所导致的消费者购买意愿降低。此外，这些政策的实施还能够将消费者个体所产生的碳排放量可视化，消费者在支付税费或者购买额外的排放权时可以清楚地了解自身行为对环境造成的危害。排放权交易政策更是能够让消费者形成排放权心理账户，为不同行为分配固定的排放权额度，在排放权总额限制下，消费者会改变自己的高排放行为，比如从使用燃油车转变为使用电动汽车。将这两类政策与免购置税、免停车费、免车船税、免过路费等纯经济激励型政策配合实施，可以起到一定的互补作用，为电动汽车的推广提供更有力的保障。最后，在考虑多角度引入更有效的激励政策的同时，还应继续推动电动汽车相关技术的研发。众所周知，目前电动汽车的相关性能属性还不尽如人意，虽然政府基于需求侧颁布了一系列激励政策，但中国电动汽车仍面临着"政策热、市场冷"的尴尬局面。基于本书研究结果，可以看到现有激励政策、环境税和排放权交易政策虽然能在一定程度上促进消费者选择电动汽车，但是难以抵消续航里程短、充电时间长等性能缺陷对消费者的影响。政府在考虑将环境税、排放权交易或类似政策引入中国交通出行领域的同时，还应该针对汽车整车、零部件企业继续实施电动汽车产业技术创新工程，提升产品性能和技术水平。

第三节　研究不足与展望

一　研究不足

（一）政策样本的局限

本书在政策定量分析部分所选取的政策均为国家层面的政策，考虑到地方政府出台的相关政策大多遵循国家层面的政策，同时这些政策文本的可获得性较差，因而并未考虑各地方政府所出台的相关激励政策。此外，本书中所涉及的电动汽车激励政策均是基于推动私人消费者需求所选取的，具体涵盖了购车环节、上牌环节、用车环节和充电环节。但本书在这4个方面并未涵盖所有政策，只是选取了实施范围较广、较具有代表性的相关政策，一些只在小范围内实施的政策未考虑在内，如北京顺义区实施的电动汽车置换补贴等。

（二）调研样本的局限

受调研条件和时间的限制，本书基于网络和纸质两种方式回收了1000余份调查问卷，能够较好地反映我国电动汽车试点城市消费者的政策认知和偏好等相关情况，满足相关定量统计方法对样本数量的要求。虽然本书所选择的调研城市较具有代表性，但主要是我国东部沿海地区及部分中部地区，未能囊括西部以及东北地区的消费者。

（三）变量选取的局限

在电动汽车消费行为影响因素部分，由于此部分内容的调研时间早于本书成稿时间，而在这一阶段电动汽车的发展较为迅速，其中的部分影响因素未能考虑，如很多城市逐渐开始对燃油车购车指标进行限制，这在一定程度上会倒逼消费者选择电动汽车。在政策响应部分，本书在衡量不限购政策时，主要使用各城市车牌拍卖价格来衡量，这虽然能够在一定程度上反映不限购政策为消费者购买电动汽车所节省的成本，但是存在一定缺陷，比如北京通过摇号方式获得车牌的成本便无法衡量。此外，在衡量不限行政策时，由于限行规模较小地区的限行成本难以衡量，这些城市也未考虑在模型内。

（四）选择实验的局限

本书选择碳税和个人碳交易作为环境税和排放权交易这两类政策的代表，通过构建选择实验揭示两者对促进消费者选择电动汽车的积极作用。但需要注意这是基于假设情景所得到的结果，受访者在作答时可能不会完全置身于所假定的政策情境中，因而所得到的结果会与真实情况存在一定偏差。此外，选择实验也未能揭示上述几类政策对消费者的具体影响机制。

二 未来研究展望

针对上述研究不足之处，未来可以从如下几个方面进一步进行补充。

（一）扩大调研区域，提高样本的代表性

虽然本书做了较为充分的调研工作，但调研范围有一定局限，后续研究可以进一步将调研区域从我国东部地区拓展到东北和中西部其他区域。同时，随着我国电动汽车推广工作不断深入，调研地点可以涵盖超大、特大、大、中、小等各类城市，使得调研样本更具有代表性，进而可以得出更科学、更具有普遍性的研究结论。同时，随着电动汽车激励政策逐年变化，也可以定期进行调研，建立数据库对所得数据进行存储，从而可以分析消费者对电动汽车激励政策的认知和偏好情况在不同时间和地区的差异性。

（二）完善相关研究方法

本书主要采用文本分析、问卷调查、描述性统计、联合分析、面板数据模型和选择实验相结合的方法，研究了电动汽车消费行为的影响因素，近年来电动汽车激励政策的发展历程，消费者对电动汽车激励政策的心理和行为响应，以及电动汽车激励政策体系优化。然而，上述研究方法还存在进一步改进的空间。例如，在影响因素部分，将更为系统地考虑随着电动汽车快速发展产生的影响因素，如在以后的研究中将针对机动车限购城市展开专项调研，以深入研究燃油车购车指标限制因素的影响；在文本量化分析部分，未来可以借助文本分析工具（如Nvivo）开展研究，以更深入研究各关键词之间的关系；在变量选取方面，未来可以运用生命周期成本相关模型来核算不同类别限行和限购政策的成本，进而可以更好地测度这两类政策对消费者的影响；在验证政策优化体系方面，未来可以引入数理推导和计算机仿真模拟等研究方法，进一步保障所得结论的准确性和完备性。

（三）深入研究优化政策体系中各类电动汽车激励政策对消费者的影响机理

虽然本书提出了一个新的政策激励体系，并验证了各类政策的效果，但是本书并没有准确定量测算出环境税和排放权交易通过环境意识路径，以及排放权交易通过心理账户路径对消费者所造成的影响。未来研究可以考虑如何准确测量这两个方面，以得到更为准确的结论。如可以考虑通过逐步设置不同的情境进行实验，基于不同情境实验所得结果间接判断不同路径的影响效应，也可在已经实施环境税和排放权交易的国家或地区进行调研，利用真实调研数据进行分析，并与本书的结果进行对比，以进一步验证本书所提出的政策优化体系。

参考文献

[1] 刘坚、高世宪:《新能源汽车发展的主要障碍与政策建议》,《宏观经济管理》2014年第2期。

[2] 李岚淼、李龙国:《城市雾霾成因及危害研究进展》,《环境工程》2017年第12期。

[3] 丁志华等:《石油价格波动对中国城乡居民消费水平的差异性影响研究》,《资源科学》2014年第12期。

[4] 唐葆君、马也:《"十三五"北京市新能源汽车节能减排潜力》,《北京理工大学学报》(社会科学版)2016年第2期。

[5] Nienhueser, I. A., Qiu, Y., "Economic and Environmental Impacts of Providing Renewable Energy for Electric Vehicle Charging—A Choice Experiment Study", *Applied Energy* 180, 2016.

[6] Tang, B., Wu, X., Zhang, X., "Modeling the CO_2 Emissions and Energy Saved from New Energy Vehicles based on the Logistic-curve", *Energy Policy* 57, 2013.

[7] 唐葆君:《新能源汽车:路径与政策研究》,科学出版社,2015。

[8] 田鑫:《新能源汽车模块化及对产业价值链的影响——基于产品架构理论的分析》,《现代管理科学》2015年第1期。

[9] 中华人民共和国国务院:《国务院关于印发节能减排综合性工作方案的通知》,2007。

[10] 中华人民共和国国务院:《国务院关于加强节能工作的决定》,2006。

[11] 中华人民共和国国家发展和改革委员会：《汽车产业发展政策》，2005。

[12] 魏淑艳、郭随磊：《中国新能源汽车产业发展政策工具选择》，《科技进步与对策》2014年第21期。

[13] Zhou, Y., Wang, M., Hao, H., "Plug-in Electric Vehicle Market Penetration and Incentives: A Global Review", *Mitigation and Adaptation Strategies for Global Change* 20 (5), 2015.

[14] Li, W., Long, R., Chen, H., Geng, J., "A Review of Factors Influencing Consumer Intentions to Adopt Battery Electric Vehicles", *Renewable and Sustainable Energy Reviews* 78, 2017.

[15] Zhang, X., Xie, J., Rao, R., "Policy Incentives for the Adoption of Electric Vehicles across Countries", *Sustainability* 6 (11), 2014.

[16] 武玉英等：《京津冀新能源汽车产业协同发展对策研究》，《科技管理研究》2015年第12期。

[17] 张钟允、李春利：《日本新能源汽车的相关政策与未来发展路径选择》，《现代日本经济》2015年第5期。

[18] Rezvani, Z., Jansson, J., Bodin, J., "Advances in Consumer Electric Vehicle Adoption Research: A Review and Research Agenda", *Transportation Research Part D: Transport and Environment* 34, 2015.

[19] 过学迅等：《日美混合动力汽车发展的比较研究》，《上海汽车》2006年第3期。

[20] 张松等：《插电式混合动力汽车能量管理策略多目标优化》，《同济大学学报》（自然科学版）2011年第7期。

[21] 沈海：《增程式电动汽车控制策略的仿真研究》，硕士学位论文，合肥工业大学，2017。

[22] 朱成章：《对我国发展纯电动汽车的质疑与思考》，《中外能源》2010年第9期。

[23] 陈衍泰等：《基于二阶段的新能源汽车产业支持政策评价》，《科研管理》2013年第S1期。

[24] 谢青、田志龙：《创新政策如何推动我国新能源汽车产业的发展——

基于政策工具与创新价值链的政策文本分析》,《科学学与科学技术管理》2015 年第 6 期。

[25] Li, W., Long, R., Chen, H., "Consumers' Evaluation of National New Energy Vehicle Policy in China: An Analysis based on a Four Paradigm Model", *Energy Policy* 99, 2016.

[26] 中华人民共和国财政部等:《关于继续开展新能源汽车推广应用工作的通知》,2013。

[27] 陈军、张韵君:《基于政策工具视角的新能源汽车发展政策研究》,《经济与管理》2013 年第 8 期。

[28] 陈麟瓒、王保林:《新能源汽车"需求侧"创新政策有效性的评估——基于全寿命周期成本理论》,《科学学与科学技术管理》2015 年第 11 期。

[29] Zhang, S., Xiong, R., Sun, F., "Model Predictive Control for Power Management in a Plug-in Hybrid Electric Vehicle with a Hybrid Energy Storage System", *Applied Energy* 185, 2017.

[30] Zhao, Y., Liu, P., Wang, Z., "Fault and Defect Diagnosis of Battery for Electric Vehicles based on Big Data Analysis Methods", *Applied Energy* 207, 2017.

[31] Guo, Q., Zhang, C., Li, L., "Design and Implementation of a Loss Optimization Control for Electric Vehicle in-wheel Permanent-magnet Synchronous Motor Direct Drive System", *Applied Energy* 204, 2017.

[32] Lewis, A. M., Kelly, J. C., Keoleian, G. A., "Vehicle Lightweighting vs. Electrification: Life Cycle Energy and GHG Emissions Results for Diverse Powertrain Vehicles", *Applied Energy* 126, 2014.

[33] Qiao, Q., Zhao, F., Liu, Z., "Cradle-to-gate Greenhouse Gas Emissions of Battery Electric and Internal Combustion Engine Vehicles in China", *Applied Energy* 204, 2017.

[34] 多宏宇等:《我国纯电动汽车制造业的产业关联效应分析——基于 2010 年全国投入产出延长表》,《中国地质大学学报》(社会科学版)

2015 年第 3 期。

[35] 陈蛇、曾鹦:《新能源汽车产业发展模式探索》,《宏观经济管理》2015 年第 8 期。

[36] González Palencia, J. C., Otsuka, Y., Araki, M., "Scenario Analysis of Lightweight and Electric-drive Vehicle Market Penetration in the Long-term and Impact on the Light-duty Vehicle Fleet", *Applied Energy* 204, 2017.

[37] Carley, S., Krause, R. M., Lane, B. W., "Intent to Purchase a Plug-in Electric Vehicle: A Survey of Early Impressions in Large US Cites", *Transportation Research Part D: Transport and Environment* 18, 2013.

[38] 郑士尧:《基于系统动力学的电动汽车补贴政策建模分析与仿真研究》,硕士学位论文,华北电力大学,2015。

[39] Sang, Y., Bekhet, H. A., "Modelling Electric Vehicle Usage Intentions: An Empirical Study in Malaysia", *Journal of Cleaner Production* 92, 2015.

[40] Pierre, M., Jemelin, C., Louvet, N., "Driving an Electric Vehicle. A Sociological Analysis on Pioneer Users", *Energy Efficiency* 4 (4), 2011.

[41] Saarenpää, J., Kolehmainen, M., Niska, H., "Geodemographic Analysis and Estimation of Early Plug-in Hybrid Electric Vehicle Adoption", *Applied Energy* 107, 2013.

[42] Hidrue, M. K., Parsons, G. R., Kempton, W., "Willingness to Pay for Electric Vehicles and their Attributes", *Resource and Energy Economics* 33 (3), 2011.

[43] Hackbarth, A., Madlener, R., "Consumer Preferences for Alternative Fuel Vehicles: A Discrete Choice Analysis", *Transportation Research Part D: Transport and Environment* 25, 2013.

[44] Carley, S., Krause, R. M., Lane, B. W., "Intent to Purchase a Plug-in Electric Vehicle: A Survey of Early Impressions in Large US

Cites", *Transportation Research Part D: Transport and Environment* 18, 2013.

[45] Prakash, N., Kapoor, R., Kapoor, A., "Gender Preferences for Alternative Energy Transport with Focus on Electric Vehicle", *Journal of Social Sciences* 10, 2014.

[46] Plötz, P., Schneider, U., Globisch, J., "Who will Buy Electric Vehicles? Identifying Early Adopters in Germany", *Transportation Research Part A: Policy and Practice* 67, 2014.

[47] Hackbarth, A., Madlener, R., "Willingness-to-pay for Alternative Fuel Vehicle Characteristics: A Stated Choice Study for Germany", *Transportation Research Part A: Policy and Practice* 85, 2016.

[48] Egbue, O., Long, S., "Barriers to Widespread Adoption of Electric Vehicles: An Analysis of Consumer Attitudes and Perceptions", *Energy Policy* 48, 2012.

[49] Li, X., Clark, C. D., Jensen, K. L., "Consumer Purchase Intentions for Flexible-fuel and Hybrid-electric vehicles", *Transportation Research Part D: Transport and Environment* 18, 2013.

[50] Erdem, C., Şentürk, İ., Şimşek, T., "Identifying the Factors Affecting the Willingness to Pay for Fuel-efficient Vehicles in Turkey: A Case of Hybrids", *Energy Policy* 38 (6), 2010.

[51] Zhang, Y., Yu, Y., Zou, B., "Analyzing Public Awareness and Acceptance of Alternative Fuel Vehicles in China: The Case of EV", *Energy Policy* 39 (11), 2011.

[52] Bjerkan, K. Y., Nørbech, T. E., Nordtømme, M. E., "Incentives for Promoting Battery Electric Vehicle (BEV) Adoption in Norway", *Transportation Research Part D: Transport and Environment* 43, 2016.

[53] Peters, A., Dütschke, E., "How do Consumers Perceive Electric Vehicles? A Comparison of German Consumer Groups", *Journal of Environmental Policy & Planning* 16 (3), 2014.

[54] Bühler, F., Cocron, P., Neumann, I., "Is EV Experience Related to EV Acceptance? Results from a German Field Study", *Transportation Research Part F: Traffic Psychology and Behaviour* 25, 2014.

[55] Franke, T., Krems, J. F., "What Drives Range Preferences in Electric Vehicle Users?" *Transport Policy* 30, 2013.

[56] Schneidereit, T., Franke, T., Günther, M., "Does Range Matter? Exploring Perceptions of Electric Vehicles with and without a Range Extender among Potential Early Adopters in Germany", *Energy Research & Social Science* 8, 2015.

[57] Graham-Rowe, E., Gardner, B., Abraham, C., "Mainstream Consumers Driving Plug-in Battery-electric and Plug-in Hybrid Electric Cars: A Qualitative Analysis of Responses and Evaluations", *Transportation Research Part A: Policy and Practice* 46 (1), 2012.

[58] Tamor, M. A., Moraal, P. E., Reprogle, B., "Rapid Estimation of Electric Vehicle Acceptance Using a General Description of Driving Patterns", *Transportation Research Part C: Emerging Technologies* 51, 2015.

[59] Ko, W., Hahn, T., "Analysis of Consumer Preferences for Electric Vehicles", *IEEE Transactions on Smart Grid* 4 (1), 2013.

[60] Jensen, A. F., Cherchi, E., Mabit, S. L., "On the Stability of Preferences and Attitudes before and after Experiencing an Electric Vehicle", *Transportation Research Part D: Transport and Environment* 25, 2013.

[61] Skippon, S., Garwood, M., "Responses to Battery Electric Vehicles: UK Consumer Attitudes and Attributions of Symbolic Meaning Following Direct Experience to Reduce Psychological Distance", *Transportation Research Part D: Transport and Environment* 16 (7), 2011.

[62] Barth, M., Jugert, P., Fritsche, I., "Still Underdetected-Social Norms and Collective Efficacy Predict the Acceptance of Electric Vehicles in Germany", *Transportation Research Part F: Traffic Psychology and Behaviour* 37, 2016.

[63] 徐国虎、许芳：《新能源汽车购买决策的影响因素研究》，《中国人口·资源与环境》2010年第11期。

[64] Hoen, A., Koetse, M. J., "A Choice Experiment on Alternative Fuel Vehicle Preferences of Private Car Owners in the Netherlands", *Transportation Research Part A: Policy and Practice* 61, 2014.

[65] Burgess, M., King, N., Harris, M., "Electric Vehicle Drivers' Reported Interactions with the Public: Driving Stereotype Change?" *Transportation Research Part F: Traffic Psychology and Behaviour* 17, 2013.

[66] Lieven, T., Mühlmeier, S., Henkel, S., "Who will Buy Electric Cars? An Empirical Study in Germany", *Transportation Research Part D: Transport and Environment* 16 (3), 2011.

[67] Adepetu, A., Keshav, S., "The Relative Importance of Price and Driving Range on Electric Vehicle Adoption: Los Angeles Case Study", *Transportation* 44 (2), 2017.

[68] Dumortier, J., Siddiki, S., Carley, S., "Effects of Providing Total Cost of Ownership Information on Consumers' Intent to Purchase a Hybrid or Plug-in Electric Vehicle", *Transportation Research Part A: Policy and Practice* 72, 2015.

[69] Noppers, E. H., Keizer, K., Bolderdijk, J. W., "The Adoption of Sustainable Innovations: Driven by Symbolic and Environmental Motives", *Global Environmental Change* 25, 2014.

[70] Beck, M. J., Rose, J. M., Greaves, S. P., "I can't Believe Your Attitude: A Joint Estimation of Best Worst Attitudes and Electric Vehicle Choice", *Transportation* 44 (4), 2016.

[71] Axsen, J., Orlebar, C., Skippon, S., "Social Influence and Consumer Preference Formation for Pro-environmental Technology: The Case of a U. K. Workplace Electric-vehicle Study", *Ecological Economics* 95, 2013.

[72] Lane, B., Potter, S., "The Adoption of Cleaner Vehicles in the UK:

Exploring the Consumer Attitude-action Gap", *Journal of Cleaner Production*15 (11 – 12), 2007.

[73] Axsen, J., Kurani, K. S., "Connecting Plug-in Vehicles with Green Electricity through Consumer Demand", *Environmental Research Letters* 8 (1), 2013.

[74] Helveston, J. P., Liu, Y., Feit, E. M., "Will Subsidies Drive Electric Vehicle Adoption? Measuring Consumer Preferences in the U. S. and China", *Transportation Research Part A: Policy and Practice* 73, 2015.

[75] Aasness, M. A., Odeck, J., "The Increase of Electric Vehicle Usage in Norway—Incentives and Adverse Effects", *European Transport Research Review* 7 (4), 2015.

[76] Green, E. H., Skerlos, S. J., Winebrake, J. J., "Increasing Electric Vehicle Policy Efficiency and Effectiveness by Reducing Mainstream Market Bias", *Energy Policy* 65, 2014.

[77] Whitehead, J., Franklin, J. P., Washington, S., "The Impact of a Congestion Pricing Exemption on the Demand for New Energy Efficient Vehicles in Stockholm", *Transportation Research Part A: Policy and Practice* 70, 2014.

[78] Krupa, J. S., Rizzo, D. M., Eppstein, M. J., "Analysis of a Consumer Survey on Plug-in Hybrid Electric Vehicles", *Transportation Research Part A: Policy and Practice* 64, 2014.

[79] Schuitema, G., Anable, J., Skippon, S., "The Role of Instrumental, Hedonic and Symbolic Attributes in the Intention to Adopt Electric Vehicles", *Transportation Research Part A: Policy and Practice* 48, 2013.

[80] Schulte, I., Hart, D., Vorst, R. V. D. V., "Issues Affecting the Acceptance of Hydrogen Fuel", *International Journal of Hydrogen Energy* 29 (7), 2004.

[81] Jensen, A. F., Cherchi, E., de Dios Ortúzar, J., "A Long Panel

Survey to Elicit Variation in Preferences and Attitudes in the Choice of Electric Vehicles", *Transportation* 41 (5), 2014.

[82] Moons, I., De Pelsmacker, P., "Emotions as Determinants of Electric Car Usage Intention", *Journal of Marketing Management* 28 (3 - 4), 2012.

[83] Afroz, R., Masud, M. M., Akhtar, R., "Consumer Purchase Intention towards Environmentally Friendly Vehicles: An Empirical Investigation in Kuala Lumpur, Malaysia", *Environmental Science and Pollution Research* 22 (20), 2015.

[84] van der Pligt, J., Zeelenberg, M., van Dijk, W. W., "Affect, Attitudes and Decisions: Let's be more Specific", *European Review of Social Psychology* 8 (1), 1998.

[85] Duerden, M. D., Witt, P. A., "The Impact of Direct and Indirect Experiences on the Development of Environmental Knowledge, Attitudes, and Behavior", *Journal of Environmental Psychology* 30 (4), 2010.

[86] Nameghi, E. N. M., Shadi, M. A., "Affective and Cognitive: Consumers Attitude toward Practicing Green (Reducing, Recycling & Reusing)", *International Journal of Marketing Studies* 5 (1), 2013.

[87] Ajzen, I., "Residual Effects of Past on Later Behavior: Habituation and Reasoned Action Perspectives", *Personality and Social Psychology Review* 6 (2), 2002.

[88] Eppstein, M. J., Grover, D. K., Marshall, J. S., "An Agent-based Model to Study Market Penetration of Plug-in Hybrid Electric Vehicles", *Energy Policy* 39 (6), 2011.

[89] Rogers, E. M., *Diffusion of Innovations* (New York: Free Press, 2003).

[90] Venkatesh, V., Davis, F. D., "A Theoretical Extension of the Technology Acceptance Model: Four Longitudinal Field Studies", *Management Science* 46 (2), 2000.

[91] Morton, C., Anable, J., Nelson, J. D., "Exploring Consumer Prefer-

ences towards Electric Vehicles: The Influence of Consumer Innovativeness", *Research in Transportation Business & Management* 18, 2016.

[92] Bockarjova, M., Steg, L., "Can Protection Motivation Theory Predict Pro-environmental Behavior? Explaining the Adoption of Electric Vehicles in the Netherlands", *Global Environmental Change* 28, 2014.

[93] Axsen, J., TyreeHageman, J., Lentz, A., "Lifestyle Practices and Pro-environmental Technology", *Ecological Economics* 82, 2012.

[94] Jones, R., Dunlap, R., "The Social Bases of Environmental Concern: Have they Changed over Time?" *Rural Sociology* 57 (1), 1992.

[95] Han, L., Wang, S., Zhao, D., "The Intention to Adopt Electric Vehicles: Driven by Functional and Non-functional Values", *Transportation Research Part A: Policy and Practice* 103, 2017.

[96] Zhang, X., Rao, R., Xie, J., "The Current Dilemma and Future Path of China's Electric Vehicles", *Sustainability* 6 (3), 2014.

[97] Yuan, X., Liu, X., Zuo, J., "The Development of New Energy Vehicles for a Sustainable Future: A Review", *Renewable and Sustainable Energy Reviews* 42, 2015.

[98] 中国汽车技术研究中心等编《中国新能源汽车产业发展报告（2015）》，社会科学文献出版社，2015。

[99] Gong, H., Wang, M. Q., Wang, H., "New Energy Vehicles in China: Policies, Demonstration, and Progress", *Mitigation and Adaptation Strategies for Global Change* 18 (2), 2013.

[100] Greene, D. L., Park, S., Liu, C., "Public Policy and the Transition to Electric Drive Vehicles in the U.S.: The role of the Zero Emission Vehicles Mandates", *Energy Strategy Reviews* 5, 2014.

[101] Massiani, J., "Cost-Benefit Analysis of Policies for the Development of Electric Vehicles in Germany: Methods and Results", *Transport Policy* 38, 2015.

[102] Raslavičius, L., Azzopardi, B., Keršys, A., "Electric Vehicles

Challenges and Opportunities: Lithuanian Review", *Renewable and Sustainable Energy Reviews* 42, 2015.

[103] Gass, V., Schmidt, J., Schmid, E., "Analysis of Alternative Policy Instruments to Promote Electric Vehicles in Austria", *Renewable Energy* 61, 2014.

[104] Zhou, Y., Zhang, H., Ding, M., "How Public Demonstration Projects Affect the Emergence of New Industries: An Empirical Study of Electric Vehicles in China", *Innovation: Management, Policy & Practice* 17 (2), 2015.

[105] 方海洲、胡研:《促进新能源汽车快速发展的税收优惠政策影响分析》,《汽车科技》2009年第3期。

[106] 陈柳钦:《新能源汽车产业发展的政策支持》,《南通大学学报》(社会科学版) 2010年第4期。

[107] 顾瑞兰:《促进我国新能源汽车产业发展的财税政策研究》,财政部财政科学研究所,2013。

[108] 陈柳钦:《新能源汽车产业发展的政策支持》,《中国市场》2010年第20期。

[109] 阮娴静、杨青:《我国新能源汽车技术指标体系及评价模型》,《科技管理研究》2010年第8期。

[110] 葛建平:《北京市新能源汽车充电设施供给的政策工具选择》,《生态经济》2013年第10期。

[111] 陈清泰:《电动汽车:我国汽车产业升级与跨越的突破口》,《发展研究》2009年第4期。

[112] 程广宇、高志前:《国外支持电动汽车产业发展政策的启示》,《中国科技论坛》2013年第1期。

[113] Coad, A., de Haan, P., Woersdorfer, J. S., "Consumer Support for Environmental Policies: An Application to Purchases of Green Cars", *Ecological Economics* 68 (7), 2009.

[114] Sovacool, B. K., Hirsh, R. F., "Beyond Batteries: An Examination

of the Benefits and Barriers to Plug-in Hybrid Electric Vehicles (PHEVs) and a Vehicle-to-grid (V2G) Transition", *Energy Policy* 37 (3), 2009.

[115] Caulfield, B., Farrell, S., McMahon, B., "Examining Individuals Preferences for Hybrid Electric and Alternatively Fuelled Vehicles", *Transport Policy* 17 (6), 2010.

[116] 李光:《影响我国电动汽车产业发展的关键因素研究》,硕士学位论文,武汉理工大学,2011。

[117] Sang, Y., Bekhet, H. A., "Modelling Electric Vehicle Usage Intentions: An Empirical Study in Malaysia", *Journal of Cleaner Production* 92, 2015.

[118] Zhang, Y., Yu, Y., Li, T., "Analyzing Chinese Consumers' Perception for Biofuels Implementation: The Private Vehicles Owner's Investigating in Nanjing", *Renewable and Sustainable Energy Reviews* 15 (5), 2011.

[119] Zhang, X., Wang, K., Hao, Y., "The Impact of Government Policy on Preference for NEVs: The Evidence from China", *Energy Policy* 61, 2013.

[120] 唐葆君、吴晓凤:《政府激励消费者购买混合动力汽车的政策影响分析》,《中国能源》2012年第1期。

[121] Wang, S., Li, J., Zhao, D., "The Impact of Policy Measures on Consumer Intention to Adopt Electric Vehicles: Evidence from China", *Transportation Research Part A: Policy and Practice* 105, 2017.

[122] Sierzchula, W., Bakker, S., Maat, K., "The Influence of Financial Incentives and Other Socio-economic Factors on Electric Vehicle Adoption", *Energy Policy* 68, 2014.

[123] 王夏芳:《广州市新能源汽车政策对消费者购买意愿影响研究》,硕士学位论文,暨南大学,2015。

[124] 杨婕:《消费者对电动汽车购买意愿实证研究》,硕士学位论文,西南

交通大学，2012。

[125] Wang, N., Tang, L., Pan, H., "Effectiveness of Policy Incentives on Electric Vehicle Acceptance in China: A Discrete Choice Analysis", *Transportation Research Part A: Policy and Practice* 105, 2017.

[126] Wang, N., Pan, H., Zheng, W., "Assessment of the Incentives on Electric Vehicle Promotion in China", *Transportation Research Part A: Policy and Practice* 101, 2017.

[127] Ma, S., Fan, Y., Feng, L., "An Evaluation of Government Incentives for New Energy Vehicles in China Focusing on Vehicle Purchasing Restrictions", *Energy Policy* 110, 2017.

[128] 吴憩棠：《新能源汽车财政补贴政策解读》，《汽车与配件》2009 年第 13 期。

[129] 黄新华：《从市场失灵到政府失灵——政府与市场关系的论辩与思考》，《浙江工商大学学报》2014 年第 5 期。

[130] 高洁：《政府公共管理职能及其边界研究综述》，《湖北经济学院学报》2004 年第 3 期。

[131] 杨静：《新自由主义"市场失灵"理论的双重悖论及其批判——兼对更好发挥政府作用的思考》，《马克思主义研究》2015 年第 8 期。

[132] 林成：《从市场失灵到政府失灵：外部性理论及其政策的演进》，吉林大学出版社，2011。

[133] 李礼：《斯蒂格利茨的政府干预理论述评》，《湖南行政学院学报》2009 年第 3 期。

[134] 杜莉梅：《市场经济下的政府有效干预研究》，硕士学位论文，南京师范大学，2012。

[135] 李海龙：《斯蒂格利茨的政府干预思想研究》，硕士学位论文，河北经贸大学，2013。

[136] 吕红梅：《西方政府经济职能的演变及其启示》，《特区经济》2007 年第 11 期。

[137] 于丹等：《理性行为理论及其拓展研究的现状与展望》，《心理科学

进展》2008 年第 5 期。

[138] Fishbein, M., Ajzen, I., "Belief, Attitude, Intention and Behavior: An Introduction to Theory and Research", *Contemporary Sociology* 6 (2), 1975.

[139] Trafimow, D., "The Theory of Reasoned Action: A Case Study of Falsification in Psychology", *Theory & Psychology* 19 (4), 2009.

[140] 谢黎蓉:《技术接受模型演变综述》,《华中师范大学研究生学报》2014 年第 1 期。

[141] 高芙蓉、高雪莲:《国外信息技术接受模型研究述评》,《研究与发展管理》2011 年第 2 期。

[142] 颜端武、刘国晓:《近年来国外技术接受模型研究综述》,《现代情报》2012 年第 2 期。

[143] 鲁耀斌、徐红梅:《技术接受模型的实证研究综述》,《研究与发展管理》2006 年第 3 期。

[144] 吴幸泽:《基于感知风险和感知利益的转基因技术接受度模型研究》,博士学位论文,中国科学技术大学,2013。

[145] Lee, M., "Factors Influencing the Adoption of Internet Banking: An Integration of TAM and TPB with Perceived Risk and Perceived Benefit", *Electronic Commerce Research and Applications* 8 (3), 2009.

[146] Ajzen, I., "The Theory of Planned Behavior", *Organizational Behavior and Human Decision Processes* 50 (2), 1991.

[147] 杨树:《中国城市居民节能行为及节能消费激励政策影响研究》,博士学位论文,中国科学技术大学,2015。

[148] 段文婷、江光荣:《计划行为理论述评》,《心理科学进展》2008 年第 2 期。

[149] 徐玲玲:《食品可追溯体系中消费者行为研究》,博士学位论文,江南大学,2010。

[150] 刘晓琳:《食品可追溯体系建设的政府支持政策研究》,博士学位论文,江南大学,2015。

［151］侯建朝等:《电动汽车和可再生能源经济环保协同并网调度的优化模型》,《可再生能源》2017年第11期。

［152］周博雅:《电动汽车生命周期的能源消耗、碳排放和成本收益研究》,博士学位论文,清华大学,2016。

［153］李书华:《电动汽车全生命周期分析及环境效益评价》,博士学位论文,吉林大学,2014。

［154］王震毅:《电动汽车的感知风险维度及对策实证研究》,硕士学位论文,浙江财经大学,2014。

［155］Zheng, L., Zhu, J., Wang, G., "Novel Methods for Estimating Lithium-ion Battery State of Energy and Maximum Available Energy", *Applied Energy* 178, 2016.

［156］Zheng, L., Zhang, L., Zhu, J., "Co-estimation of State-of-charge, Capacity and Resistance for Lithium-ion Batteries based on a High-fidelity Electrochemical Model", *Applied Energy* 180, 2016.

［157］陈广杰:《D市纯电动汽车市场项目的风险评价及控制研究》,硕士学位论文,东华大学,2014。

［158］黄嫒梅:《重庆汽车产业集群竞争力研究》,硕士学位论文,重庆大学,2006。

［159］Petschnig, M., Heidenreich, S., Spieth, P., "Innovative Alternatives Take Action—Investigating Determinants of Alternative Fuel Vehicle Adoption", *Transportation Research Part A: Policy and Practice* 61, 2014.

［160］王颖、李英:《基于感知风险和涉入程度的消费者新能源汽车购买意愿实证研究》,《数理统计与管理》2013年第5期。

［161］章岚等:《超大城市居民对纯电动汽车的认知因素与购买意愿》,《上海城市管理》2017年第4期。

［162］章岚等:《超大城市居民纯电动汽车的认知现状调查》,《中国科技信息》2017年第18期。

［163］Kang, M. J., Park, H., "Impact of Experience on Government Policy toward Acceptance of Hydrogen Fuel Cell Vehicles in Korea", *Energy Policy* 39 (6), 2011.

［164］陈麟瓒、王保林：《新能源汽车"需求侧"创新政策有效性的评估——基于全寿命周期成本理论》，《科学学与科学技术管理》2015年第11期。

［165］Lévay, P. Z., Drossinos, Y., Thiel, C., "The Effect of Fiscal Incentives on Market Penetration of Electric Vehicles: A Pairwise Comparison of Total Cost of Ownership", *Energy Policy* 105, 2017.

［166］张厚明、文芳：《发展新能源汽车亟待破除地方保护主义》，《宏观经济管理》2015年第2期。

［167］Kang, M. J., Park, H., "Impact of Experience on Government Policy toward Acceptance of Hydrogen Fuel Cell Vehicles in Korea", *Energy Policy* 39 (6), 2011.

［168］Zhang, X., Wang, K., Hao, Y., "The Impact of Government Policy on Preference for NEVs: The Evidence from China", *Energy Policy* 61, 2013.

［169］孙祥、陈毅文：《消费行为研究中的联合分析法》，《心理科学进展》2005年第1期。

［170］Wang, S., Fan, J., Zhao, D., "Predicting Consumers' Intention to Adopt Hybrid Electric Vehicles: Using an Extended Version of the Theory of Planned Behavior Model", *Transportation* 43 (1), 2016.

［171］臧秋霞等：《基于消费者行为研究的联合分析法发展概述》，《农村经济与科技》2015年第8期。

［172］高旻翔：《基于联合分析法的平板电视机消费者购买偏好研究》，硕士学位论文，苏州大学，2013。

［173］谭慧：《消费者购买新能源汽车偏好及影响因素研究》，硕士学位论文，江苏科技大学，2014。

［174］Al-Alawi, B. M., Bradley, T. H., "Review of Hybrid, Plug-in Hybrid, and Electric Vehicle Market Modeling Studies", *Renewable and Sustainable Energy Reviews* 21, 2013.

[175] Sierzchula, W., "Factors Influencing Fleet Manager Adoption of Electric Vehicles", *Transportation Research Part D: Transport and Environment* 31, 2014.

[176] Ma, Z., Zhang, C., Chen, C., "Analyzing the Factors that Influence Chinese Consumers' Adoption of the Biodiesel: The Private Vehicles Owner's Investigating in Beijing", *Renewable and Sustainable Energy Reviews* 37, 2014.

[177] Carley, S., Krause, R. M., Lane, B. W., "Intent to Purchase a Plug-in Electric Vehicle: A Survey of Early Impressions in Large US Cites", *Transportation Research Part D: Transport and Environment* 18, 2013.

[178] 李子奈等:《计量经济学模型方法论》,清华大学出版社,2011。

[179] 张晓峒:《计量经济学》,清华大学出版社,2017。

[180] 潘文卿、李子奈:《计量经济学(第四版)学习指南与练习》,高等教育出版社,2016。

[181] Li, W., Long, R., Chen, H., "Effects of Personal Carbon Trading on the Decision to Adopt Battery Electric Vehicles: Analysis based on a Choice Experiment in Jiangsu, China", *Applied Energy* 209, 2018.

[182] Parag, Y., Capstick, S., Poortinga, W., "Policy Attribute Framing: A Comparison between Three Policy Instruments for Personal Emissions Reduction", *Journal of Policy Analysis and Management* 30 (4), 2011.

[183] Parag, Y., Strickland, D., "Personal Carbon Trading: A Radical Policy Option for Reducing Emissions from the Domestic Sector", *Environment: Science and Policy for Sustainable Development* 53 (1), 2011.

[184] Capstick, S. B., Lewis, A., "Effects of Personal Carbon Allowances on Decision-making: Evidence from an Experimental Simulation", *Climate Policy* 10 (4), 2010.

[185] 刘泽文、孔亮:《心理账户的理论、特征和应用》,《人类工效学》

2014 年第 4 期。

［186］李爱梅、凌文辁:《心理账户: 理论与应用启示》,《心理科学进展》2007 年第 5 期。

［187］李爱梅等:《心理账户的认知标签与情绪标签对消费决策行为的影响》,《心理学报》2014 年第 7 期。

［188］尹世久等:《食品安全认证如何影响消费者偏好? ——基于山东省 821 个样本的选择实验》,《中国农村经济》2015 年第 11 期。

［189］樊辉、赵敏娟:《自然资源非市场价值评估的选择实验法: 原理及应用分析》,《资源科学》2013 年第 7 期。

［190］Breidert, C., *Estimation of Willingness-to-pay* (Wiesbaden: DUV, 2006).

［191］王尔大等:《基于选择实验法的国家森林公园资源和管理属性经济价值评价》,《资源科学》2015 年第 1 期。

［192］翟国梁等:《选择实验的理论和应用——以中国退耕还林为例》,《北京大学学报》(自然科学版) 2007 年第 2 期。

［193］Batley, R. P., Knight, M. J., "A Mixed Logit Model of UK Household Demand for Alternative-fuel Vehicles", *International Journal of Transport Economics* 31 (1), 2004.

［194］Parsons, G. R., Hidrue, M. K., Kempton, W., "Willingness to Pay for Vehicle-to-grid (V2G) Electric Vehicles and their Contract Terms", *Energy Economics* 42, 2014.

［195］Zannia, A. M., Bristowa, A. L., Wardmanb, M., "The Potential Behavioural Effect of Personal Carbon Trading: Results from an Experimental Survey", *Journal of Environmental Economics and Policy* 2 (2), 2013.

［196］Raux, C., Croissant, Y., Pons, D., "Would Personal Carbon Trading Reduce Travel Emissions More Effectively than a Carbon Tax?" *Transportation Research Part D: Transport and Environment* 35, 2015.

［197］Achtnicht, M., "German Car Buyers' Willingness to Pay to Reduce

[198] Ahn, J., Jeong, G., Kim, Y., "A Forecast of Household Ownership and Use of Alternative Fuel Vehicles: A Multiple Discrete-continuous Choice Approach", *Energy Economics* 30 (5), 2008.

[199] Ito, N., Takeuchi, K., Managi, S., "Willingness-to-pay for Infrastructure Investments for Alternative Fuel Vehicles", *Transportation Research Part D: Transport and Environment* 18, 2013.

[200] 吴林海等:《可追溯猪肉原产地属性与可追溯信息属性的消费者偏好分析》,《中国农村经济》2015年第6期。

[201] Bristow, A. L., Wardman, M., Zanni, A. M., "Public Acceptability of Personal Carbon Trading and Carbon Tax", *Ecological Economics* 69 (9), 2010.

[202] 刘建梅:《经济新常态下碳税与碳排放权交易协调应用政策研究》,博士学位论文,中央财经大学,2016。

[203] 顾高翔、王铮:《全球性碳税政策作用下多国多部门经济增长与碳排放的全球治理》,《中国软科学》2015年第12期。

[204] 杨志宇:《欧盟环境税研究》,博士学位论文,吉林大学,2016。

[205] 王善勇等:《个人碳交易机制对消费者能源消费影响研究》,《系统工程理论与实践》2015年第1期。

[206] 陈红敏:《居民生活用电碳排放交易机制研究》,《中国环境管理》2016年第3期。

[207] 陈红敏:《个人碳排放交易研究进展与展望》,《中国人口·资源与环境》2014年第9期。

[208] Betz, R., Seifert, S., Cramton, P., "Auctioning Greenhouse Gas Emissions Permits in Australia", *Australian Journal of Agricultural and Resource Economics* 54 (2), 2010.

[209] 李健、朴胜任:《个人碳交易模式和运行机制研究》,《干旱区资源与环境》2014年第10期。

[210] 范进等:《消费排放权交易对消费者选择行为的影响——源自实验

经济学的证据》,《中国工业经济》2012 年第 3 期。

[211] 赵定涛等:《个人碳交易理论视域下的阶梯电价定价模型》,《系统工程》2013 年第 10 期。

[212] 王善勇:《个人碳交易体系下消费者碳排放权交易与能源消费研究》,博士学位论文,中国科学技术大学,2015。

[213] 范进等:《基于消费者视角的碳排放权交易机制研究》,《中国软科学》2012 年第 6 期。

[214] Achtnicht, M., Bühler, G., Hermeling, C., "The Impact of Fuel Availability on Demand for Alternative-fuel Vehicles", *Transportation Research Part D: Transport and Environment* 17 (3), 2012.

[215] Daziano, R. A., "Conditional-logit Bayes Estimators for Consumer Valuation of Electric Vehicle Driving Range", *Resource and Energy Economics* 35 (3), 2013.

[216] Eggers, F., "Where Have all the Flowers Gone? Forecasting Green Trends in the Automobile Industry with a Choice-based Conjoint Adoption Model", *Technological Forecasting and Social Change* 78 (1), 2011.

[217] Hess, S., Fowler, M., Adler, T., "A Joint Model for Vehicle Type and Fuel Type Choice: Evidence from a Cross-nested Logit Study", *Transportation* 39 (3), 2012.

[218] van Rijnsoever, F. J., Hagen, P., Willems, M., "Preferences for Alternative Fuel Vehicles by Dutch Local Governments", *Transportation Research Part D: Transport and Environment* 20, 2013.

[219] Link, C., Raich, U., Sammer, G., "Modeling Demandfor Electric Cars—A Methodical Approach", *Procedia-Social and Behavioral Sciences* 48, 2012.

[220] Mabit, S. L., Fosgerau, M., "Demand for Alternative-fuel Vehicles When Registration Taxes are High", *Transportation Research Part D: Transport and Environment* 16 (3), 2011.

[221] Potoglou, D., Kanaroglou, P. S., "Household Demand and Willing-

ness to Pay for Clean Vehicles", *Transportation Research Part D: Transport and Environment* 12 (4), 2007.

[222] Ziegler, A., "Individual Characteristics and Stated Preferences for Alternative Energy Sources and Propulsion Technologies in Vehicles: A Discrete Choice Analysis for Germany", *Transportation Research Part A: Policy and Practice* 46 (8), 2012.

[223] Shen, J., Saijo, T., "Does an Energy Efficiency Label Alter Consumers' Purchasing Decisions? A Latent Class Approach based on a Stated Choice Experiment in Shanghai", *Journal of Environmental Management* 90 (11), 2009.

[224] Hackbarth, A., Madlener, R., "Willingness-to-pay for Alternative Fuel Vehicle Characteristics: A Stated Choice Study for Germany", *Transportation Research Part A: Policy and Practice* 85, 2016.

[225] 吴林海等:《消费者对可追溯食品属性的偏好和支付意愿:猪肉的案例》,《中国农村经济》2014年第8期。

[226] 邓雅静:《基于个人碳交易理论的阶梯电价定价机制研究》,硕士学位论文,中国科学技术大学,2014。

[227] Bakker, S., Jacob Trip, J., "Policy Options to Support the Adoption of Electric Vehicles in the Urban Environment", *Transportation Research Part D: Transport and Environment* 25, 2013.

图书在版编目(CIP)数据

电动汽车消费行为研究:影响因素与政策响应/李文博,龙如银著. -- 北京:社会科学文献出版社,2020.5
 ISBN 978-7-5201-6365-1

Ⅰ.①电… Ⅱ.①李… ②龙… Ⅲ.①电动汽车-消费者行为论-研究 Ⅳ.①F766 ②F713.55

中国版本图书馆 CIP 数据核字(2020)第 038891 号

电动汽车消费行为研究:影响因素与政策响应

| 著　　者 / 李文博　龙如银
| 出 版 人 / 谢寿光
| 组稿编辑 / 高　雁
| 责任编辑 / 颜林柯

| 出　　版 / 社会科学文献出版社·经济与管理分社 (010) 59367226
　　　　　　地址:北京市北三环中路甲29号院华龙大厦　邮编:100029
　　　　　　网址:www.ssap.com.cn
| 发　　行 / 市场营销中心 (010) 59367081　59367083
| 印　　装 / 三河市尚艺印装有限公司

| 规　　格 / 开　本:787mm×1092mm　1/16
　　　　　　印　张:19　字　数:290千字
| 版　　次 / 2020年5月第1版　2020年5月第1次印刷
| 书　　号 / ISBN 978-7-5201-6365-1
| 定　　价 / 158.00元

本书如有印装质量问题,请与读者服务中心 (010-59367028) 联系

▲ 版权所有 翻印必究